Was heißt konservativ heute?

D1843824

Der Monat, internationale Zeitschrift für Politik und Kultur, 1948 gegründet von Melvin J. Lasky und Hellmut Jaesrich in Berlin, von 1961 bis 1971 weitergeführt von F. R. Allemann, Peter Härtling und Klaus Harpprecht. Seit 1978 unter der Herausgeberschaft von Melvin J. Lasky und Helga Hegewisch.
Redaktion: Dr. Barbara Scharioth

ISSN 0026-9204

CIP-Kurztitelaufnahme der Deutschen Bibliothek
Was heißt konservativ heute? : e. undogmatische
Bestandsaufnahme / [hrsg. von Melvin J. Lasky
u. Helga Hegewisch].
– Weinheim ; Basel : Beltz, 1984.
(Der Monat ; N. F., 291)
ISBN 3-407-39142-0
NE: Lasky, Melvin J. [Hrsg.] ; GT

Der Monat neue Folge erscheint viermal jährlich zum Abonnementspreis von DM 56,– (Einzelpreis DM 18,–); Abbestellungen spätestens 8 Wochen vor Ablauf des Jahresabonnements. Erfolgt keine Abbestellung, verlängert sich das Abonnement automatisch.
Anschrift der Redaktion: Werderstr. 4, 6940 Weinheim

© Beltz Verlag, Weinheim
Alle Rechte, insbesondere das Recht der Vervielfältigung und Verbreitung sowie Übersetzung vorbehalten. Kein Teil des Werkes darf in irgendeiner Form (durch Fotokopie, Mikrofilm oder ein anderes Verfahren) ohne schriftliche Genehmigung des Verlages reproduziert oder unter Verwendung elektronischer Systeme vervielfältigt oder verbreitet werden.
Gesamtherstellung: Beltz Offsetdruck, 6944 Hemsbach über Weinheim
Printed in Germany
Verlag: Julius Beltz GmbH & Co. KG Weinheim. Geschäftsführer der Beltz GmbH: Dr. Manfred Beltz Rübelmann

Vom radikalen Konservatismus

Intellektuelle Schreiber und die Zeitschriften, in denen sie aus ihren Gedankenblitzen ein ständiges Feuerchen zu entfachen bemüht sind, stellen sich selbst meist als zielbewußt und leidenschaftlich dar. Dementsprechend beginnt die erste Nummer fast immer mit einer tönenden Manifestation herausgeberischer Hingabe – optimistisch, enthusiastisch, selbstüberzeugt. Mal gilt die Leidenschaft der Wiederbelebung der Literatur, mal der frischen Erleuchtung trübgewordener politischer Glaubenssätze, mal der Neugründung einer internationalen Bruderschaft gleichgesinnter Dichter und Denker. Addisons berühmter *Spectator* versprach im 18. Jahrhundert eine neue Urbanität, Schillers *Horen* eine neue heroische Intelligenzia. Dostojewskys *Vremia* verkündete im 19. Jahrhundert eine spirituelle Renaissance, Croce in seiner *Critica* eine philosophische Revolution. André Gide versprach in der *Nouvelle Revue Française* das Erblühen einer Avant Garde, und sogar die destruktive Kraft und der beißende Witz eines Karl Kraus boten schon im Titel seiner Zeitschrift *Die Fackel* Erleuchtung an.

Wir nun, was unsere eigene kleine Rolle heutzutage anbelangt, sind inzwischen sehr bescheiden geworden. *Der Monat*, so kann man es bereits jetzt in Doktorarbeiten und sonstigen klugen Abhandlungen lesen, hat angeblich in der ersten Nachkriegszeit einen wichtigen Beitrag für das politische und kulturelle Bewußtsein einer desorientierten jungen Generation geleistet. Das klingt schön, doch provoziert es natürlich immer die Frage: Und heute, 35 Jahre nach Erscheinen des ersten *Monat*, was können wir heute noch leisten, welche Unordnung ordnen, welche Richtung weisen?

Wenn uns schon die Probleme einer Liberalismus-Analyse als kompliziert erschienen und die des Kapitalismus ziemlich verzwickt, so war das gar nichts im Vergleich mit dem dornigen Pfad, den jeder Analytiker (und Herausgeber) auf der Suche nach Klärung konservativer Denkformen, Temperamente und Ideologien zu beschreiten hat. Sollten wir uns bei den Rechten umsehen? Unser Report aus Paris (von Jürg Altwegg) stellt den Wegweiser energisch und unmißverständlich nach links. Ist der Konservatismus immer noch ein

Problem sozialer Vorsicht und Bedächtigkeit, eines traditionellen Zögerns und Metternichschen Mißtrauens gegen jeden Wechsel? Beide unsere Berichte aus London und Washington – der von George Watson kritisch, der von Burton Pines enthusiastisch – dokumentieren eine neue Form des Radikalismus, der die alten Organisationen einreißen, die alten Verhaltensformen umorganisieren will, ja der im Grunde genommen vernarrt ist in die Idee, „alle Reformen zu reformieren". Was für Konservative sind denn das, die sich nicht mehr fürs Konservieren stark machen, sondern fürs Verändern, Umbauen, Stürzen? Handelt es sich hier denn nicht mehr um das häßliche Vokabular ihrer Todfeinde, der Propheten von Fortschritt, Wechsel und, wenn es sich gerade so ergibt, gar von Revolution? In den Augen mancher Beobachter ist dieser alten esoterischen Weimarschen Phrase von der „konservativen Revolution" inzwischen eine unerwartete weltweite Geltung zugewachsen.

Ein weiteres Problem: Auch wenn wir uns noch nicht so ganz in Marshall McLuhans „globalem Dorf" befinden, hat sich doch, über alle semantischen und ideologischen Grenzen hinweg, das Vokabular aus Ost und West bereits auffallend miteinander vermischt. So sprechen unsere Zeitungen von „Liberalisierung" in Osteuropa, auch wenn es sich nur um solch staatlich verordnete Mildtätigkeiten wie die Billigung von ein wenig Nutzbau in privaten Gärten handelt; Adam Smith und F. A. Hayek wären mit solcher Wortwahl sicherlich nicht einverstanden gewesen. So reden nicht wenige von unseren weisen Analytikern heute vom „Staatskapitalismus" in der Sowjetunion – einige, um hervorzuheben, daß keine Revolution die Funktionen von „Kapital" aufheben kann, andere, um die Idee des Staatssozialismus von der Blamage einer Armutsökonomie reinzuwaschen. In beiden Fällen verursacht die östliche Anleihe bei westlicher Terminologie mehr Unklarheit und Nebel als einleuchtende Klärung.

Um dicsc Situation zu dokumentieren, haben wir unseren *Monat*-Autoren die Frage gestellt: In welchem Ausmaß haben sich Dritte-Welt-Länder, die von revolutionären Führern gelenkt werden und die sich einem intensiven Modernisierungsprogramm von industriellem Wachstum, landwirtschaftlicher Kollektivierung und urbaner Ballung verschrieben haben, als „konservativ" erwiesen – in ihren Stammesbindungen und -rücksichten, in ihren diktatorischen Gepflogenheiten usw. Und in welchem Sinne – wenn in überhaupt einem – kann man das kommunistische Regime in Rußland und Osteuropa als „konservativ" bezeichnen, da es ja sehr darauf bedacht ist, seine orthodoxe totale Macht zu „konservieren" und sich nur äußerst widerstrebend zu notwendigen Reformen bereit findet aus Furcht, damit den Dissidenten Wasser auf ihre Mühlen zu schütten. Timothy Garton Ash deckt in seiner Analyse von General Jaruszelskis Polen die Doppeldeutigkeiten, Verwirrungen und Kontradiktionen solch einer Terminologie auf. Fest steht, daß uns viele Fragen nach der nahezu sklerotischen politischen Unbeweglichkeit der überalterten Kreml-Führer weit tiefer in das Feld der geriatrischen Biologie als in das von Politik und Staatsraison treiben würden. Und ich bin auch der Überzeugung, daß uns das Thema Frauen in konservativen Gesellschaften (Viola Roggenkamp über Indien) und in „emanzipatorischen" Kulturen (Hilde Spiel über England), wenn man es tatsächlich in seiner Grundsubstanz ausleuchten will, zwingen wird, uns mit den elementaren Faktoren von Geschlecht und Sexualität auseinanderzusetzen – was Stoff und Anlaß genug sein dürfte für eine weitere *Monat*-Ausgabe.

All dieses schreibe ich natürlich vor allem, um einzugestehen, daß wir in dieser Nummer auf gar keinen Fall komplett und allumfassend sein konnten. Wie konservativ ist z. B. der Vatikan? Die katholische Kirche steuert offenbar einen neuen Kurs, gezwungen durch dic Wcchselwinde, die allen Organisationen und Institutionen des 20. Jahrhunderts hart zugesetzt haben. Doch wenn auch nur noch ein oder zwei Kardinäle gelegentlich darauf bestehen, an den althergebrachten Formen lateinischer Liturgien und Rituale festzuhalten, kann man deshalb schon behaupten, daß eine „Liberalisierung" am Werke sei, die dieses traditionellste aller unserer religiösen Establishments nach und nach transformieren wird? Wieder: Die Sprachbedeutung ist unklar und irreführend. Dementsprechend klagt auch K. A. Odin in seinen Überlegungen zu dem, was „alt" und „neu" ist in der deutschen protestantischen Kirche, daß die Möglichkeiten des konventionellen journalistischen Vokabulars nutzlos und, schlimmer, vernebelnd geworden sind, wenn es darum geht, das, was in den Gemeinschaften ehrlicher Gläubiger, deren Gewohnheiten, Motive und Traditionen nicht so einfach klassifiziert werden können, verstehen zu wollen.

Auf gar keinen Fall wollen wir den Leser glauben machen, daß all dies sehr weit entfernt sei von der Welt der Thatcher, Reagan und Kohl, jener real existierenden Konservativen mit Machtpositionen. Sie und die Strömungen der Ideen und Gefühle, die ihnen zur Macht verholfen haben, kränkeln an dem gleichen „metaphorischen Imperativ", nämlich an der Vorliebe für vordergründige Bezeichnungen, Phrasen und Etiketten, die in der letzten Auswertung eher verdunkeln als erhellen. Auch ist das alles nicht sehr entfernt von dem polnischen Dorf, das sich an seinem christlichen Kreuz festhält, noch von den amerikanischen Bauern, die sich nach einer neuen Erstarkung „traditioneller Werte" sehnen (was Burton Pines, einer der wenigen konservativen *true believer* in dieser Nummer, als symptomatisch für die neokonservative Stärke ansieht). Und wieder einmal sehen wir uns gezwungen, neu zu denken: Wenn links zu rechts wird, wenn Kommunisten zu Kapitalisten, wenn Liberale reaktionär werden und wenn Konservative gleichzeitig ihre alten Werte erhalten und dennoch die ganze Gesellschaft umwandeln wollen. Peter Weber-Schäfer durchleuchtet dieses ganze Dilemma in seinem weisen und witzigen Essay mit ungewöhnlicher Schärfe und Klarheit.

Bei der Lektüre eines Appells eines Berliner Universitätsmannes (Prof. Dr. Sebastian Neumeister, *FAZ*, 29.3.84) fand ich kürzlich das temperamentvolle Paradoxon seines Aufrufes „Kritik muß heute konservativ sein" sehr bemerkenswert. Ist das nun etwas ganz Neues oder ein alter Zopf? Wie kann eine konservative Tradition, die gewohnheitsgemäß die negierenden Intellektuellen mit Mißtrauen betrachtet bzw. ablehnt, plötzlich zu solch einer Rolle heraufstilisiert werden? Wenn Konservative sich zu Radikalen umfunktionieren, wo wird dann ihr Rollenspiel enden? Und wer wird dann wessen Doppelgänger?

Diese Vorstellungen machen konservative Kritik kaum weniger radikal und aggressiv als die alte linke Kritik. Sie legt vielmehr den Finger in die Wunde, an der Kapitalismus wie Marxismus, diese Zwillingskinder der Industrialisierung des 19. Jahrhunderts, gemeinsam leiden: am Idol der Machbarkeit.

Wenn überhaupt etwas den Namen dialektisch verdient, dann diese These, die hier, genau wie in der Entstehung von Marx' eigener Dialektik, klarlegt, wieviele Dinge auf dem Kopf stehen.

> *„(Der Intellektuelle) ... sein Feld ist nicht die dogmatische Kritik, sondern die Wiederherstellung des Zusammenhangs von Geschichte und Gegenwart, von Gefühl und Verstand, von Kultur und Sinn. Wenn der Intellektuelle als ein Bewahrender, als ein Konservativer diese Herausforderung annimmt, dann wird er zum Handelnden, ohne aggressiv zu sein."*

Ich setze diesen beredten Aufruf an den Anfang und nicht an das Ende dieses Buches, denn wenn sich aus diesem *Monat* eine einzige Botschaft herauskristallisieren läßt, dann ist es genau die, daß weder die Konservativen noch die Liberalen, weder die Kritik von rechts noch die von links weiterhin lebensfähig sein werden. Alle Theorien haben sich als trügerisch erwiesen, und es gibt keine geeignete Sprache, in der man „radikal und aggressiv" sein kann.

Melvin J. Lasky

Was heißt Konservativ heute?

Eine undogmatische Bestandsaufnahme

Inhalt

Konservatismus in West und Ost 2

Problemfelder 3

Kapitel 1

Ideen und Begriffe

Peter Weber-Schäfer: **Wie destruktiv sind die Konservativen?** / Paul Johnson: **„Hütet Euch vor dem Staat!“** / Robert Nisbet: **Wic konservativ sind die Konservativen?** / Daniel Koerfer: **Von Adenauer zu Kohl** / Dennis H. Wrong: **Immer nur die alten Antworten?**

Peter Weber-Schäfer

Wie destruktiv sind die Konservativen?

oder
Was gibt es eigentlich zu bewahren?

Das Dilemma des Konservatismus allerdings bleibt,
daß er eben konservativ ist.
(Gerhard Schulz in der FAZ vom 2.2.84)

Der Konservatismus, so höre ich, steckt in einer Krise. Er ist dabei, sich selbst, zugleich aber auch die politische Vernunft, die Tradition abendländischen Denkens und die Chancen unseres kulturellen Überlebens zu zerstören. Ich bin aufgefordert, diese Krise mitzuempfinden, und bleibe doch seltsam unberührt von ihr. Mein Glaube an den Fortschritt war nie sehr ausgeprägt, und so kann man wohl von mir erwarten, daß ich mich ins Lager der Konservativen schlage, daß ich ihr anscheinend bedrohliches Schicksal als das meine erfahre. Warum berührt mich das alles dennoch so wenig? Vielleicht, weil ich nicht weiß, wovon eigentlich die Rede ist.

Was heißt hier überhaupt konservativ, und was ist es, das Konservative bewahren wollen und andere anscheinend nicht? Irgend etwas, das es zu bewahren gilt, hat doch wohl jeder, und sei es nur das eigene Leben. Ist Suizidbereitschaft die einzige Alternative zu einer konservativen Geisteshaltung? Oder sind es andere Werte, für deren Bewahrung ich kämpfen muß, um mich konservativ nennen zu dürfen? Ist die Voraussetzung zur Clubmitgliedschaft vielleicht die Bereitschaft, jene „historische und ethische Einstellung zum Privateigentum“ zu teilen, die von den britischen Konservativen 1947 folgendermaßen auf den Begriff gebracht wurde:

„Privateigentum ist ein Mittel der Selbstverwirklichung. Der Mann, dem sein eigenes Haus und sein eigener Garten gehören, hat mehr Möglichkeiten, seine schöpferischen Fähigkeiten zu entfalten, und betrachtet sein Zuhause mit größerem Stolz als ihm das mit einem befristeten Mietvertrag möglich wäre.“

Aber gewiß doch, schon ein kurzer Spaziergang durch die südwestlichen Vororte Londons mit ihren adretten Reihenhäuschen und gepflegten Vorgärten überzeugt auch den skeptischen Beobachter von der Kreativität des mittelständischen Eigenheimbesitzers ...

Oder habe ich das ganz falsch verstanden? Sollten mein Vorbild vielleicht nicht die Tories sein, sondern jene preußischen Konservativen, denen der Glaube an Thron und Altar die Sicherheit schenkte, die sie brauchten, um der Bismarckschen Reichsgründung gefaßt entgegenzusehen? Nach den entmutigenden Erfahrungen, die das Reich mit Wilhelm dem Letzten machte, fällt es nicht leicht, an diese Tradition anzuknüpfen. Genügt die Berufung auf Gesetz und Ordnung, um dem mündigen Bürger das modische Flair des Konservativen zu vermitteln? Aber auf Gesetz und Ordnung berufen sich doch auch die Zwangsneurotiker der inneren Sicherheit, von denen meine konservativen Freunde sich mit kühler Arroganz zu distanzieren pflegen. Bewahrt der wahre Konservative ausländische Arbeitnehmer lieber an ihrem deutschen Arbeitsplatz oder wahrt er ihre kulturelle Identität, indem er sie wieder in die angestammte Heimat zurückverpflanzt? Und warum eigentlich hält sich die einzige politische Partei mit einem reinen Konservierungsprogramm, die es in unserem Lande gibt, für eine progressive Alternative, auch wenn sie die eher destruktive, grünzeugfressende Raupe im Wappen führt? Gibt es über die tautologische Formel hinaus, das was der Konservatismus bewahren wolle, sei der *status quo*, überhaupt so etwas wie ein erkennbares Programm, einen Kernsatz von Überzeugungen, der den

Konservativen zum Konservativen macht? Oder muß ich mich mit der Feststellung des amerikanischen Experten für konservative Geistesgeschichte Philip C. Buck begnügen, ein echter Konservativer könne „seine Partei identifizieren, egal ob er die Überzeugungen benennen kann, denen er anhängt, oder nicht".

Von Karl Mannheim und seinen Schülern haben wir gelernt, zwischen Konservatismus und Traditionalismus zu unterscheiden; zwischen einer der Modernen verhafteten politischen Strömung, die glaubte, althergebrachte Werte gegen die Fortschrittsideologie der Französischen Revolution verteidigen zu müssen, und einer ganz normalen menschlichen Neigung, „am Althergebrachten zäh festzuhalten und nur ungern auf Neuerungen einzugehen", einer Art gesunder Trägheit sozusagen. Vielleicht qualifiziert mein Hang zur Bequemlichkeit mich eher zum Traditionalisten als zum Konservativen? Aber wieviel trägt Mannheims terminologische Unterscheidung denn wirklich dazu bei, Einblicke in das „Wesen des Konservativen" zu verschaffen? Kein Zweifel, eine unreflektierte Liebe zum Althergebrachten, der das Bekannte weniger bedrohlich erscheint als das fremdartig Neue, ist eine Möglichkeit menschlichen Verhaltens, die nicht von bestimmten historischen Situationen abhängt, um sich bemerkbar zu machen. Sicher, die explizite Formulierung eines Programms zur Abwehr verderblicher Strömungen der Neuzeit ist ein anderes Unternehmen, das über den reinen Traditionalismus der Gewohnheit nach Absicht und Methode hinausgeht. Aber was Konservatismus ist, weiß ich immer noch nicht. Wenn es sich beim Konservatismus um die politische Doktrin der furchtsam abwehrenden Reaktion auf die organisierten Kräfte des sogenannten Fortschritts handelt, so ist damit nichts darüber gesagt, was denn eigentlich so progressiv an den Progressiven ist; und damit fehlt mir wieder der Prüfstein, mit dem ich erkunden kann, was denn konservativ am Konservativen ist. Welche von mehreren Möglichkeiten des Handelns und des Denkens ist in einer gegebenen historischen Situation fortschrittlich und welche ist konservativ? Wer entscheidet, wer als progressiv, und wer infolgedessen als konservativ zu gelten hat, und nach welchen Kriterien entscheidet er?

Martin Greiffenhagen glaubt an die segensreiche Kraft der Aufklärung, und so fällt es ihm nicht schwer, ein einleuchtendes Kriterium zu finden. Fortschritt ist die Bewegungsrichtung der europäischen Aufklärung, eines rational bestimmten Emanzipationsprozesses, „in dem der abendländische Mensch sich kraft seiner Vernunft aus der Hut des mittelalterlichen Weltbilds begab und die Welt in eigene Regie zu nehmen begann". Hat aber der Aufklärer die *ratio* für sich gepachtet, dann kann Konservatismus nur das antirationale Pendant der Aufklärung sein, der illegitime Zwillingsbruder des Drangs nach Emanzipation, ein zum Scheitern verurteiltes Unternehmen, das sich sein unlösbares Dilemma in dem „imponierenden" Versuch schafft, „eine irrationale Theorie zustandezubringen". Aber ist ein gewisses Ausmaß an Mißtrauen an der unbegrenzten Macht der Vernunft, die Welt zu verändern, wirklich in sich bereits irrational? Kann es nicht einfach jene aus leidvoller Erfahrung gespeiste Vorsicht sein, auf die sich Konservative so gern als Lebensprinzip berufen?

Auch wenn der Konservatismus der europäischen Neuzeit seine Grundideen am negativen Leitbild des Aufklärungsoptimismus ausgerichtet hat, so war er doch kaum von dem Bestreben beherrscht, zur wohlgeordneten Sicherheit eines mittelalterlichen Weltbildes zurückzukehren. Die singenden Wälder der deutschen Romantik sind nicht die Heimat des konservativen Politikers, der sich in gepflegter Parklandschaft weitaus wohler fühlt; und im Kampf gegen die Ideologen des Fortschritts ist es nicht die blaue Blume Heinrich von Ofterdingens, die er statt einer Nelke im Knopfloch trägt.

Der Konservative beurteilt die Chancen rationalistischer Planung einer neuen Welt eher skeptisch, in der es dem Menschen gelingen soll, sein Schicksal endlich in die eigenen Hände zu nehmen. Aber das heißt nicht, daß er es für möglich hielte, Welt und menschliches Leben ohne Vernunft zu ordnen. Konservatismus als Abwehrhaltung gegen jene Form des naiven Vertrauens zur Allmacht einer instrumentalisierten Rationalität, von der Max Horkheimer (gewiß ein unverdächtiger Zeuge, wo es um das Konservative geht) als einer „Sonnenfinsternis der Vernunft" gesprochen hat, ist in sich nicht irrational. Der Versuch, das

Bestehende gegen die Angriffswut ungezügelter Experimentierfreude zu schützen, braucht nicht unvernünftig zu sein. Erst historische Situationen, in denen das Bestehende in sich selbst keinen Bestand mehr hat, machen ihn dazu.

Wenn dem konservativen Denken Abstinenz im Umgang mit der Vernunft vorzuwerfen ist, dann nicht wegen seiner Zurückhaltung vor den großen Systemen der Welterklärung, sondern wegen seiner generellen Theorieunfähigkeit. Die allgemeingültige theoretische Analyse wird durch das obsessive Verharren im Detail, die fetischistische Liebe des Konservativen zu jeweils Konkretem, als einzelnes Erfaßbarem verhindert, zu einem Einzelnen, das nur allzu oft zugleich das Zufällige, das Zeitgebundene, das Unwesentliche ist. So berechtigt es ist, den großen Antworten zu mißtrauen, man kann sie nicht umgehen, indem man die Fragen gar nicht erst stellt. Eine unreflektierte Abneigung gegen den Versuch, allgemeingültige Strukturen der Realität zu bestimmen, charakterisiert das Verhalten des Konservativen, wenn er aufgefordert wird, die theoretischen Grundlagen seines Denkens zu offenbaren. So entsteht der Typ des Konservativen, der sich – nach der Beschreibung von Leo Strauss – durch „eine Vorliebe für kulturelle Diversitäten in Sprachen, Volksliedern und Töpferei, durch ausgeprägte Feindseligkeit gegen jeden Wandel und durch ihr Mißtrauen gegen die Vernunft auszeichnet – weil die Vernunft allgemein ist, der Konservative aber sich vom Besonderen angezogen fühlt". Die Abneigung gegen den universellen Anspruch der systematischen Vernunft, gegen die der Partikularismus eines angeblichen *common sense* ins Feld geführt wird, der in Wirklichkeit so gemeinsam auch wieder nicht zu sein scheint, trennt den Konservatismus der Neuzeit vom prämodernen Traditionalismus. Schutz vor den Ansprüchen der theoretischen Weltklärung, wie sie ihm das moderne Denken aufdrängen will, findet der Konservative im Sichklammern an das unmittelbar Vorhandene, das praktisch Machbare, das Konkrete.

„Konkret zu erleben, konkret zu denken", beschreibt Karl Mannheim das Phänomen, „bedeutet eine besondere Verhaltensweise, ein ausschließliches Wirkenwollen in jener bestimmten unmittelbaren Umwelt, in die man hineingestellt ist – eine radikale Abneigung gegen jedes ‚Mögliche' und ‚Spekulative'".

Der Apostel des Fortschritts richtet seine Analyse auf die allgemeingültigen Ursachen konkret einzelner Mißstände und neigt zu Radikalkuren, bei denen es schon mal passieren kann, daß er das Kind mit dem Bade ausschüttet. Dafür hindert die Fixierung seines konservativen Widersachers an die Einzelheit des Konkreten ihn, eine umfassende Theorie des zu Bewahrenden zu entwerfen und eine Strategie seiner Bewahrung zu planen, die mehr ist als ein Herumkurieren an den Symptomen. Konservative Theorie ist eine *contradictio in adiecto*. Wo sie dennoch unternommen wird, muß der Konservative sein eigenes Credo verraten. Wo er über den Versuch hinausgeht, das erprobte Vorhandene durch Verbesserung dem aufgezwungenen Wandel anzupassen, wo er ein umfassend systematisches Abwehrprogramm gegen die Bedrohung der Zeit entwirft, gibt er seine Rolle als Bewahrer des *status quo* auf und wird zum Restaurator einer mythisch überhöhten Vergangenheit. Der Konservative, der sein eigenes Tun theoretisch begründen will, wird zum Reaktionär.

Systematisch denkt der idealtypische Konservative, wie er sich in Karl Mannheims Analyse darstellt, nur dann, wenn er zur Reaktion gezwungen ist, wenn er ein Gegensystem gegen progressives Systemdenken entwerfen muß, wenn ihn die Geschichte überholt hat und er glaubt, Vergangenes wiederherstellen zu müssen. Systeme lehnt der Konservative ab. Ein Metternich verstand sich als Erhalter ewiger Gesetze, die einen weitaus höheren Rang hatten als spekulative Systeme. Das sogenannte Metternichsche System, äußerte er selbstbewußt herablassend, sei in Wahrheit kein System gewesen, sondern eine Weltordnung: „Revolutionen ruhen auf Systemen; ewige Gesetze stehen außer und über dem, was mit Recht den Wert eines Systems hat." Ob sein präsumptiver Schüler Henry Kissinger einer ähnlich souveränen Einschätzung des eigenen Werks fähig ist?

Wenn Metternich den Systemcharakter seines Lebenswerks leugnete, sprach sich darin nicht nur die prinzipielle Theoriefeindlichkeit des Konservativen aus, sondern auch ihr argumentatorisches Surrogat: die Neigung immer dann, wenn die Forderung nach rationaler Begründung der eigenen Position erhoben wird,

Zuflucht in der Berufung auf ‚ewige Werte' und ‚überhistorische Normen' zu suchen; Werte und Normen, die nie inhaltlich erläutert, sondern allenfalls an disparaten Einzelbeispielen belegt werden. Wo der spekulative Charakter der großen Utopien sie unheimlich macht, schützt der bewahrende Rückgriff auf die unmittelbar erfahrbaren Einzelphänomene vor dem Sturz in die Abgründe der reinen Theorie. „Die Orientierung an zu verhindernden, angebbaren und einschätzbaren Übeln", legt Hermann Lübbe sein konservatives Glaubensbekenntnis ab, „ist politisch stets sicherer als die Orientierung an erfahrungsfreien Vorstellungen eines künftigen Glücks."

Aber das Mißtrauen, das der Konservative an den Tag legt, wenn er mit großen Theorien konfrontiert wird, ist mehr als der Ausdruck pragmatischer Vorsicht; es wird zugleich gespeist von jener distanziert herablassenden Einstellung, mit der der Gentleman dem Experten begegnet. „Das Eichhörnchen," sagte schon Konfuzius, „besitzt fünf Fertigkeiten: es kann springen, es kann klettern, es kann schwimmen, es kann graben, und es kann laufen: aber nichts davon sehr gut: so auch der Gentleman." Betrachten wir ein Beispiel aus der Urheimat des europäischen Konservatismus und des Amateur-Ideals: den englischen Politikwissenschaftler Michael Oakeshott, Konservativer nach eigener Einschätzung, von seinen Gegnern bewundernd als anarchistischer Tory eingeschätzt.

„Konservative Wesensart" ist Michael Oakeshott bestimmt von der „Bereitschaft, sich des Gegebenen zu bedienen und sich seiner zu erfreuen, statt etwas anderes herbeizuwünschen oder danach zu suchen, sich am Gegenwärtigen zu erfreuen statt am Vergangenen oder einer möglichen Zukunft." Das klingt ein wenig überraschend aus konservativem Munde, und ich erinnere mich, es anderswo gehört zu haben. *Yesterday's dead, and tomorrow is blind,* sang damals Joan Baez, *I live one day at a time*. Schatten der Vergangenheit: keine Wurzeln im Gestern, keine Verantwortung für's Morgen; nichts zählt, wenn nicht die Hingabe an den Augenblick und das, was er uns schenkt. *Turn on, tune in, drop out,* oder der Konservative als Aussteiger? Das kann Professor Oakeshott so nicht gemeint haben.

Keine Angst, er hat es nicht so gemeint. Primär geht es ihm darum,

> *„das Vertraute dem Unbekannten vorzuziehen, das Erprobte dem Unerprobten, das Gegebene dem Verborgenen, das Nächstliegende dem Entfernten, das Reale dem Möglichen, das Brauchbare dem Vollkommenen und die Fröhlichkeit einem utopischen Glück".*

Die Liste ließe sich beliebig fortsetzen und spräche doch immer nur von einem: von der fetischistisch verhärteten Liebe zum Faktischen und der tiefsitzenden Angst vor dem, was nicht „wirklich", sondern nur „gedacht" ist. Die Beschwörung des Gegenwärtigen gilt nicht dem unbeschwerten Genuß des Tages, sondern aus der trügerischen und dennoch tröstlichen Gewißheit, die dem Glauben entspringt, nur die Gegenwart sei sicher, nicht die Vergangenheit, die im Grab der Erinnerung schlummert, nicht die Zukunft, deren unwirkliche Verlockungen nur der Hoffnung, nicht der Erfahrung zur Verfügung stehen. Die Angst vor der Unveränderlichkeit des Vergangenen und der Ungewißheit des Kommenden tarnt sich als vernünftig abwägender Pragmatismus.

Es ist nicht so, daß der Konservative die Zeichen der Zeit nicht zu lesen verstünde. Er liest sie aufmerksam, entziffert sie sorgfältig, aber er interpretiert sie in seinem Sinne. Er leugnet die Zwänge nicht, die historischer Wandel seinem Leben und Tun auferlegt, aber er begrüßt sie nicht. „Jeder Konservatismus," meinte G. K. Chesterton, „basiert auf der Vorstellung, wenn man die Dinge in Ruhe lasse, lasse man sie so, wie sie sind. Aber das ist nicht wahr. Wenn man die Dinge in Ruhe läßt, setzt man sie schutzlos dem reißenden Strom des Wandels aus." Doch der Vorwurf trifft nicht. Nicht Leugnung des Wandels als konservatives Programm, sondern Bewahren des Bewährten gegen den Fluß der Zeit. „Ein Staat", mahnte schon hundert Jahre vor Chesterton der Hausheilige des Konservatismus Edmund Burke, „dem es an allen Mitteln zu seiner Veränderung fehlt, entbehrt der Mittel zu seiner Erhaltung." Der Konservative schließt die Augen nicht vor dem Neuen, er zeigt nur keine Freude daran. Dem unaufhaltsamen Wandel vermag er sich, wenn auch ungern, zu stellen. Innovation, geplante, absichtliche, gewollte Neuerung lehnt er als bedrohlich ab.

Noch einmal Michael Oakeshott:

> *„Veränderungen zeigen einen Wechsel an, den wir über uns ergehen lassen müssen. Neuerungen dagegen planen und setzen wir selbst in die Tat um. Veränderungen sind Umstände, denen wir uns anzupassen haben ... Der Mensch konservativer Prägung gibt etwas, was ihm vertraut ist und gut erscheint, nicht gern für ein unbekanntes Besseres hin."*

Eine resignierende Haltung, wo es um die Flucht der Zeiten und den Wandel alles Bestehenden geht, scheint ebenso sehr zum konservativen Wesen zu gehören wie vehemente Ablehnung und aktiver Widerstand, wo es um freiwillige, durch nichts erzwungene Neuerung geht. Veränderung ist Schicksal, dessen unausweichlichen Gesetzen es sich zu fügen gilt. Neuerung, Innovation, geplanter Fortschritt, das sind gewollte Abweichungen vom vertrauten Wege, selbstverschuldete Drangabe des erprobten Guten in der eitlen Hoffnung auf ein ungewisses Besseres. Wo ihm das Neue aufgezwungen wird, nimmt es der Konservative hin und versucht, es mit dem Instrumentarium zu meistern, das sich in der Vergangenheit bewährt hat.

> *„Wir nehmen weniger Neuerungen an unseren Werkzeugen vor als an unseren Projekten, da wir Werkzeuge nicht für ein einzelnes Projekt entwerfen und dann beiseite legen ... Die geschickte Handhabung der Werkzeuge ist aber unlöslich mit Übung und Kenntnis der Werkzeuge verbunden ... Auf die Vertrautheit kommt es beim Gebrauch von Werkzeugen an; und der Mensch als ein auf den Gebrauch von Werkzeugen verwiesenes Lebewesen tendiert zu konservativem Verhalten ... Wenn das eigene Haus brennt, setzt man sich nicht mit einer Forschungsstelle zur Brandverhütung in Verbindung, damit sie ein neues Gerät entwerfe. Bereits Disraeli wies darauf hin, daß man in diesem Falle nach der Ortsfeuerwehr ruft, wenn man nicht*

gerade verrückt ist ... Gegenüber einem erprobten Verfahren keine konservative Haltung einzunehmen, ist offensichtlich dumm.“

Warum sich Professor Oakeshott in seiner Apologie des Konservatismus mit Benjamin Disraeli ausgerechnet auf den Politiker beruft, der in seiner Unterhausrede vom 17. März 1845 jede konservative Regierung als „organisierte Heuchelei“ bezeichnet hat, bleibt sein Geheimnis. Interessanter erscheint mir ein anderer Aspekt der Werkzeugmetapher, der hier nur unterschwellig anklingt. Gewiß, Werkzeuge verkörpern eine Überlieferung, die man nicht leichtfertig gegen unerprobte Ersatzinstrumente austauscht. Aber Werkzeuge *sind* nicht nur Überlieferungen, sie *dienen* auch einer Überlieferung, die sich im geschulten Umgang mit ihnen ausdrückt. Der Handwerker, der zu seinem Werkzeug greift, stützt sich auf einen Schatz angesammelter Erfahrung. Auf seine eigene Übung im Umgang mit seinem Handwerkszeug wie auf die überlieferten Erfahrungen seiner Vorgänger, auf eine Art praktischer Erfahrungsweisheit, die nicht den konstruierten Plänen analytischer Vernunft entspringt. Wie man einen Brand löscht, lernt man nicht auf der Feuerwehrakademie, sondern vom Brandmeister, der dem Zögling die praktische Ausbildung vermittelt. Politik, so müssen wir aus Oakeshotts Vergleich schließen, ist eine zu ernste Sache, um sie den Politikwissenschaftlern zu überlassen; aber deshalb bedarf sie noch lange nicht irgendwelcher systematisch ausgearbeiteter Theorie. Eine Neubesinnung auf Grundlagen des Handelns, die über die eingeübten Verhaltensweisen der Honoratiorenrepublik hinausgeht, wird mit Mißtrauen und Sorge betrachtet.

Die Honoratiorenrepublik selbst allerdings wird von denen verwaltet, die sich ihrer mit Liebe hingeben, ohne auf die Geliebte angewiesen zu sein. Für die Theorie-Abstinenz des Konservativen, der Verdacht schöpft, wenn Aufgaben den Experten überwiesen werden, die dem Bereich des *common sense* angehören, ist Politik in letzter Konsequenz weder Wissenschaft noch Handwerk, sondern das ehrenvolle und standesgemäße Hobby des gebildeten Amateurs. Denn „sich in einer alltäglichen Welt zurechtzufinden und einzurichten, qualifiziert uns – wie es keine Kenntnis der ‚Wissenschaft von der Politik' jemals zu tun vermag – falls wir Neigung dafür verspüren und uns nichts Besseres einfällt, für das, was der Mensch konservativer Prägung als politische Tätigkeit ansieht" ... Sofern wir Neigung dafür verspüren und uns nichts Besseres einfällt – die Idylle des standesgemäßen Lebens, in dem Politik ein Hobby ist wie andere auch, täuscht über die Tatsache hinweg, daß diejenigen, „denen nichts Besseres einfällt" vielleicht doch gerade die sind, denen ich mein politisches Schicksal und das Schicksal der Gesellschaft, in der ich lebe, anvertrauen möchte. Eine Einstellung, die Politik denjenigen als Ersatzhobby vorschlägt, denen die Auswirkungen der Erbschaftssteuer das Züchten von Rennpferden verbietet, besänftigt meine gelegentlichen Zweifel an den Herrschaftsqualifikationen der Herrschenden nicht, und ich sähe es lieber, wenn sie sich dem Angelsport statt der Politik zuwendeten.

In der Tat scheint es eine gewisse Affinität zwischen der Lebenshaltung von Sportfischern und konservativen Politikern zu geben. Gentlemen bleiben Gentlemen, ob sie nun angeln gehen oder die Geschicke ihres Landes leiten. Dem erfolgsorientierten Technokraten, dem Berufsfischer, dem es nur darauf ankommt, möglichst viele Fische zu fangen, gesteht Professor Oakeshott das Recht zu, sich um die beste Ausrüstung zu bemühen, die er finden kann, und vielleicht sogar eine professionelle Ausbildung für sein Metier anzustreben. Aber wer das, was eigentlich sein Hobby sein sollte, zum Broterwerb macht, ist eben nicht der „vollkommene Angler", von dem seit Izaak Walton alle nostalgischen Verehrer des Landlebens in den besseren Kreisen schwärmen. Das wahre Amateur-Ideal in Sport und Politik verkörpert sich Michael Oakeshott im Bild des Anglers, der sich seiner Leidenschaft um ihrer selbst willen hingibt und abends zufrieden heimkehrt, auch wenn kein Fisch angebissen hat. Ihm ist das Angeln „zu einem Ritus geworden, und eine konservative Haltung scheint angebracht. Warum sollte man sich um das beste Angelgerät kümmern, wenn der Fang selbst keine Rolle spielt? Auf die Ausübung der Fertigkeit allein kommt es an – oder lediglich darauf, die Zeit angenehm hinzubringen." Als eine Beschreibung der Geisteshaltung, in der es Spaß macht, angeln zu gehen, kann das selbst dem habituellen Verächter des Landlebens und seiner Unbequemlichkeiten einleuchten; aber wie steht es um den politischen Sinn der Parabel?

In der taoistischen Anekdote will einer der weisen Könige des chinesischen Altertums einen Fischer zum Minister machen, weil der die Weisheit bewundert, die es vorzieht, keine Fische zu fangen, um sich das reine Vergnügen am Angelsport nicht zu verderben; und Oakeshott scheint die Geisteshaltung zu bewundern, die hinter dem Entschluß des Königs steht. Im Reich der Mitte allerdings blieb der staatlichen Domänenverwaltung ein Desaster mittleren Ausmaßes erspart, weil die Dorfbevölkerung nicht bereit war, auf ihren Lokalweisen zu verzichten. Aber was würde wohl geschehen, wenn die ehrenwerten Angler wirklich in die Politik gingen? Die Flucht in die Idylle des Amateur-Ideals kann nur allzu leicht zum Alibi für den werden, der bereit ist, öffentliche Ämter zu übernehmen, aber nicht bereit, politische Verantwortung zu tragen. Viele angenehme, ehrenhafte und sinnvolle Tätigkeiten tragen ihren Sinn in sich, nicht in dem Nutzen, den sie bringen; und der Hinweis darauf, daß es unnötig, vielleicht sogar schädlich ist, sie zur Domäne professionellen Expertentums zu machen, ist berechtigt. Aber Politik ist etwas anderes als Angeln und muß es sich gefallen lassen, an ihren Früchten gemessen zu werden. Wenn der konservative Politiker den Eindruck erwecken will, dadurch besonders zur Politik befähigt zu sein, daß er über ihr stehe, redet er einer gefährlichen Entpolitisierung des Politischen das Wort. So kann das trügerische Dogma der unparteiischen Interesselosigkeit zur Zerstörung politischer Verantwortlichkeit führen. Im harten Alltagsgeschäft der Politik kommt es, anders als beim Angeln, eben doch darauf an, Fische zu fangen, und wer diese Tatsache leugnet, setzt sich dem Verdacht aus, politische Fragen einer privaten Lösung zuführen zu wollen.

Hier wird der Gentleman, der die Öffentlichkeit vor karrieresüchtigen Berufspolitikern beschützen will, zum Idealtyp dessen, was Bernard Crick in seiner brillanten Verteidigung der Politik gegen ihre Freunde als einen „unpolitischen Konservativen“

beschreibt. Der Konservative widmet seine Energie dem Kampf gegen die abstrakte Ideenverranntheit, die rastlose Neuerungssucht, den philosophischen Dogmatismus des Fortschrittsideologen – und tut damit seinem Gegner mehr Ehre an als er verdient. So klar, wie es der Konservative in seiner unpolitischen Ehrenhaftigkeit glaubt, weiß der Revolutionär nämlich gar nicht, wohin ihn sein Weg führt. Wenn seine Gegner das Bild vom klaren, zielbewußt handelnden Überzeugungstäter der Zukunftsgesellschaft als Schreckbild an die Wand malen, übernehmen sie damit nur den Mythos, den der Progressive selbst verbreitet wissen will, bestätigen sie die apologetisch verherrlichende Ursprungslegende, die von den bezahlten Historikern der Revolution erst nach dem Sieg der eigenen Clique verbreitet wird.

Wenn die neue Gesellschaft beginnt, ihre eigene Vorgeschichte zu schreiben, schreibt sie eine Vergangenheit um, in der nur allzu oft die beiden ehemaligen Gegner eine weit weniger rühmliche Rolle gespielt haben, als dem Sieger oder dem Verlierer recht sein kann. In Wirklichkeit war der Apologet des Fortschritts meist kein zielbewußt kämpfender Revolutionär, sondern einfach der Mann, der es unternahm, die Lücke auszufüllen, die ein politikmüdes *ancien règime* bei seinem Rückzug in die Idylle der Privatheit hinterlassen hatte. „Nur allzu oft", so Bernard Crick,

> *„ist der Revolutionär einfach der Mann, der in dem Chaos Ordnung schaffen muß, das gescheiterte Konservative hinterlassen haben. Und ebenso ist vielleicht der Doktrinär nur der Mann, der uns Begründung und Erklärung anbietet, wenn der Konservative unsere Geduld mit dem Aufruf erschöpft hat, ihm Vertrauen für die Aufgabe zu schenken, der er am besten gewachsen ist – einer Aufgabe, die er in Wirklichkeit schlecht erfüllt hat."*

Nostalgie allein ist noch kein Grund, den Konservativen zu vertrauen, und Furcht vor der Zukunft ist kein politisches Programm. Die Ausrichtung auf die Vergangenheit und die Sicherheit des Bewährten ist aber ein hervorstechendes Merkmal konservativen politischen Denkens. Das berechtigte Mißtrauen, mit dem sich ein vorsichtiger Mensch dem Unbekannten nähert, wird zur destruktiven Doktrin, wenn der fortschrittsmüde Konservative das Alte nicht mehr bewahren will, weil es gut und bewährt ist, sondern nur noch, weil es nicht das Neue ist. Zukunftsangst, die ständig in der Gefahr steht, in Untergangsstimmung umzuschlagen, ist aber ein inhärentes Element des konservativen Geschichtsbewußtseins. „Im Gegensatz zum Progressiven", so ein Kenner des Konservatismus in allen seinen Aspekten, „dem die jeweilige Gegenwart als der Anfang der Zukunft erscheint, erlebt der Konservative die Gegenwart als die letzte Etappe der Vergangenheit." Das Endzeitbewußtsein, von dem Julius Schoeps hier redet, ist aber keine Alternative zur Politik.

Es ist aber etwas anderes: das schwarze Spiegelbild des neuzeitlichen Glaubens an die Geschichte als Garantin der Zukunft. Wir haben es hier mit einer geistigen Verwandschaft zu tun, von der die verfeindeten Brüder meist nichts ahnen. Die Vergangenheitsnostalgie des enttäuschten Konservativen wie die Zukunftseuphorie des progressiven Ideologen beziehen ihre destruktive Kraft aus der gleichen apokalyptischen Vision: dem Traum vom grenzenlosen Fortschritt. Ob als Traum, ob als Alptraum, die *idée fixe* des Fortschritts verstellt dem einen wie dem anderen den Blick auf eine Realität, die weder Aufschwung noch Untergang ist. Die Fortschrittsidee des Progressiven ist nichts anderes als das notwendige Nebenprodukt jenes epochalen Endzeitbewußtseins, aus dem eine Zeit, die sich selbst als die Moderne bezeichnet, die Legitimation ihres Bewußtseins zu ziehen versucht. So wie der progressive Denker am Anfang der Geschichte steht, findet sich der konservative an ihrem Ende. Keiner von beiden steht wirklich *in* der Geschichte, wie es die normale Erfahrung des *common sense* nahelegen würde. Die Moderne kann sich selbst nur aus dem Bruch mit der Vergangenheit verstehen, sie muß, um modern zu bleiben, ständig Abschied vom Bisherigen nehmen; und hier erweist sich der Konservatismus als ihr legitimes Kind. Der Konservative lebt wie der Progressive im Bewußtsein der Moderne: der Überzeugung, an einer Zeitenwende zu stehen. Gegenwart als Zeitenwende aber bedeutet, daß das so heftig beschworene Hier und Jetzt seinen Sinn nicht aus sich selbst heraus gewinnt, sondern aus seiner Bedeutung als Nahtstelle zwischen Gestern und Morgen. Der epochale Einschnitt, an dem die Welt sich wandelt, findet seit dem Beginn der Moderne ständig gerade jetzt statt. Das Dauertrauma des Lebens in einer Übergangszeit ruft verschiedene Reaktionen hervor. Doch die psychische Grundstruktur bleibt die gleiche. Der Fortschrittsapostel und der Apologet des unwiederbringlich Verlorenen leben in einer Übergangszeit ohne eigenen Wert, im Augenblick des unwiderruflichen Schritts in den Niedergang oder unmittelbar vor der ersten Stufe eines Aufstiegs, dessen Ziel nur erahnt werden kann. Für beide gilt es unaufhörlich, Abschied von allem zu nehmen, was war.

Die Theorie des Abschiedsbewußtseins, aus dem die Moderne lebt, manifestiert sich in der Denkform der Geschichtsphilosophie. Wenn die Ereignisse ihren Sinn nicht mehr in sich selbst tragen, nicht mehr „selbst-verständlich" sind, muß ihnen ein Sinn zugeschrieben werden. Um uns in einem sinnlosen Gewirr von Einzelereignissen zurechtzufinden, schreiben wir dem Strom der Geschichte eine Richtung zu, von der wir nur allzu leicht vergessen, daß wir sie nur im Denken konstruieren, nicht in der Erfahrung erleben können. Das Chaos erhält seine Struktur aus einer Orientierungslinie der Geschichte, die den Einzelereignissen ihren Sinn verleiht; und diese Orientierungslinie wird als Fortschritt, als ständige, sich mit Notwendigkeit vollziehende Aufwärtsentwicklung begriffen. Wenn die Erfahrungen der Vergangenheit als Vorbereitung des Kommenden gedeutet werden, kann im Glauben an die Geschichte Gewißheit über die eigene Position gefunden werden. Wer glaubt zu wissen, wohin er geht, glaubt auch zu wissen, wo er steht. Aber die Sicherheit, die der Fortschrittsgedanke verleiht, ist trügerisch. Die wohlfeile Behauptung, die Geschichte der Menschheit sei die Geschichte des Fortschritts, bleibt eine Leerformel, wenn mir niemand sagen kann, wohin wir denn alle gemeinsam schreiten. Die unmittelbare Erfahrung, die nur Empfindung der Gegenwart und Erinnerung an die Vergangenheit kennt, enthüllt die Struktur der Zukunft nicht. Aber selbst wenn ich die Sinnlinien der bisherigen Geschichte mühelos in die Zukunft extrapolieren könnte, weiß ich nicht, ob sie auf eine Geschichte des ständigen Weiterschreitens zum Besseren, Vollkommeneren, Höheren hindeuten würden. Zwar fällt es mir nicht allzu schwer, einen Fortschritt in der Geschichte der Uhrmacherkunst von der alexandrinischen Wasseruhr über Henleins Taschenuhr und den Schweizer Präzisionschronometer bis zur japanischen Quarzuhr zu konstatieren, sofern mich derlei interessiert. Wenn ich aber den Versuch mache, die Geschichte der Philosophie in analoger Manier als fortschreitende Bereicherung menschlicher Weisheit von Platon bis zu Bertrand Russell und Karl Popper zu deuten, verspüre ich ein gewisses Unbehagen. Soll ich den Fortschritt der Menschheit gar, dem Traum der Aufklärung getreu, als ihren Ausgang aus selbstverschuldeter Unmündigkeit, als Heranreifen zu Humanität und Sittlichkeit begreifen, so muß ich ein kaum realisierbares Maß an Apperzeptionsverweigerung aufbringen, um den Traum am Leben zu halten.

Wenn die Enttäuschung am Scheitern des Fortschrittsgedankens als Quelle politischer Sinngebung sich in der konservativen Weigerung äußert, die Gegenwart auf dem Altar der Zukunft zu opfern, steht dahinter die Weisheit bitterer Erfahrung. Wenn aber der Konservative ebenso fasziniert auf den Götzen des Fortschritts blickt wie sein progressiver Zwillingsbruder, wenn er die kommende neue Welt ebenso dezidiert ablehnt wie dieser sie euphorisch herbeisehnt, unterliegen beide dem gleichen Trugschluß: dem typischen Glauben der Moderne, die Sinnlinien von Welt und Geschichte in ihrer Totalität erfassen zu müssen, um menschliches Leben rational gestalten zu können.

Der konservative und der progressive Denker stehen als Kinder der Moderne gemeinsam vor einer angeblichen historischen Wende, die sie zwingt, Abschied von allem Gewohnten zu nehmen und sich für eine Zukunft zu wappnen, die dem einen so licht erstrahlt wie sie dem anderen undurchdringlich trübe scheint. Wo konservative Skepsis sich in dieser Situation darum bemüht, in geduldiger Kleinarbeit darauf hinzuweisen, daß nicht alle strahlenden Voraussagen der unkritischen Bewunderer des Fortschritts eingetroffen sind, erfüllt sie eine nützliche Aufgabe. Wo die Bewahrung der Vernunft umschlägt in eine unkritische Angst vor jedem Zeichen des Wandels, wird ein Konservatismus, der mit den Zukunftshoffnungen auch das Vertrauen in die Gegenwart untergräbt, zu einer destruktiven Kraft. Die Warnung vor den verführerischen Parolen derer, die mit geschlossenen Augen in die Zukunft marschieren, ist nicht dasselbe wie die Weigerung, ihr ins Gesicht zu blicken. Die Theoriefeindlichkeit des Konservatismus schlägt dann um in den unreflektierten Drang, das, was ist, nur deshalb zu bewahren, weil es nicht das gefürchtete andere ist. Ein am negativen Leitbild des enttäuschten Zukunftsglaubens orientierter Konservatismus zerstört die Chancen rationaler Lebensgestaltung.

Da wo Konservatismus und Progressismus einander unter dem Vorzeichen der Moderne bedingen, hat die neuzeitliche Krise des Fortschrittsgedankens auch seinen antiprogressiven Widerpart einer geistigen Dürre ausgesetzt, die am panischen Versuch ängstlichen Bewahrens um des Bewahrens willen selbstzerstörend und aggressiv in einem wird. Ein betrübliches Schauspiel, das den Psychologen Ulrich Sonnemann zu dem Aphorismus inspirierte: „Es gibt nichts Widerwärtigeres als einen Konservatismus, der nichts mehr zu bewahren hat als sich selbst.“ Gewiß, Herr Sonnemann, aber ein erfreulicherer Anblick ist auch ein Progressismus nicht, der seit Jahrhunderten zu nichts mehr fortschreitet als zu sich selbst.

Vielleicht ist der Konservatismus ebenso am Ende wie der Fortschrittsglaube. Aber wo steht denn geschrieben, daß ich konservativ sein muß, nur weil ich nie an den Fortschritt geglaubt habe? Mein traditionelles, meinethalben „prä-modernes“ Vertrauen in die Vernunft, in ihre Fehlbarkeit und in ihre Fähigkeit, sich ihrer Fehler bewußt zu werden und sich auf die Realität zu besinnen, bleibt von all den Hiobsbotschaften, die mir zugetragen werden, seltsam unberührt. Die Leiden, Irrungen und Wirrungen des modernen Bewußtseins in seinem Aufstieg und Untergang sind nicht die meinen. Der naive Glaube der Progressiven mag im Sterben liegen, die parallele Agonie des Konservatismus mag noch lang anhalten; ich bin gerne bereit, beide schon jetzt für tot zu erklären: für ebenso tot wie jene merkwürdige Entgleisung des Bewußtseins, der sie beide entstammen, und die sich die Moderne nennt, von ihrer Geburtsstunde an war.

Paul Johnson

„Hütet Euch vor dem Staat!“

Ein Plädoyer für die konservativen Werte

Der Mensch ist dasjenige Geschöpf, das am unersättlichsten nach Betätigung drängt. Er ist gezwungen, sich nicht nur zu betätigen, sondern ständig nach neuer Betätigung Ausschau zu halten. Das bedeutet, daß er auch die Freiheit liebt und keiner Beschränkung unterliegt. Dies alles heißt nicht, daß er für die Anarchie wäre. Im Gegenteil, es liegt in seiner Natur, das Chaos zu verabscheuen. Er hat eine Leidenschaft für die Ordnung, einen Instinkt für das Regelmäßige und eine eingewurzelte Gewohnheit, Regeln zu erfinden. Sein Eifer, zu handeln und zu erneuern, ist von Konkurrenz bestimmt; Konkurrenz bedeutet Vergleich und damit Urteil unter einer Autorität. Wie Thomas Hobbes gesagt hat, kann man das Leben in der Gesellschaft mit einem Wettlauf vergleichen, und ein Wettlauf muß Regeln gehorchen, um reizvoll zu bleiben. Aber, so fügte Hobbes hinzu, der Wettlauf der Menschheit hat kein Ziel: Das Spannende und das Ziel des Lebens ist, dabei zu sein, und Glück besteht darin, vorne zu liegen:

> *„Es gibt nicht so etwas wie ewige Ruhe des Geistes, während wir hier leben; denn Leben selbst ist nichts als Bewegung und kann ebensowenig ohne Begehren und ohne Angst wie ohne Sinn sein … es kann kein Genügen geben außer im Fortschreiten.“*

Um fortzuschreiten, müssen wir frei sein; und da der Wettlauf kein Ende hat, ist das Ganze der menschlichen Geschichte das Streben nach Freiheit.

Kein Geschichtsforscher kann bezweifeln, daß sich die Menschheit langfristig in die Richtung immer größerer Freiheit bewegt. Wir haben uns von den kollektivistischen und Stammesgemeinschaften des Altertums zu Gesellschaften fortbewegt, in denen die Einzigartigkeit des Individuums zumindest theoretisch zugestanden wird und die Universalität der Menschenrechte formelle Anerkennung findet. Niemand leugnet explizit und öffentlich die Rechte des Menschen; alle stimmen der evidenten Wahrheit bei, daß Freiheit ein öffentliches Gut ist. So wie die Heuchelei der Tribut ist, den das Laster der Tugend zahlt, so sind Verfassungen, die die Menschenrechte garantieren, die Huldigung, die die hartnäckigsten und verstocktesten Tyranneien zu Füßen der Freiheit niederzulegen sich verpflichtet fühlen. Auch der gewissenloseste afrikanische Despot, der seine hilflosen Untertanen mit allen Raffinessen der Grausamkeit und Brutalität traktiert, protzt mit irgend einem utopischen Zertifikat, um seinem Regime eine erschlichene Legitimität zu verleihen; und die Sowjetunion, das autoritärste und restriktivste Herrschaftssystem, das je erdacht worden ist, brüstet sich mit einer Verfassung von beispielhaftem Wohlwollen.

Solche Dokumente sind natürlich das Papier nicht wert, auf dem sie geschrieben sind. Wer kann ehrlich behaupten, daß die Summe menschlicher Freiheit in unserem Jahrhundert gewachsen sei? Nur wenige teilen heute noch die optimistischen Illusionen aus der Zeit Lincolns und Gladstones. Zwei entsetzliche Weltkriege, in denen die hohe liberale Zivilisation Europas und der westlichen Welt nahe daran war, Selbstmord zu begehen – wie das antike Griechenland im Peloponnesischen Krieg –, haben unsere Sensibilität abgestumpft und unseren Gerechtigkeitssinn verdorben.

Diese Kriege haben auch den modernen *Frankenstein-Staat* aus sich entlassen. Regierungen haben nicht nur beispiellose neue Mittel der Vernichtung entwickelt, sondern auch neue Instrumente der Unterdrückung und neue Methoden der Lüge.

Auf der ganzen Welt hat sich der Staat mit den schlimmen

Neuerungen vollgestopft, die menschlicher Erfindungsgeist ständig verfügbar hält. Der Staat ist der Hauptnutznießer der Schrekken unseres Jahrhunderts gewesen. Gewiß, bis auf ein einziges sind alle Weltreiche aufgegeben worden. Doch die Staaten, die an ihre Stelle getreten sind, haben sich mit Lust sämtliche imperialistischen Untugenden zu eigen gemacht, allen voran den Militarismus und die Bürokratie, während sie auf die Tugenden, die der Imperialismus gelegentlich besessen haben mag, vor allem die Achtung vor dem Gesetz, verzichtet haben. In allen diesen Staaten ist die Regierung allgegenwärtig und bedrohlich, lügnerisch und korrupt und infolgedessen willkürlich und verderblich für das private Glück und die private Wohlfahrt. Was das letzte und am wenigsten liberale der Weltreiche betrifft, den russischen Monolithen, so erfreut er sich einer anstößigen, brutalen Gesundheit, hat seine Grenzen enorm ausgeweitet, dehnt seine Einflußsphäre ständig aus, bewaffnet sich unaufhörlich und brütet in seinem totalitären Inneren insgeheim den immer wachsenden Organismus des Polizeiterrors aus.

Erstaunlicher und beunruhigender ist freilich, daß es dem *Frankenstein-Staat* sogar in den liberalen Demokratien westlicher Tradition geglückt ist, sich zu etablieren. Er ist munter und wohlauf, lebt unter uns und läßt seine Muskeln spielen. Mit grenzenloser Zuversicht und unersättlichem Appetit freut er sich auf eine unbegrenzte Karriere des Wachstums und des Konsums. Überall in Westeuropa ist das Monstrum auf freiem Fuß. In den Vereinigten Staaten ist es der letzte, unerschrockenste und unverschämteste aller an die Küsten geschwemmten Einwanderer. Doch ist es vor allem in Großbritannien, der „Perle des Westens“, wie uns Solschenizyn genannt hat, einst die Zitadelle der Privatheit und die Akropolis der individuellen Freiheit, daß das Gespenst des gigantischen Staates unser Leben überschattet und die völlige Vernichtung liberaler Werte droht.

Ich habe einmal den Staat als Mittel betrachtet, durch das die weniger Begünstigten unter uns in die Lage versetzt werden könnten, die Selbstverwirklichung und sittliche Erfüllung zu erreichen, auf die sie als Geschöpfe nach dem Bilde Gottes ein Recht haben. Ich habe nicht aufgehört, dieses Ziel zu ersehnen, aber ich habe keinerlei Vertrauen mehr zum Staat als dem Mittel zu diesem Ziel. Im Gegenteil, ich sehe heute in ihm das größte Hindernis für die Selbstverwirklichung und moralische Reife jedes einzelnen von uns, vor allem der Armen, Schwachen, Niedrigen und Leidenden.

Ich entschuldige mich nicht für diesen Gesinnungswechsel. Er ist herbeigeführt worden durch Alter und Erfahrung, namentlich durch die traurige Erfahrung des letzten Jahrzehnts in Großbritannien (und überhaupt in ganz Westeuropa), wo die kumulativen Übel, die durch das Wachstum der kollektiven Macht und staatlichen Expansion genährt werden, in überwältigender Weise sichtbar geworden sind. Er ist aber auch herbeigeführt worden durch umfangreiche historische Studien, die sich nicht nur auf die englische und europäische Geschichte bezogen, sondern auch auf viele uns ferngerückte Gesellschaften des Altertums. Das Studium der Geschichte ist ein starkes Gegengift gegen die zeitgenössische Überheblichkeit. Es ist ernüchternd zu entdecken, wie vieles von dem, was wir leichtfertig als gegeben annehmen, was uns neuartig und plausibel erscheint, in der Vergangenheit erprobt worden ist, nicht einmal, sondern viele Male und in unzähligen Verkleidungen, und sich, unter großen menschlichen Kosten, als durchaus falsch erwiesen hat. Es ist auch beschämend zu sehen, daß ernorme und erschreckende Irrtümer ständig wiederholt werden, daß Lektionen, die schmerzlich gelernt wurden, im Laufe einer einzigen Generation wieder vergessen werden; und daß in jeder Gesellschaft und zu allen Zeiten die angesammelte Weisheit der Vergangenheit achtlos ignoriert wird.

Die Lektion aber, die uns die Geschichte mit dem größten Ernst ans Herz legt und die wir mit der größten Hartnäckigkeit in den Wind schlagen, lautet: „Hütet euch vor dem Staat!" Der Mensch hat, wie die Geschichte nur zu deutlich zeigt, jenes Element des Göttlichen in sich, jenes Element, das ihn unablässig antreibt, nach dem Ideal zu streben. Das ist seine Herrlichkeit und sein Verderben. Denn bei seiner utopischen Suche begrüßt er den politischen Prozeß als den Weg zur Vervollkommnung. Doch dieser politische Prozeß selbst ist ein Trug, der eher zur Hölle als zum Himmel führen wird. Hat eine Gesellschaft Pech, so führt der politische Weg, erbarmungslos genug verfolgt, geradewegs nach Auschwitz oder in den Archipel Gulag. Doch selbst die glücklichste Gesellschaft wird am Ende jener staubigen Straße nichts anderes finden als dasselbe künstliche Monstrum – den Staat –, ebenso gierig und gefühllos, wie es war, als der Mensch es im dritten Jahrtausend v. Chr. erfand, mit dem höhlenförmigen Maul, den Lungen aus Erz, dem unstillbaren Appetit und unersättlichen Magen, aber ohne Herz, ohne Hirn und ohne Seele.

Ich habe dies für mich selbst gelernt und, wie es ehrlicherweise meine Pflicht war, meine politische Richtung entsprechend geändert. So habe ich mich dem angepaßt, was nach meiner Meinung die zentrale politische Tradition in England ist: die Politik des gütlichen Überzeugens und der Veränderung. Stammesloyalitäten und statische Haltungen sind unserem öffentlichen Leben fremd. Seine geistige Kraft und sein Wachstum verdankten sich zu sehr großen Teilen dem Gesinnungswechsel öffentlicher Persönlichkeiten als Reaktion auf Erfahrung, Nachdenken und äußere Veränderungen.

In allen zentralen, religiösen und verfassungsmäßigen Fragen unseres nationalen Lebens hat es stets hervorragende Männer gegeben, die die geistige Offenheit und Tapferkeit besaßen, umzukehren und ihren Überzeugungen zu folgen. Manche, wie Becket und Thomas More, zahlten dafür mit ihrem Leben; andere, wie Wycliffe und Newman, litten Schmähungen und sektiererische Rache. Solche Veränderungen der Anschauung folgen keinem bestimmten Muster. Sir Francis Bacon bewegte sich vom Parlamentarianismus zur königlichen Prärogative; Sir Edward Coke genau in der entgegengesetzten Richtung. Clarendon und Stafford waren Leute der Commons, die zu Royalisten wurden; Cromwell ein Radikaler, der Autokrat wurde; Shaftesbury ging von der Partei des Hofes zu der des *country* über. Fox war ein Tory, der Whig wurde, Pitt ein Whig, der Tory wurde; Canning und Peel, Palmerston und Gladstone, sie alle bewegten sich vom Toryismus zu verschiedenen Abarten des Liberalismus; Disraeli und Lord Randolph Churchill bewegten sich vom aristokratischen Prinzip zum demokratischen; Bright und Chamberlain gingen den anderen Weg. Lloyd George war ein „Klein-Engländer", der zum Imperialisten wurde; Harold Macmillan ein Imperialist, der zum Entkolonisator wurde. Winston Churchill war erst Tory, dann Liberaler, dann Koalitionist, dann wieder Tory – und sagte am Ende seines Lebens zu einem Freund von mir: „Ich bin Liberaler – bin es stets gewesen!" Selbst Aneurin Bevan ging vom Kollektivismus zum Individualismus über, bevor der Tod einem weiteren Umdenken Einhalt gebot. Aufrichtiger und gewissenhafter Gesinnungswechsel ist der beste Beweis nicht nur für inneres Wachstum, sondern auch für moralische Zielsetzung und geistige Potenz. Hat nicht Locke in der zentralen Frage seiner Zeit, der religiösen Duldung, durch praktische Untersuchungen seine Auffassung geändert? War nicht Bertrand Russell ständig damit beschäftigt, die Grundbegriffe seines philosophischen Systems umzustürzen, was er nicht nur zugab, sondern worauf er sogar stolz war? Ist nicht die zweite Hälfte der philosophischen Entwicklung Wittgensteins ein gehässiger Kommentar der ersten? Aber es lohnt sich nicht, bei diesem Thema zu verweilen. Zeigt mir einen Mann, der in einem Vierteljahrhundert seine öffentlich geäußerten Meinungen nicht geändert hat, und ihr zeigt mir einen gedankenlosen Narren oder einen der Stillen im Lande.

Es gibt noch ein weiteres Argument zugunsten des Gesinnungswechsels: die Notwendigkeit, ein Ungleichgewicht zu beheben. Zu den häufigsten Lehren aus der Geschichte gehört, daß eine Meinung, eine Tendenz, die in *einer* Epoche gesund, wünschenswert, ja sogar notwendig ist, einige Jahre oder Jahrzehnte später schädlich und gefährlich wird. Die Kunst des Staatsmannes besteht darin, rivalisierende Kräfte durch politisches Geschick gegeneinander auszugleichen. Die Kunst der politischen Philosophie besteht darin, diese Kräfte zu bestimmen und zu messen. Natürlich ist das Gleichgewicht der Kräfte einem ständigen Wandel unterworfen, nicht zuletzt infolge der Feinabstimmungen, die der Staatsmann vornimmt. Das krasse Ungleichgewicht in unserer Zeit ist durch die enorme Zunahme des Kollektivismus verursacht worden. Die Macht des Staates hat zugenommen, nimmt weiter zu und muß eingeschränkt werden: Das ist in einem Satz die große Aufgabe unserer Zeit.

Ich möchte sechs verschiedene Gründe nennen, warum wir das

zugunsten des Staates bestehende Ungleichgewicht ausgleichen müssen. Der erste ist ein rein geistiger Grund, in mancher Hinsicht aber der wichtigste. Die Vorstellung, daß die Regierung nicht nur das vornehmste Instrument zur Verbesserung der menschlichen Wohlfahrt ist, sondern auch deren einziges Instrument sein sollte – die Vorstellung, die beispielsweise der Idee eines ausschließlich staatlichen Gesundheits- und Bildungswesens zugrunde liegt –, gründet sich auf die Theorie der Politik, die auf alle Fragen nur eine einzige Antwort kennt. Zu allen Zeiten in der Geschichte hat es edle Menschen gegeben, die der Überzeugung gewesen sind, in ihrem Busen den Schlüssel zum Universum entdeckt zu haben, und infolgedessen gigantische Einheitssysteme zur Verwandlung der Menschheit entwickelten. Isaiah Berlin nennt diese Leute die „schrecklichen Vereinfacher ... die große despotische Organisation ... engstirnige Monisten, ruchlose Fanatiker, Leute, die von einer allumfassenden, in sich zusammenhängenden Vision besessen sind.“ Sie können als harmlose Exzentriker leben und sterben; sie, oder ihre Anhänger, können aber auch, indem sie den Staat zu ihrem Instrument machen, eine Gefahr für die Menschheit werden. Denn es gibt keine alleinseligmachende Antwort, es gibt keine Einheitstheorie, es gibt keine umfassende Lösung für die Gebrechen der Menschheit. Der Mensch ist ein Geschöpf von unendlicher Vielfalt und sucht und findet sein Glück – sofern er es überhaupt findet – in einer grenzenlosen Pluralität von Formen. Wo der Staat durch Gesetz und Herkommen in seine Schranken verwiesen wird, blühen und gedeihen diese Formen. Wo der Staat allgegenwärtig ist und keine Schranken kennt, bietet er den monistischen Vereinfachern und ihren fanatischen Anhängern eine Versuchung, der sie nicht widerstehen können: eine riesige Maschinerie, mit der sie den Menschen ihre Lösungen aufzwingen können, falls nötig – und letzten Endes halten sie es immer für nötig – durch Äonen des Elends und Meere von Blut.

Das bringt mich auf den zweiten Grund: Der Staat preist zwangsläufig und immer das Prinzip des Zwanges. Mit der Erweiterung des Staates dringt auch, *pari passu,* der Zwang ins Leben des einzelnen ein und nimmt es gefangen. Ich halte es mit Adam

Smith, der in *The Theory of Moral Sentiments* (1759) den Standpunkt vertritt, daß zivilisierte Politik nicht dazu dient, den tugendhaften, vollkommenen und umfassenden Staat herbeizuführen, von dem Plato und andere Griechen gesprochen haben, sondern dazu, Konsens herbeizuführen. Das Ziel einer Verfassung sollte es nach Smith sein, das Nebeneinanderleben einer großen Zahl von verschiedenartigen Menschen zu ermöglichen. Er war der erste, der einen sehr wichtigen Unterschied bemerkte: daß nämlich die Liebe zur Menschheit im allgemeinen (das, was er „public spirit“ nannte) häufig einherging mit Gleichgültigkeit gegen den einzelnen Menschen. Bis zu einem gewissen Punkt war „public spirit“ in einer Gesellschaft notwendig und wünschenswert. Doch war er stets in Gefahr, zu dem zu degenerieren, was Smith den „spirit of system“ nennt, d.h. die fanatische Bindung an eine Ideologie und an Dogmatismus. Die Vorliebe für Systeme und Apparate gehört nach Smiths Meinung zu den tiefsten Instinkten des Menschen. Sie ist die Hauptantriebsfeder, die menschlichen Wohlstand erzeugt; aber wenn sie sich in der politischen Liebe zu Systemen spiegelt, kann sie Wohlstand vernichten, und menschliches Glück dazu. Der „spirit of system“ war der verzehrende Wunsch des Apparate-Narren, die Gesellschaft wie ein Maschine zu konstruieren:

> *„Der Mensch des Systems ist klug nach seinem eigenen Witz. Er scheint zu denken, daß er die verschiedenen Mitglieder einer großen Gesellschaft mit derselben Leichtigkeit anordnen kann, wie die Hand die verschiedenen Steine auf dem Schachbrett anordnet; er bedenkt nicht, daß die Steine auf dem Schachbrett keine anderen Bewegungsprinzipien haben als die, die die Hand ihnen aufgibt, daß aber auf dem großen Schachbrett der menschlichen Gesellschaft jede einzelne Figur ein eigenes Bewegungsprinzip hat, das sich völlig unterscheidet von dem, welches ihm aufzugeben dem Gesetzgeber gefallen mag.“*

Zwei Jahrhunderte und Hekatomben von Opfern später versuchen Männer des Systems noch immer, mit der Menschheit Schach zu spielen. In seinen Warnungen vor dem Geist des Systems skizzierte Smith bereits alle Schrecken des modernen Totalitarimus: Menschenschach, gespielt nach den Regeln des Konzentrationslagers. Indem er für Konsens-Politik plädierte, zeigte er die einzige Methode, solche Schrecken zu vermeiden. Größe und Macht des Staates dürfen nicht von angeblichen Bedürfnissen der Menschheit im allgemeinen bestimmt sein, sondern müssen von den deutlichen bekundeten Wünschen der Menschheit im besonderen bestimmt werden. Das bedeutet Konsens; Konsens bedeutet, in der politischen Herrschaft das Prinzip der Freiwilligkeit zu akzeptieren; und das wiederum bedeutet einen begrenzten Staat.

Der dritte Grund ist ein ökonomischer: Der Staat ist zwangsläufig und seinem Wesen nach ein unzureichendes Instrument für die Allokation von Ressourcen und das Fällen merkantiler Entscheidungen. Die Vorstellung eines effizienten Staates basiert auf der Illusion, daß es eine lebendige Abstraktion namens „Gesellschaft“ gibt, die allwissend in ihren kollektiven Urteilen, frei von menschlichen Gebrechen und Schwächen ist, und die daher moralisch berechtigt ist, Allmacht zu beanspruchen, die sich durch den Staat als den Beauftragten der Gesellschaft äußert. „Die Gesellschaft braucht“, „die Gesellschaft verlangt“ – und so muß der Staat handeln. Aber es gibt kein Wesen namens „Gesellschaft“. „Gesellschaft“ ist lediglich die Summe von lauten Stimmen, der orchestrierte Chor gewisser fehlbarer Individuen. Die Gesellschaft ist nichts Lebendiges; noch weniger ist der Staat ihr Beauftragter. Die Gesellschaft ist ein Ding. Sie hat nicht die Fähigkeit, zu denken. Sie ermangelt der Kraft menschlicher Argumentation. Sie kann weder Gewinn und Verlust noch Kapitalverzinsungen berechnen. Diese Funktion ist vielmehr in den Markt eingebaut: Der Markt ist die einzige Art von Kollektiv, die der Natur entspricht und in einer gewissen Weise auch funktioniert, weil er auf dem Prinzip der Freiwilligkeit gründet und eine freie Kombination von Individuen bleibt. Aber der Markt ist nicht der Staat: Er ist das genaue Gegenteil des Staates. Der Staat hat kein Gehirn, weder ein kollektives noch ein anderes; alles, was er hat, ist Appetit.

Daher der vierte Grund: Der Staat ist verpflichtet, nicht nur ineffizient, sondern auch verschwenderisch zu sein; und so züchtet er zwangsläufig Parasiten. Damit sind wir bei einer der ältesten Lehren der Geschichte. Es gab schon im zweiten Jahrtausend v. Chr. bittere Klagen über die Größe und Vergeudung der Bürokratie in Ägypten. Die amtlichen Schreiber ihrerseits sonnten sich in der Tatsache, daß ihre schreiberischen Fähigkeiten sie von körperlicher Arbeit freistellten. Eine Untersuchung ägyptischer Dörfer aus hellenistischer Zeit verrät das alarmierende Zahlenverhältnis zwischen Bürokraten und wohlstandschaffenden Arbeitern. Heute, da wir durch die Entzifferung des Linear B die Möglichkeit haben, die Volkswirtschaften der mykenischen Stadtstaaten zu untersuchen, fragen wir uns, wie eine so schmale landwirtschaftliche und Handelsbasis ein so phänomenales bürokratisches System tragen konnte – Agamemnon und Nestor waren offenkundig „Männer des Systems". Aber die Antwort lautet natürlich, daß diese Stadtstaaten letztlich eben gescheitert sind. Die Gesellschaften des Altertums wurden häufig durch das Wachstum des Staates und seiner Parasiten zerstört. Der Vorgang wiederholt sich bis in unsere Tage, wobei sich nur die äußere Form ändert. Es ist eines der Hauptthemen in Smiths *The Wealth of Nations* (1776), daß einzelne Privatpersonen Reichtum erzeugen und Regierungen ihn verbrauchen. Je mehr die Regierung verbraucht, desto weniger bleibt dem privaten Sektor für Investitionen; so akkumuliert sich der Wohlstand langsamer oder gar nicht oder er geht sogar zurück.

Smith dachte natürlich an Versailles, die größte, protzigste und verschwenderischste Regierung seiner Zeit. Aber volkswirtschaftlich betrachtet, besteht kein Unterschied zwischen einer höfischen Regierung des 18. Jahrhunderts und modernen Wohlfahrtbürokratien – nur daß letztere viel zahlreicher und viel kostspieliger sind. In den 60er und frühen 70er Jahren baute sich die neue englische Stadtgemeinde Hillingdon einen Gemeindepalast, der größer ist als Versailles; er hat zwar keinen Spiegelsaal, aber er hat Klimaanlage und ein ultramodernes „Kommunikations"-System. So wie Versailles ein Monument für monarchische Autokratie war, so ist Hillingdon Palace (sein offizieller, euphemistischer Name lautet „Hillingdon Community Centre") mit seinen Kosten von 20 Millionen Pfund ein Symbol für die Ehre, den Ruhm und die Macht von lokalen Verwaltungsbürokratien. Diese Bürokraten betrachten sich selbst nicht als Parasiten; das taten die Höflinge von Versailles auch nicht, die unentwegt daran festhielten, daß sie wichtige, ja unentbehrliche Funktionen erfüllten. Als sie von der Revolution hinweggefegt wurden, wurden sie von niemandem vermißt; ebensowenig wurden die Londoner „Sozialarbeiter“ (zahlenmäßig den Höflingen von Versailles weit überlegen) vermißt, als sie 1978/79 in Streik traten. Aber die Höflinge hatten wenigstens keine Gewerkschaften, die sie unter ihre Fittiche nahmen, ihre Zahl aufblähten und ihre Bezüge und Privilegien vermehrten. Der Hof alten Stiles war, was seine angestammten Interessen betraf, ein ziemlich zerbrechliches Unternehmen. Die moderne Wohlfahrtsbürokratie hat demgegenüber mächtige institutionelle Stützen und eine geräuschvolle moralische Ideologie.

Damit komme ich zum fünften Grund. Es gibt keinen volkswirtschaftlichen Unterschied zwischen dem Höfling und dem Wohlfahrtsbürokraten: Beide sind Parasiten, die Volkswohlstand konsumieren und vernichten. Doch gibt es angeblich einen moralischen Unterschied zwischen beiden; und das macht paradoxerweise den Wohlfahrtsbürokraten zu einem viel gefährlicheren Geschöpf als den Höfling. Der Höfling war eine Stütze der Hierarchie und des Ranges; er konnte nicht behaupten, irgend etwas anderes zu sein. Der Wohlfahrtsbürokrat rechtfertigt seine Existenz mit dem wortgewaltig vorgetragenen Argument, sein Wirken fördere die soziale Gerechtigkeit und Gleichheit. Er ist kein passiver Administrator, sondern ein aktiver Propagandist. Je gewaltiger die Bürokratie ist und je mehr sie daher für ihre Kostspieligkeit kritisiert wird, desto lauter und hartnäckiger werden ihre Vertreter (und deren Gewerkschaften) die Vorzüge jenes Utopias proklamieren, mit dessen Herbeiführung sie beschäftigt sind. Natürlich ist das Utopia selbst eine Illusion; und während die Bürokratie an Umfang und Kosten zunimmt und der zur Förderung der sozialen Gerechtigkeit verfügbare Wohlstand entsprechend geringer wird, wird die Unzufriedenheit wachsen, angefacht von der Propaganda der Bürokraten selbst. Die alten Höflinge waren zwar Parasiten; aber sie hatten wenigstens ein Interesse an der Aufrechterhaltung der Gesellschaftsstruktur. Die

Wohlfahrtsbürokraten dagegen haben ein Interesse daran, die öffentliche Anspruchshaltung aufzustacheln, damit noch mehr Bürokraten zu deren Befriedigung gebraucht werden. Insbesondere fördert die Wohlfahrtsbürokratie die Vorstellung der Gleichheit; denn nichts ist bürokratischer Expansion dienlicher, als durch Parlamentsakte Gleichheit zu verfolgen, wie vergeblich dies auch sein mag. Aber der Drang, Wohlstand gleichmäßig zu verteilen, und noch mehr die Überzeugung, dies durch politisches Handeln auch bewirken zu können, ist das gefährlichste aller populären Gefühle. Er ist die Legitimation des Neids, der von allen Todsünden diejenige ist, welche eine stabile, auf Konsens beruhende Gesellschaft am meisten fürchten muß. Das Monstrum Staat ist eine Quelle vieler Übel; doch ist es vor allem ein Motor des Neides.

Der sechste und letzte Grund, warum wir die Waage zu Ungunsten des Staates zurechtrücken müssen, ist das Gespenst, welches staatlich geförderter Neid mit sich bringt. Denn der Gigantismus im Staat kann und muß eine Kette von Ereignissen in Bewegung setzen, die in blutiger Gewalt oder in blutiger Unterdrückung von Gewalt endet. In dem Maße, in dem der Wohlfahrtsstaat seine Aktivitäten erweitert und seine Kosten erhöht, schrumpft der wohlfahrtserzeugende Sektor zusammen. Doch der staatliche Sektor schrumpft nicht in gleichem Maße; er wehrt sich durch Anstiftung zum Neid, und da der Neid unbefriedigt bleibt – ja sogar immer unbefriedigter werden muß, da die Erzeugung von Wohlstand ins Stocken gerät und zusammenbricht –, verstärkt sich der Wunsch, gewaltsame Lösungen zu suchen, genährt von der moralistischen Propaganda der Wohlfahrtsbürokratie. Es ist kein Zufall, daß die Gewerkschaften des öffentlichen Dienstes in Großbritannien heute die militantesten sind, die stimmgewaltigsten Befürworter von Streiks stellen und den harten Kern von Massendemonstrationen bilden. Sie stellen die Öffentlichkeit vor die Wahl zwischen der Duldung von Anarchie oder dem massiven Einsatz staatlicher Gewalt; und welche Wahl die Öffentlichkeit auch trifft, in jedem Falle bleibt die Freiheit des Individuums auf der Strecke.

Es gibt also eine ganze Reihe von gewichtigen Gründen –

philosophische, ethische, volkswirtschaftliche, politische, moralische und praktische –, der weiteren Expansion des Staates Widerstand entgegenzusetzen und auf seine allmähliche Verkleinerung hinzuarbeiten. Ich nenne diesen Vorgang die Wiedergewinnung der Freiheit, und ich glaube, daß er durch einen Meinungsumschwung bereits in Gang gesetzt worden ist. Die Ansprüche des utopischen Staates werden Zug um Zug als betrügerisch entlarvt, und die bösen Konsequenzen staatlicher Expansion werden genauer untersucht und ins Licht der Öffentlichkeit gerückt. Die Vorzüge der individuellen Freiheit sind so gewaltig und vielfältig, ihre Rolle bei der Erzeugung von Wohlstand ist so zentral und unersetzlich, daß in jenen Teilen der Welt, in denen es noch eine öffentliche und freie Diskussion gibt, die Befürworter des Kollektivismus bereits in der Defensive sind. Falls am Ende unseres Jahrhunderts die westliche Zivilisation überhaupt noch existiert, wird sie ihren langsamen aber sicheren Weg zur Befreiung des menschlichen Geistes und des menschlichen Genius wieder aufgenommen haben – jenen Weg, der ein so bemerkenswertes Kennzeichen des 19. Jahrhunderts war und durch die europäischen Bürgerkriege des 20. Jahrhunderts auf so tragische Weise unterbrochen und umgekehrt wurde. Wenn wir aus dem Jahre 2000 auf unsere Gegenwart zurückblicken, werden wir, denke ich, die 70er und 80er Jahre als diejenigen Jahrzehnte betrachten, in denen die zivilisierte Welt nicht ohne Schmerzen ihre fünf Sinne zurückgewann und den Vormarsch des Kollektivismus rückgängig zu machen begann.

Robert Nisbet

Wie konservativ sind die Konservativen?

Vom Schrecken allmächtiger Bürokratien

Das Wesen des Konservatismus ist die Bewahrung der Gesellschaftsordnung – von Familie, Nachbarschaft, Gemeinde und Provinz – vor den Einbrüchen des zentralistischen Staates. Im Interesse dieser sozialen Ordnung haben die konservativen Staatstheorien unabänderlich die Forderung nach Dezentralisierung, Pluralismus und einem Maximum an individueller und gesellschaftlicher Autonomie erhoben. Dem Konservativen erscheint die Freiheit im Licht einer Freiheit sowohl des Individuums wie der Gemeinschaft und des Zusammenschlusses. Das Problem der Freiheit besteht darin, die wechselseitigen Bindungen zwischen Individuum und Staat als Puffer gegenüber der sich ausbreitenden Macht der Bürokratie zu nützen.

Es hat in der neueren westlichen Geistesgeschichte zwei bedeutsame Ausbrüche konservativen Denkens gegeben: den ersten zwischen 1790 und 1810, hauptsächlich in Westeuropa, doch in gewissem Umfang auch in den Vereinigten Staaten, den zweiten von 1950 bis 1970 überwiegend in USA. Jeder dieser Ausbrüche war die Antwort auf eine grundlegende Herausforderung, auf den Ansturm einer politischen Neuordnung, die sich mit immer gierigerer Angriffslust auf die vorhandene Gesellschaft stürzte.

Edmund Burke war für den ersten Ausbruch verantwortlich, und im wesentlichen lieferte ein erneutes Studium dieses Autors den Stoff für den zweiten Ausbruch in der Mitte des 20. Jahrhunderts. Selbst hielt sich Burke nicht für einen Konservativen. Er war ein Verehrer der „Glorreichen Revolution“ von 1688; er unterstützte ohne jede Einschränkung den revolutionären Kampf der amerikanischen Kolonisten gegen die britische Krone; er stand auf der Seite der indischen Bevölkerung bei ihrer Auseinandersetzung mit der East India Company und lobte ihre Moral und ihre Gesellschaftsordnung; und seine Sympathien lagen fast ganz bei Irland, dem Land seiner Geburt, bei dessen tragischer Auseinandersetzung mit den Engländern.

Er war ein Whig, kein Tory, und so sehr Dr. Johnson, ein eingefleischter Tory, seinen Burke schätzte, so klagte er doch hin und wieder über dessen politische Ansichten. Doch wie dem auch sei, Burke bleibt der Ursprung des philosophischen und politischen Konservatismus in der westlichen Welt. Sein ganzes Denken wird von einem durchgehenden Motiv beherrscht. Der Angelpunkt seiner Verteidigung der Inder wie der amerikanischen Kolonisten und der Iren war seine Feindseligkeit gegen das, was er die Willkürherrschaft der Krone nannte. Und von haargenau der gleichen Basis ging sein Angriff auf die Jakobiner jenseits des Kanals aus. Er stellte fest, daß diese schon von 1789/90 an, sich ihren Landsleuten gegenüber schuldig gemacht hatten, indem sie rücksichtslos auf den Traditionen, Abstufungen, Gruppierungen und Ideen herumgetrampelt waren, die seit Jahrhunderten den Rahmen für die französische Gesellschaft abgegeben hatten.

Das meiste von dem, was heute immer noch als konservative Weltanschauung gilt, stammt unmittelbar von den Grundsätzen und Wertvorstellung ab, die Burke bei seiner Attacke auf die Französische Revolution mit solcher Beredsamkeit formuliert hatte. Sie beruhen im wesentlichen auf der Verbundenheit zu Heimat und Region und allen dazwischen liegenden Gebilden wie Familie, kirchliche Gemeinde, Zunft, Klasse und Konfession. Daher konnte Burke gar nicht umhin, den politischen Zentralismus und die Kollektivierung der Macht zu verurteilen. Tradition war in seinen Augen sowohl für die soziale Ordnung wie für die Freiheit absolut lebensnotwendig. Keine echte Regierung kann ein künstliches Gebilde sein; sie ist ein Produkt der Geschichte und untrennbar von der organischen Äußerung der Traditionen.

Was Burke an der Französischen Revolution verabscheute, war die Verbindung von äußerster Zentralisierung der Macht mit der Abschaffung der alten Institutionen, die bisher für den Zusammenhalt gesorgt und die Gesellschaft davor bewahrt hatten, eine lieblose Ansammlung von Atomen zu sein. Die neue Aufteilung Frankreichs in Departments, die von den Jakobinern in ihrem Glauben an eine geometrische Rationalität geschaffen worden war, hielt er für absurd.

„Man rühmt sich, die geometrischen Prinzipien angewandt und örtliche Zusammenhänge vernachlässigt zu haben; die Menschen sollten nicht länger mehr Gaskogner, Pikarden, Bretonen oder Normannen sein, sondern Franzosen mit einem Vaterland, einem Herzen und einer Volksvertretung. Doch statt daß sie alle Franzosen werden, besteht die größere Wahrscheinlichkeit, daß sie bald überhaupt keine Heimat mehr haben ... Unsere öffentliche Anteilnahme beginnt in unserer Familie. Kein gleichgültiges Familienmitglied kann ein eifriger Staatsbürger sein. Von da schreiten wir dann zu den Nachbarschaften und unseren gewohnten provinziellen Bindungen fort. Dort finden wir ein Obdach und einen Ruheplatz ... Die Liebe zum Ganzen wird durch diese nachgeordneten Vorlieben nicht etwa ausgelöscht."

Burke erkannte die schicksalhafte Verwandtschaft von Revolution und Militarismus. Eins bringt das andere hervor. Je heftiger das revolutionäre Regime die Grundlagen von Autorität und Gemeinschaft zertrümmert, umso größer ist der Bedarf an schierer Gewalt, um die so entstandene, schwankende Anhäufung von Atomen zusammenzuhalten, und in kurzer Zeit ist der Einsatz von Militär unvermeidlich.

Genau zutreffend hat Burke vorausgesagt, daß die Jakobiner die allgemeine Wehrpflicht einführen und daß sie die patriarchalische Familie, die Zünfte und die Provinzen zerstören würden. Ebenso sah er die Gesetze voraus, mit denen sie in Frankreich das Christentum abschaffen wollten, zugunsten einer allein auf die Anbetung des Staates im Namen der Tugend basierenden Religion.

Alle, die in den Jahren 1790–1810 zur Gegenaufklärung gehörten, wie der Konservatismus bald allgemein genannt wurde, waren von Burke beeinflußt, und alle gaben auf die eine oder andere Weise seinen Hauptthesen ihre Unterstützung. Dazu gehörten Bonald und Maistre in Frankreich, Coleridge und Southey in England, Savigny und Hegel in Deutschland, Haller in der Schweiz und Balmes und Donoso y Cortes in Spanien. Diese Geister standen in den vordersten Reihen der ersten Welle des Konservatismus im Westen, wenn auch nur Hegel allein eine annähernd so anhaltende Wirkung wie Burke hatte. Der Anstoß, den diese Blüte des Konservatismus dem europäischen Geistesleben gab, war stark. Saint-Simon, Comte, Tocqueville, Le Play, Taine, John Stuart Mill, Disraeli und Maine de Biran gehörten zu denen, deren Denken nachhaltig beeinflußt wurde.

Doch diese geistige Einflußnahme sollte den Kurs der westlichen Menschheit während des 19. Jahrhunderts und der ersten Hälfte des 20. Jahrhunderts nicht sehr fühlbar bestimmen. Der Liberalismus, die Demokratie, der Populismus und sogar der Sozialismus – lauter mehr oder weniger entschiedene Verneinungen des Hauptleitsatzes des Konservatismus – spielten bei der Entstehung der westlichen Nationalstaaten eine weit größere Rolle als Burkes konservative Glaubenssätze, wie sehr Burke schlechthin als Denker auch bewundert werden mochte. Wenn man die Entwicklung der westlichen Länder bis 1950 überblickt, wird einem klar, daß beinahe alles, wofür Burke und die anderen Konservativen zu Beginn des 19. Jahrhunderts sich einsetzten, vom Liberalismus und Radikalismus besiegt worden war, d. h. von Regierungsprinzipien, bei denen der Nationalismus, die zentrale Verwaltung und zentrale Planung sowie die Wohlfahrt der Massen an oberster Stelle stehen. In Amerika dauerte es länger als in Europa, bis die Werte außer Kraft gesetzt waren, die in den „Federal Papers“ – in ihrem Gehalt den Anschauungen Burkes so ähnlich – als wesentlich für die Verfassung betrachtet worden waren, doch im Jahre 1950 waren sie beinahe alle im Orkus verschwunden.

Doch dann vollzog sich der zweite nennenswerte Ausbruch des Konservatismus, der von 1950 bis 1970. Er produzierte keinen neuen Burke und keinen neuen Hegel, aber er führte zu einer merklichen Veränderung in der nationalen Stimmung der Vereinigten Staaten und hatte einen deutlich sichtbaren Einfluß auf die Intellektuellen. Die Anführer in den 50er Jahren waren Ludwig v. Mises und Friedrich v. Hayek, wenn sie auch beide das Etikett „konservativ“ vermieden, außerdem u.a. Russell Kirk, Richard Weaver und William Buckley. Die Hauptströmung des amerikanischen Denkens war noch nicht davon berührt, da man die als konservativ Auftretenden als eine Clique abtat, die sich um eine bewußte Wiederbelebung bestimmter Wertbegriffe des 19. Jahrhunderts scharte. Nichtsdestoweniger gewannen sie für sich in überraschendem Maße an Aufmerksamkeit, wenn man bedenkt, wie sehr die Verbindung von Liberalismus und Radikalismus die Geister der Intellektuellen beherrschte. Die neuen Konservativen sahen sich mehr oder weniger in derselben historischen Lage, in der sich Burke und seine Gefährten gegen Ende des 18. Jahrhunderts befunden hatten, als Folge der Aufklärung und des „philosophischen Jahrhunderts“. Schon seit den Tagen des New Deal war das amerikanische Denken in außerordentlichem Maße von den Götzen der politischen Zentralisierung, des Kollektivismus, der Planung und der Verherrlichung des Nationalstaaats im Gegensatz zur traditionellen Gesellschaft beherrscht. Genau wie Burke verwiesen die Neokonservativen auf lokale und regionale Werte, auf Religion, Patriotismus und politische Dezentralisation.

Dann erfolgte in den 60er Jahren die amerikanische Entsprechung zur Französischen Revolution, die zwar im Maßstab kleiner, aber ihrem gesellschaftlichen und geistigen Inhalt und in der Wirkung auf den Konsensus der Nation kaum geringer war. Von Küste zu Küste gab es Demonstrationen und Unruhen, Gebäude, angefangen von Universitäten bis zum Pentagon, wurden gestürmt, Schüsse fielen, Bomben wurden geworfen. Und überall herrschte ein Geist sozialer und kultureller Anarchie. Wie stark die amerikanische Bevölkerung dadurch beunruhigt, ja erschreckt wurde, geht aus der großen Zahl von Verordnungen und Gesetzen hervor, die als unmittelbare Antwort gegen diese Neue Linke gerichtet wurden.

Seite an Seite mit dieser Anarchie entwickelte Präsident Lyndon B. Johnson sein Programm der „Great Society“. Verstärkt durch den Vietnam-Krieg vollzog sich in den 60er Jahren eine der größten Explosionen der verwaltungsmäßigen Zentralisierung und Bürokratisierung, die es je in der amerikanischen Geschichte gegeben hat. In so umfänglichen Maßnahmen auf Bundesebene wie dem „Krieg gegen die Armut“ und dem Programm der „Mustersiedlungen“ erlebte die amerikanische Bevölkerung Einbrüche in die Gesellschaft und in ihre nachbarschaftlichen und ortsgebundenen Strukturen von noch nie dagewesener Art.

Unter solchen Umständen – auf der einen Seite die von der Neuen Linken angefachte kulturelle und soziale Anarchie, auf der anderen der Würgegriff einer ohnehin schon mächtig angeschwollenen Bürokratie – begannen die von den Neokonservativen gepflanzten Blumen urplötzlich zu sprießen und blühten zu ideologischen Folgerungen auf, wie man sie sowohl ihrer Substanz wie ihrem Umfang nach nie zuvor in Amerika beobachtet hatte. Es schien, als ob über Nacht erst Hunderte, dann Tausende von Liberalen sich in Konservative verwandelten, so stark war die Reaktion des Mittelstandes auf die neue linke Gewalt, und ebenso stark, wenn auch langsamer in Fahrt geratend, war ihr Widerstand gegen die verschiedenen „Big Society“-Programme unter Johnson. Die Schar der amerikanischen Intellektuellen war lebhaft bewegt, in erster Linie von den tätlichen Angriffen auf akademische Einrichtungen, und spaltete sich alsbald in Anhänger der Neuen Linken und solche, die sie verabscheuten. Die Letzteren brachten in die politische Szene eine neue Spezies ein, die Neokonservativen. Man definierte sie als Liberale, die von der Realität wie von einem Straßenräuber eins über den Kopf bekommen hatten. Die Entwicklung dieses Neokonservatismus ist sicher eine der zwei oder drei wichtigsten Erscheinungen im politischen Denken des 20. Jahrhunderts. Seine hauptsächlichen Vertreter sind Irving Kristol, Daniel Patrick Moynihan und Nathan Glazer.

Im Ganzen gesehen gibt es mehr Gemeinsamkeiten als Unterschiede zwischen dem Neokonservatismus und dem Konservatismus, wie es ihn von Burke bis zu dieser Wiedergeburt in den 50er Jahren gegeben hat. Beide Formen teilen die Abneigung gegen übergroße Bürokratie, nationalen Zentralismus und Kollektivismus und demgegenüber die Wertschätzungen von Lokalverwaltung, Vorrechten der Bundesstaaten gegenüber dem Bund und einem starken zivilen Sektor. Der Unterschied ist hauptsächlich ein gradueller, mit Ausnahme der religiösen und moralischen Probleme wie z.B. der Abtreibung, der Beibehaltung des Schulgebets und der Behandlung der Schöpfungsgeschichte, aus denen die Konservativen alten Stils eher geneigt waren, eine Kernfrage zu machen, als die Neokonservativen, die gewöhnlich eine laizistischere Haltung dazu einnehmen.

Eine andere auffällige, neue Komponente der konservativen Bewegung von heute sind die spezifisch evangelischen Anhänger des Christentums. Konservativ im Sinne Burkes kann man die Haltung der Millionen, die an diesem religiösen Ausbruch teilnehmen, schwerlich nennen. Burke hatte kein Verständnis für Enthusiasmus auf religiösem oder jedem anderen Gebiet, und als enthusiastisch darf man diese evangelischen Bekenner doch wohl bezeichnen. Doch es kann kein Zweifel daran bestehen, daß sie der Religion, der Familie und den Geboten der Moral treu ergeben sind, und wenn auch ihr Widerstand gegen eine zentralistische Regierung und Bürokratie mehr auf religiösen und moralischen Gründen beruht (wie Abtreibung oder Schulgebet) als auf politischen und juristischen, so besteht doch eine Verwandtschaft zwischen den äußeren Flügeln.

Wie sieht nun die Zukunft der Neokonservativen aus? Nicht besonders rosig, meiner Meinung nach. Es ist schon richtig, daß aus dieser Ideologie heraus kürzlich ein Präsident und eine Anzahl von Volksvertretern gewählt worden sind. Ohne Frage ist sie zur Zeit die stärkste Kraft, die dem Liberalismus und Radikalismus seit den 30er Jahren entgegengetreten ist. Nichtsdestoweniger liegt im Konservatismus eine Zerbrechlichkeit, die mit der Zeit immer deutlicher zutage treten wird. Es gibt schon jetzt Anzeichen der Spaltung und Aufsplitterung. Was Burke die „Dissidenz der Dissidenten" genannt hat, ist heute nur allzu deutlich in der konservativen Bewegung vorhanden. Wie in allen Fällen von Begeisterung besteht ein unaufhörliches Bedürfnis, der Mitwelt die ausschließliche Wahrheit einer bestimmten Lebens- und Denkweise kundzutun. Darum verdüsterte sich schon kurze Zeit, nachdem die Konservativen ihren heißgeliebten Kandidaten ins Präsidentenamt hinaufgehoben hatten, der Himmel mit lauter Anklagen von Verrat, und die Hotelvestibüle sitzen voll mit jämmerlich klagenden Epigonen.

Das einzige Ziel der konservativen Tradition, die mit Burke beginnend über Coleridge, Hegel, Tocqueville, Jacob Burckhardt, Taine und viele andere bis zu der Wiedergeburt der 50er und 60er Jahre reicht, ist die Bewahrung der sozialen Ordnung und der sie konstituierenden Gruppen vor der sie überwuchernden Bürokratie des Nationalstaats. Im Augenblick liegt dieser historische Zweck allerdings weit entfernt von den Wünschen sich selbst so bezeichnender Konservativer, denen mehr daran liegt, sich den Staat oder doch Teile des Staates als ein Mittel zu eigen zu machen, um der ganzen Nation einen bestimmten Wert zu oktroyieren. Auf der Rechten ist eine zunehmende nationalistische Strömung vorhanden, die zwar ihre Stimme gegen den sozialen und wirtschaftlichen Versorgungsstaat erhebt, aber an seiner Stelle so etwas wie einen moralischen Versorgungsstaat anstrebt. Diese Prediger mit und ohne Kanzel sind sich zwar weder untereinander einig noch selbst darüber im klaren, an welcher Stelle innerhalb des Nationalstaats sie die moralische Autorität angesiedelt haben möchten, aber in ihrem blinden Zorn auf die ausgemachten Übel des Freien Marktes – die geistigen und moralischen wie die wirtschaftlichen – ist es ihnen auch ziemlich einerlei.

Doch das ist etwas anderes als der Konservatismus, wie er zwei Jahrhunderte lang im westlichen Denken bestanden hat. Burke stand in seiner liebevollen Fürsorge für die christliche Moral gewiß niemandem nach, doch seine Verurteilung der Führer der Französischen Revolution wegen ihres schrankenlosen Einsatzes des Staates zur Errichtung einer Herrschaft der Tugend bezieht sich zweifellos auch auf seine Landsleute, sicherlich auch auf die „Moral Majority“. Zwischen Moral im gewöhnlichen historischen Sinn und dem souveränen Staat besteht ein eingeborener unausrottbarer Konflikt.

Zu den schmerzlichen Aspekten des heutigen Konservatismus ist noch der zunehmende amerikanische Militarismus zu rechnen.

Es liegt darin nichts Geheimnisvolles und notwendigerweise Bösartiges, denn er wird ja durch die ungeheuere und aggressive Stärke der Sowjetunion auf der ganzen Welt hervorgerufen. Für die amerikanische Nation ist dieser militärische Geist im Augenblick unentbehrlich. Aber es wäre absurd, ihn mit einer Ideologie zu dekorieren. Beides hat nichts miteinander zu tun. Burke hat das selbst ganz klar gesehen. Krieg, oder doch die ideologische Auseinandersetzung, die er sich in Europa anbahnen sah, könne nur die Nation „une et indivisible" stärken, auf Kosten der „kleineren Patriotismen" und untergeordneten Loyalitäten, die doch unentbehrliche Bausteine der Gesellschaft seien. Zwischen dem, was Burke „militärische Demokratie" nannte, und der Bewahrung dieser Einheit kann nur ein tiefverwurzelter Konflikt bestehen. Wie Lenin scharfsinnig erkannte, haben Krieg und Mobilisation ungefähr die gleiche Wirkung auf eine gesellschaftliche Struktur wie eine hinreichend in die Länge gezogene Revolution. Auf die Dauer erdrosselt eine Zentralisation der Macht die natürliche soziale Ordnung. Tocqueville hat festgestellt, daß mit einem Genie für Zentralisation begabte Männer den Krieg lieben und umgekehrt.

Der endgültige Grund, weshalb dem Konservatismus in welchem konkreten historischen Sinn auch immer – was jeweils die Leute, die sich für die politische Rechte im Gegensatz zur Linken erklärt haben, einschließen kann oder nicht – kein langes Leben beschieden sein kann, liegt in dem schieren Schwergewicht des liberalen Versorgungsstaates. Es hat sich mit nur seltenen und kurzen Unterbrechungen in Europa seit zwei Jahrhunderten und in USA in einem Jahrhundert angesammelt. Beinahe alles spricht für diese Art von Staat, angefangen vom Krieg bis zum zivilen Alltagsleben, denn die Menschen aller Schichten haben Bedürfnisse und Interessen, und es gibt kein unfehlbareres Mittel zu ihrer Befriedigung als den Versorgungsstaat. Die gegenwärtigen Anstrengungen, ihn zurückzuschneiden, gemahnen an den Versuch eines Eichhörnchens, einen Baumriesen zur Strecke zu bringen.

Daniel Koerfer

Von Adenauer zu Kohl

Das Dilemma des deutschen Nachkriegskonservatismus

Der Vorwurf wurde schon früh formuliert. Restauration hieß 1950/51 das Schlüssel-, ja das Zauberwort, mit dem die bösen Geister des Kapitalismus, mit dem Gewinnsucht, Egoismus und Geltungsstreben gebannt werden sollten, die sich in der noch so jungen Bundesrepublik bereits wieder ungehindert ausbreiteten. Restauration – ein für Demokraten häßlicher, abschreckender Begriff. Er weckte Erinnerungen an dunkle, spannungsreiche Zeiten der europäischen Geschichte, die allerdings schon mehr als ein Jahrhundert zurücklagen.

Man mag an die Restauration in England denken. Da versuchten die Stuarts, nach der Cromwellschen Diktatur eine absolutistische Monarchie zu errichten; gewiß, ihr Vorhaben scheiterte schließlich, die Tudors wurden in einer nahezu unblutigen, daher „glorreichen" Revolution 1688 vom englischen Bürgertum und niederen Adel (wieder) eingesetzt, nachdem sie dem Parlament weitgehende Rechte eingeräumt und damit die Etablierung der konstitutionellen Monarchie ermöglicht hatten. Ein gutes Ende zuletzt, aber es stand doch auf des Messers Schneide. Anders die Restauration in Frankreich. Damit war die Rückkehr der Bourbonen, des rundlichen Louis XVIII. auf den Thron, das Ende der napoleonischen Erschütterungen nach 1814/15 gemeint. Kein sehr erhebender Vorgang, außerdem nur ein Mosaikstein im Bild einer Ära der umfassenden europäischen Restauration, die sich mit dem Namen Metternich verbindet. Jener österreichische Außenminister und Staatskanzler, der als junger rheinischer Aristokrat aus Mainz, Straßburg und Brüssel vor den Armeen der französischen Revolution hatte fliehen müssen, der durch die Revolution einen Teil seines Erbes, die Familiengüter auf dem linken Rheinufer verloren hatte, er setzte während seiner knapp 40jährigen Amtszeit alles daran, ein Weiterschwelen des revolutionären Feuers zu verhindern, dieses wenn irgend möglich sogar ganz auszutreten. Heilige Allianz, neuerliche Betonung einer unantastbaren monarchischen Legitimität, Karlsbader Beschlüsse, Polizeistaat, Zensur, Unterdrückung der Freiheit schlechthin – eben der Versuch, umzukehren, was eigentlich nicht mehr rückgängig zu machen ist, das alles konnte von nun an mit dem Wort „Restauration" umschrieben werden.

1950 erlebte dieser Begriff eine erstaunliche Renaissance. Walter Dirks und Eugen Kogon, die beiden Herausgeber der *Frankfurter Hefte,* griffen ihn auf und funktionierten ihn zu einem Schlagwort um, mit dem die Regierung Adenauer bekämpft werden sollte, die Dirks schon im März 1950 eine „christliche, autoritäre Restaurationsregierung" nannte (*Frankfurter Hefte,* Nr. 3, S. 227). Wenige Monate später, im September 1950, holte Dirks dann unter der Überschrift *Der restaurative Charakter der Epoche* (*Frankfurter Hefte,* Nr. 9, S. 942–954) zu einer umfassenden Standortbestimmung aus, die eine vielschichtige Definition der Wortbedeutung einschloß. Es war eine erste, frühe Abrechnung mit Konrad Adenauer, obwohl der Name des Bundeskanzlers an keiner Stelle auftauchte, es war zugleich aber auch eine Abrechnung mit der gerade ein Jahr alten Bundesrepublik.

Realpolitik, streng gegenwartsbezogen, eine Politik der greifbaren Tatsachen, schrieb Dirks, sei eng verbunden mit dem Begriff Restauration. Ja, was tat die Regierung Adenauer anderes, als gegenwartsbezogen, nüchtern, unpathetisch die Lebensbedingungen der Menschen zu verbessern; was sollte sie auch sonst tun? Und rechnete Adenauer nicht auch, was Dirks als typisch für den restaurativen Politiker ansah, eher mit dem wahrscheinlich Bösen, Schlimmen, als mit dem möglichen Guten in der Zukunft, entsprach diese Haltung nicht seinem pessimistischen Menschenbild? War ihm das vorzuwerfen? Nun, Dirks ließ keinen Zweifel daran, wo für ihn die Schattenseiten lagen. Restaurative Politik mußte seiner Auffassung nach deshalb attakkiert werden, weil sie der Bequemlichkeit der Massen, ihrem Mangel an Phantasie entsprach – nichts sei für Menge „natürlicher“ als der Versuch, möglichst viel von dem wiederherzustellen, was einmal gewesen ist. Die Sünde der Restauratoren sei daher die „Sünde der Unterlassung“. Statt rasch und energisch die Chance zur radikalen Umgestaltung ihrer Umwelt beim Schopfe zu packen, wandelten diese konservativen Politiker (Konservatismus und Restauration sind für Dirks weitgehend Synonyme) beharrlich auf ausgetretenen Pfaden weiter in die Irre. Sie von ihrem Kurs abzubringen, falle schwer, da Angriffsversuche selten auf Anhieb Wirkung zeigen würden – die Gegner restaurativer Politik neigten deshalb bedauerlicherweise dazu, als „matte Christen“, als „matte Sozialisten“ in gute Werke, Religion und Privatleben zu flüchten, zu resignieren.

Nach solch eher allgemein gehaltenen Ausführungen wird Dirks dann präziser, nimmt er die Situation des Jahres 1950, die Entwicklung seit Kriegsende aufs Korn. In Deutschland, in seinem westlichen Teil, habe man nach 1945 bei 1932 anzuknüpfen versucht. Von der Verwirklichung einer neuen, mutig und offen konzipierten Gesellschaftsform keine Spur, sondern lediglich ein ängstlicher Rückgriff auf Vergangenes, Abgelebtes, Überholtes. Parlamentarier, Parteiführer, Minister der so entstandenen Bundesrepublik, sie seien nun zu einem großen Teil über 60 – symptomatisch für den Zustand der Epoche. Auf die Erfahrung der Alten, darauf wolle man sich verlassen und zunehmend auch wieder auf die „alte“ Bürokratie. Nur ja kein – neues – Risiko mehr eingehen. Die Währungs-, die von Ludwig Erhard durchgesetzte Wirtschaftsreform? Nicht Positives, kein Schritt nach vorn? Nein, vielmehr entscheidend für den „großen Sprung in die Restauration“, weil sie das Privileg des Sachbesitzes fixiert, die Händlerschicht, die Produzenten bevorzugt habe. Bonn entwikkele sich eben, falls nicht ein wirklicher Lastenausgleich, eine umfassende Mitbestimmungsregelung das Blatt noch wenden würde, zur Hauptstadt eines christlich-restaurierten Europas mit bürgerlicher Grundstruktur. Und die CDU/CSU, die Regierungspartei? Sie verfüge nicht über genügend Kraft, um das „Antlitz der Erde zu erneuern", sei eine Partei der Kleinbürger und des Mittelstandes, der Honoratioren, Bauern und Arbeiter ohne politische Energie geworden.

Walter Dirks, der ehemalige Feuilleton-Redakteur der *Frankfurter Zeitung,* hatte ebenso wie der Publizist Eugen Kogon 1945 zu den Mitbegründern der hessischen CDU gehört. Da war es natürlich nicht ohne Pikanterie, wenn nun von dieser Seite und nicht etwa von kommunistischer Warte aus so massive Kritik an dem jungen Staat, an seiner politischen Führungsspitze geübt wurde. Eine tiefe Enttäuschung über die Entwicklung seit dem 8. Mai 1945 hatte Dirks und wenig später dann auch Kogon bei ihren Attacken die Feder geführt. Beide waren ja unmittelbar nach Kriegsende für Ziele eingetreten, wie sie etwa auch Alfred Andersch oder Hans Werner Richter im *Ruf* formuliert hatten – ehrgeizige, idealistische Ziele, deren Verwirklichungschancen aber schon 1946 eher gering einzuschätzen waren, als Hans Werner Richter noch schrieb:

> *„In Deutschland ist alles zerschlagen. Es hat weder einen Staat noch eine Wirtschaftsordnung. Die junge Generation kann ganz von vorn und dort beginnen, wo die Entwicklung bei den anderen hindrängt. Sie braucht nicht umzubauen. Sie kann neu bauen. Sie hat den Sozialismus des Ostens und die Demokratie des Westens im Land. Aus den Erfahrungen mit den beiden Ordnungen kann sie die Quellen der Fehler erkennen, die sie vermeiden muß. Indem sie den Sozialismus und die Demokratie in einer Staatsform zu verwirklichen sucht, kann sie zum Ferment zwischen den beiden Ordnungen werden. Sie muß dort ansetzen, wo die beiden Ordnungen zueinander drängen, sie muß gleichsam den Sozialismus demokratisieren und die Demokratie sozialisieren. So kann diese junge Generation die Brücke bauen, die vom Westen zum Osten und vom Osten zum Westen führt …" (Der Ruf, Nr. 4 vom 1.10.1946)*

Hier ist jenes bereits damals weitgehend utopische Konzept kurz und knapp in Worte gefaßt, das auch von Dirks und Kogon, wenn auch von einer dezidiert links-katholischen Position her, vertreten wurde: Synthese herkömmlicher Gegensätze, Brücken schlagen über ideologische Gräben, Verbindung von Christentum und Sozialismus, von Demokratie und Kommunismus, lautete die Devise – radikaler Neubeginn, so hieß ihre Parole. Nicht umsonst sprach Dirks von der „Chance der Stunde Null“, favorisierte er zu allererst die Gründung einer Partei, die Kommunisten, Sozialdemokraten, Christen einschließen sollte.

Daraus wurde nichts. Alles blieb Illusion. Der aufbrechende Gegensatz zwischen den Weltmächten blockierte die angestrebte gesamteuropäische Erneuerung; sogar die nationale Einheit fiel dem Ost-West-Konflikt zum Opfer. Der Riß ging durch Deutschland. Adenauer hatte dies kommen sehen, sich frühzeitig schon darauf eingestellt. Nun hatte der Wirklichkeitssinn des Alten recht behalten gegen den Idealismus der Jungen, der Jüngeren. Sie grollten ihm dafür. Und nicht nur dafür. Denn auch das von ihnen erhoffte, erwartete Ende des Kapitalismus stellte sich nicht ein, im Gegenteil. Statt der favorisierten planwirtschaftlichen Ordnung setzte sich im Westen eine vom liberalistischen Gedankengut bestimmte marktwirtschaftliche Konzeption durch, die den Wettbewerb – trotz aller eingebauten sozialen Sicherungen – stark betonte. Rasch und unübersehbar wuchs damit im größeren Teil Deutschlands die von Dirks, Kogon und anderen endgültig überwunden geglaubte bürgerliche Gesellschaft wieder empor.

Wuchs sie tatsächlich *wieder* empor? Verstellte der aus Desillusionierung, aus enttäuschter Hoffnung geformte Kampfbegriff „Restauration“ nicht den Blick für die fundamental neuen Züge dieser Nachkriegsgesellschaft? Erlebte die Bundesrepublik nicht überhaupt als erster deutscher Staat den „Durchbruch an Bürgerlichkeit“ (Jürgen Kocka)? Vieles von dem schweren Ballast, den etwa noch die erste Republik mit sich hatte herumschleppen müssen, war doch tatsächlich über Bord gegangen. Das neue Schiff ließ sich leichter steuern. Wo waren etwa die Militaristen, die nach 1945 noch von deutscher Hegemonie in Europa, in der Welt zu träumen gewagt und deshalb versucht hätten, das Ruder herumzureißen? Den militärischen Nimbus hatte der Krieg, die Niederlage des Hitler-Regimes gründlich zerstört, auch den bis dahin wichtigsten Träger alter Autorität, den preußischen Adel bedeutungslos werden lassen. Überhaupt waren durch das Dritte Reich, durch den Weltkrieg die sozialen Strukturen auf tiefgreifende Weise verändert worden. Ralf Dahrendorf *(Gesellschaft und Demokratie in Deutschland)* und David Schoenbaum *(Die braune Revolution)* haben mit gutem Grund von einem beinahe revolutionären Prozeß gesprochen und damit die Aufhebung bislang bestehender gesellschaftlicher Schranken gemeint. Durch diese Einebnung sozialer Gegensätze wurde die Basis für so manchen individuellen Aufstieg in den Nachkriegsjahren gelegt, wurde insgesamt möglich, daß man sich in der Bundesrepublik in großen Schritten auf eine beinahe egalitäre moderne Industriegesellschaft zubewegen konnte.

Dazu gehörte natürlich auch, daß konfessionelle Divergenzen in den Hintergrund traten, daß vor allem aber die neue Verfassung, das Grundgesetz, das daran geknüpfte parlamentarisch-demokratische System auf einen breiten Konsens traf, als richtig, sinnvoll, und eben nicht aufoktroyiert empfunden wurde. Auch die auf den ersten Blick schwerste Belastung des westlichen deutschen Staates, die Teilung Deutschlands, erwies sich nicht als Hypothek, von der neue Explosivkraft und damit eine fundamentale Gefährdung der bundesrepublikanischen Ordnung hätte ausgehen können. Der Nationalismus hatte – vorerst jedenfalls – ausgespielt und jede Attraktivität verloren, außerdem wurde die mit der Teilung verbundene Westintegration von einer unübersehbaren Welle des Antikommunismus und Antitotalitarismus getragen.

Dennoch, obwohl sich die Bundesrepublik erstaunlich rasch als stabil, ihre Fundamente sich wider Erwarten als tragfähig erwiesen hatten, blieb der Restaurations-Vorwurf aktuell, ja er übte gerade deshalb auf alle Gegner der Regierung Adenauer eine besondere Faszination aus. Je erfolgreicher und unangefochtener der erste Kanzler amtierte, je sichtbarer die großen Erfolge seiner Regierung auf außen- und wirtschaftspolitischem Gebiet ins Auge fielen – man denke nur an die schnelle, zügige Wiedereingliederung der Deutschen in den Kreis der europäischen Staaten, aber auch an das Lastenausgleichs-Gesetz von 1952, an die Einführung der dynamischen Rente 1957 –, desto schwerer hatten es alle Kritiker, desto begieriger wurde von ihnen aber auch jedes einigermaßen brauchbare Schlagwort aufgegriffen, um die erreichte Stabilität schließlich doch in Frage stellen zu können. Und Adenauer, war er nicht geradezu die Symbolfigur, der typische Repräsentant dieser „restaurativen" Bundesrepublik? Sein autoritäres Auftreten, seine simple, undifferenzierte Ausdrucksweise, sein hohes Alter, in alledem erblickte man nun Indizien, die für den bedauerlichen Zustand der Gesellschaft zu sprechen schienen. Um eine Gesellschaft, die einem solchen Politiker und seiner Partei zu großen Wahlerfolgen, ja sogar 1957 zur absoluten Mehrheit verhalf, konnte es nicht gut bestellt sein.

Sicher, den Menschen ging es besser, zumindest materiell. Das bestritt kaum jemand. Aber, so fragten die oppositionellen Sozialdemokraten, die Intellektuellen, die Journalisten Ende der 50er Jahre bisweilen ebenso hilflos wie besorgt, welcher Preis mußte für dieses neue, „bessere" Leben gezahlt werden? Steckte hinter der enormen Leistungsbereitschaft der Bevölkerung, durch die der Regierung ja überhaupt erst die materiellen Mittel für all ihre gouvernementalen Wohltaten und Reformen zur Verfügung gestellt wurden, hinter der schier unersättlichen Freude am Konsum nicht ein gefährlicher Verdrängungsmechanismus, der Wunsch, der dunklen Vergangenheit zu entfliehen? Wurde der neue Wohlstand darüber hinaus nicht von einem Mangel an schöpferischer Phantasie begleitet, von einem Ausschalten jeglicher Diskussionsbereitschaft, einem Übertünchen aller weiterhin bestehenden strukturellen Konflikte und Konfrontationen, etwa zwischen Unternehmern und Arbeitern?

In dem 1962 von Hans Werner Richter herausgegebenen Band *Bestandsaufnahme* versammelten sich Intellektuelle unterschiedlichster Couleur, um diesen Fragen nachzuspüren und nun, da die Ära Adenauer sichtlich zu Ende ging, Bilanz zu ziehen. In Einleitung und Epilog machte Hans Werner Richter deutlich, was insgesamt auch für die dazwischen liegenden Beiträge von (u. a.) Hartmut von Hentig, Walter Jens, Ralf Dahrendorf, Heinrich Böll, Alexander Mitscherlich, Carl Amery, Peter Rühmkorf und Hans Magnus Enzensberger galt: Von diesem „CDU-Staat" – wie es dann bis weit in die 60er Jahre hinein hieß – konnte man bestenfalls Langeweile erwarten, mußte aber schlimmstenfalls die allmähliche Erdrosselung des politischen Pluralismus befürchten. Restauration, Konservatismus, das hieß nun endgültige Atrophie des demokratischen Systems, allmähliches Absterben des politischen Lebens, Ersticken unter der CDU-Wanderdüne. Richter und seine Autoren standen mit ihren Sorgen nicht allein da. Viele dachten damals so – und der Berliner Politologe Ekkehart Krippendorff sah sogar alle westeuropäischen Länder auf dem Weg zum „Einparteienstaat". Das war natürlich ziemlicher Unsinn und sorgte nur vorübergehend für Aufregung. Was war aber von der neuerlichen Fundamentalkritik zu halten, die unter dem Etikett „Restauration" als Saldo der Bilanzierung in Richters *Bestandsaufnahme* zum Vorschein kam? Hans-Peter Schwarz, der Kölner Historiker, hat 20 Jahre später unter klarem Hinweis auf jenes Buch ein vernichtendes Urteil über diese Anwürfe formuliert, als er schrieb:

> *„Die Schelte der Intellektuellen unterschiedlicher ideologischer Orientierung, die in dem Schlagwort ‚Restauration' zum Ausdruck kam, hat ... die ganze Adenauer-Ära begleitet, wie mißtönendes Möwenkrächzen die Fahrt eines großes Schiffes ... (In: H.-P. Schwarz, Die Ära Adenauer, Bd. 1, 1949–1957, Stuttgart 1981, S. 448)*

Ein hartes, ein zu hartes Urteil. Denn gerade in jener von Richter edierten *Bestandsaufnahme* ging es nicht nur, nicht in erster Linie um den politischen Sektor, stand vielmehr eine Analyse des kulturellen Klimas der Bundesrepublik im Mittelpunkt, wurden Stichworte zur geistigen Situation der Zeit gegeben. Und hier, im Bereich der Kultur, der Literatur, Musik, des Films, hatte die Ära Adenauer, hatten die 50er Jahre ja tatsächlich wenig Ersprießliches zu bieten. Eine *Blechtrommel* (1959) macht noch kein volles, tönendes Orchester. Die leicht konsumierbare Massenware dominierte, verkaufen sollte sich's einfach, vom Landser-Heft zum Arzt-Roman, vom Heimatfilm zu Edgar Wallace. Geschäft war alles. Daß sie dies kritisierten, wer will es Böll, Mitscherlich,

Dahrendorf verdenken? Einiges wurde gewiß überempfindlich registriert, aber „Möwenkrächzen“ allein, nein, das war es wohl doch nicht. So manches Körnchen Wahrheit steckte nämlich hinter den Vorwürfen, übrigens auch, was die politische Sphäre anbelangte. Der Wiederaufbau der Bundeswehr basierte nun einmal auf der Reaktivierung hoher Offiziere der früheren Wehrmacht; in Justiz und Verwaltung galten herkömmliche Traditionen und Hierarchien weiter, fanden ehemalige Parteigenossen leicht ihr Auskommen und mehr als das – Adenauers Staatssekretär Hans Globke, 1936 noch Beamter im Reichsinnenministerium und Mitverfasser eines Kommentars der Nürnberger Rassegesetze, lieferte hierfür das prominenteste Beispiel –; schließlich gab es auch so etwas wie eine ostpolitische Erstarrung, zumindest nach außen hin, denn daß der Kanzler insgeheim sondierte, immer wieder mit Moskau zu einem Ausgleich bezüglich der DDR zu gelangen suchte, wußten damals die wenigsten, auch in der Union. Defizite, Mängel, Passiva der Ära Adenauer, warum sollte man sie verschweigen. Es war ja doch eine behäbige, eine partiell dumpfe Periode, besonders die Jahre zwischen 1957 und 1963.

Natürlich war die Kritik auch Ausdruck ihrer Zeit – wie konnte es anders sein. Vor allem 1962, angesichts des Eichmann-Prozesses in Jerusalem, des Auschwitz-Prozesses in Frankfurt, der Synagogen-Schmierereien in Köln, fühlte man sich vielfach von der braunen Vergangenheit eingeholt, fürchtete den neuerlichen Machtmißbrauch, sah schwarz für die Demokratie. Gerade deshalb fiel manche Bilanz so düster aus, gerade deshalb rief man vehement nach Reformen. Unbehagen herrschte in der Bundesrepublik, hatte schon vor der *Spiegel*-Krise immer weiter um sich gegriffen, beschränkte sich längst nicht mehr allein auf intellektuelle Zirkel. Besondere Zielscheibe der Kritik: der Kanzler. Der alte, 86jährige aus Rhöndorf war mittlerweile reichlich unbeliebt geworden. Man wollte ihn endlich los sein – auch wenn dies 20 Jahre später von einer allgemeinen Adenauer-Verklärung zugedeckt worden ist –, wollte unter einem neuen Kapitän zu neuen Ufern aufbrechen.

Damals konnte man noch nicht erkennen, daß Adenauer, bei aller gewiß berechtigten Kritik an seiner Amtsführung, besonders im letzten Viertel seiner Regierungszeit, was etwa sein zähes Festhalten am Amte, sein herabwürdigendes Verhalten gegenüber seinem späteren Nachfolger Ludwig Erhard anbelangte, aufs Ganze gesehen doch ein Glücksfall, ein Glücksgriff gewesen ist. Auf seine Weise ein Restaurator, durchaus. In positivem Sinne allerdings. Wie schrieb Golo Mann einmal über ihn, über seine Vorstellungen von Europa, von Deutschland:

„Was war Europa einmal gewesen? Alles. Was war es jetzt? Nichts. Was sollte es wieder werden? Etwas. Und es wurde wieder etwas; der seiner Regierung anvertraute Teil Deutschlands, der bei weitem größere, wie er immer wieder betonte, der auch. Wiederherstellung nicht; trotzdem in gewissem Sinne Restauration. Wiedererstarken Europas; Affirmation alter, lang schimpfierter menschlicher Werte und Grundsätze. Restauration war wirklich; es liegt kein Tadel darin. Immer aber ist sie für den, der sie vollzieht, der all die schlimmen Erfahrungen hinter sich hat, mit der Furcht verbunden, sie könnte nicht halten. Es war alles noch so neu, so zerbrechlich im Inneren, so ungesichert nach außen. Auch von der Erinnerung an die blutigen Narreteien, auf welche sich die Deutschen zweimal eingelassen hatten, kam er nicht los. Seine Landsleute waren noch nicht zur Ruhe gekommen; sie könnten wieder Narren werden, wenn man sie in Versuchung führte ..." (Golo Mann, Konrad Adenauer – gewandeltes Bild, in: Dieter Blumenwitz u. a. (Hrsg.), Konrad Adenauer und seine Zeit, Bd. 2, Stuttgart 1976, S. 585)

Das war Adenauer wohl, ein Staatsmann voll Sorge. Verständlicherweise hatte er keine hohe Meinung von der politischen Zuverlässigkeit seiner Landsleute. Deshalb gab er auch der Aufgabe, die Demokratie fest zu verankern, allergrößte Priorität, und er versuchte, aus den Trümmern der Vergangenheit soviel hinüberzuretten, wie sich noch als brauchbar, als hilfreich erwies. Sein Sinn für Formen, seine Betonung menschlicher, auch ethischer Werte, bei aller Taktik, bei aller List – hierin war er konservativ, ein Bergungs-Konservativer gewissermaßen. Jahrgang 1876, das inzwischen Erfahrene, Erlebte hatte ihn durchaus geprägt. Und doch stellte er sich ohne Larmoyanz rasch auf die so fundamental veränderte Welt ein, akzeptierte sie, sorgte dafür, daß seine Landsleute sie akzeptieren konnten, wurde zum Garanten einer lang vermißten Kontinuität.

Nach schweren Niederlagen und Umwälzungen neigen die Menschen wohl dazu, sich an solche (Groß-)Vaterfiguren zu attachieren. Das war auch in der Bundesrepublik so – Alfred Grosser hat schon früh darauf hingewiesen. Er stellte Adenauer (in einem Artikel in den *Stuttgarter Nachrichten* vom 6.10.1960) in eine Reihe mit Adolphe Thiers, mit Paul von Hindenburg, Philippe Pétain; auch sie seien wie dieser Kanzler von der Bevölkerung vorübergehend auf eine beinahe infantile Weise verehrt, verklärt worden. Ein interessanter, ein anregender Vergleich. *Famille – Patrie – Travail,* das Motto Pétains nach dem militärischen Debakel Frankreichs 1940, es läßt sich, mit einer entscheidenden Modifikation, vermutlich auch auf deutsche Verhältnisse übertragen. Weil das Vaterland, weil die Nation als Bezugsgröße ausfiel, stürzte man sich hier vielleicht um so vehementer in die Arbeit, zog sich in Familien- und Privatleben zurück. Für alle diejenigen, die mit Scarlett O'Hara *(Vom Winde verweht)* geschworen hatten: „Nie wieder arm, nie wieder Hunger, nie wieder Niederlage", war Adenauer der ideale Bundeskanzler, die beste Identifikationsfigur. Er entsprach ihrem Bedürfnis nach dauerhafter Stabilität, nach Ruhe und Sicherheit, nach rechtsstaatlicher und dennoch kräftiger Führung. Daß Demokratie und Autorität sich nicht ausschlossen, diese Erfahrung den Deutschen vermittelt zu haben, auch darin liegt eine bedeutende Leistung von ihm.

Die Ära Adenauer ist mittlerweile Geschichte geworden. Jene autoritäre Kanzlerdemokratie, wie sie der Alte aus Rhöndorf ausformte – war für die Bundesrepublik kein Schade. Der Staat, dem Freunde und Kritiker bis in die Mitte der 60er Jahre hinein selbstsichere Starrheit, mangelnde Flexibilität zum Vorwurf machten, hat sich als überraschend wandlungsfähig, als offen für Reformen und für politischen Wechsel erwiesen. Das Stigma des restaurativen Charakters ist damit verblaßt, hat an Leucht- und Anziehungskraft verloren. Adenauer dagegen blieb auf eine entrückte Weise Bezugspunkt und -Größe. Alle seine Nachfolger haben sich an ihm messen lassen müssen, haben sich aber auch auf ihn berufen. Letzteres hängt gewiß mit dem Wunsche nach Legitimation zusammen, und dieser Wunsch, die Wurzeln des eigenen politischen Handelns bis in den (Rosen-)Garten des Gründervaters zurückreichen zu lassen, ist nur zu begreiflich. Helmut Kohl macht da keine Ausnahme, bemüht sich im Gegenteil darum, wenigstens hier „radikal" zu sein. Aber ist sein Rekurs auf den politischen Großvater überhaupt angebracht und angemessen? Muß Kohl nicht fürchten, bei dem von ihm vielfach beschworenen Vergleich stets eindeutig den Kürzeren zu ziehen? Adenauer war wohl doch härter bei seinen Auftritten auf internationalem Parkett, wirkte trotz Dialektfärbung urbaner, wirkte in Situationen, in denen Kohl seine Provinzialität offen vor sich her trägt, immer noch wie ein Grandseigneur. Adenauer blieb unnahbar, nicht zuletzt im Umgang mit Ministern, dachte streng hierarchisch, wollte die wesentlichen Entscheidungen letztlich in beinah allen Ressorts selbst treffen. Von Kollegialität, von politischem Diskurs hielt er nichts. Seine außenpolitische Fachkompetenz, seine in der Kommunalpolitik erworbene Verwaltungserfahrung, sein juristisch geschulter, analytischer Verstand, all das machte ihn zum unbestrittenen Chef im Ring. Kohl ist da gänzlich anders, eher Brandt oder Erhard vergleichbar. Wie diese ersetzt er Fachwissen vielfach durch gute Laune, durch Optimismus und Frohsinn. Er genießt sein Amt, das damit verbundene öffentliche Interesse und die weitreichenden Möglichkeiten in vollen Zügen.

Und doch gibt es Parallelen, geradezu auffällige Ähnlichkeiten. Adenauer und Kohl, beiden ist der feste Zugriff auf die Partei, die tiefe Verankerung in der Union gemeinsam. Beide haben durch ausgeklügelte Personalpolitik Einzelkarrieren gesteuert und gleichzeitig verstanden, sich potentielle Konkurrenten vom Hals zu schaffen und sie zu neutralisieren. In dem Spiel auf der komplizierten Tastatur einer großen, modernen Volkspartei sind Adenauer und Kohl allen übrigen Kanzlern überlegen. Hier ruht die Basis ihrer Macht. Sicher gibt es, was das Weltbild anbelangt, ebenfalls Gemeinsamkeit und Anknüpfungspunkte. Für beide stellt es sich verhältnismäßig einfach dar, – auch bei Kohl – trotz der gewachsenen Komplexität der Lage, der schwierigen Situation der Bundesrepublik und ihrer höheren Abhängigkeit von der Weltkonjunktur. Den USA wird jeweils eine wichtige Funktion zugeordnet, zugleich die deutsch-französische Achse betont. Europa? Für den europäischen Gedanken ist auch Kohl noch bereit, dem bundesdeutschen Steuerzahler viel zuzumuten und abzuverlangen. Ganz entscheidend aber ein letzter Punkt: Kohl steht, wie vor ihm Adenauer, wegen seiner simplen, bisweilen geradezu banalen Sprache, seiner mangelnden Eloquenz im Mittelpunkt journalistischer, intellektueller Kritik, kann sich aber andererseits einer verblüffend hohen Zustimmung in der Bevölkerung sicher sein – so den Umfragen zu trauen ist. Kohl kommt an, trotz Medienschelte. Er entspricht, wie damals Adenauer, in seinem Habitus, in seinem Wesen einer verbreiteten Grundstimmung, erfaßt ein Stück bundesrepublikanischer Wirklichkeit. Da ist es wohl doch mehr als bloße Pose, ist es eben kein Zufall, wenn Kohl ständig Worte des ersten Kanzlers zitiert, und besonders häufig die Schlußpassage aus der Regierungserklärung von 1957(!) anführt:

> *„Politik verlangt Klarheit in der Erkenntnis der Ziele. Sie muß realistisch sein, d. h. die Möglichkeiten erkennen, sie muß mutig sein, um die auf ihrem Wege sich zeigenden Hindernisse zu überwinden. Vor allem aber verlangt politische Arbeit Ruhe, Geduld und Stetigkeit. Nur wenn diese Voraussetzungen vorliegen, kann man auf Erfolg rechnen."*

Ruhe, Geduld und Stetigkeit. Sind das nicht die neuen zentralen Begriffe? Entsprechen sie nicht ganz genau der westdeutschen Gemütslage? Ruhe und Konsolidierung, keine Probleme und Theorien, keine langatmigen und komplizierten Erklärungen mehr, das wollen die Menschen jetzt. Bewahrung des Erreichten, so gut es irgend geht, aber keine Konflikte und Konfrontationen, nicht Streit und Streik. Die Grundstimmung ist – wieder – konservativ geworden, bei aller Fragwürdigkeit des Begriffs. Ein Hauch der 50er Jahre liegt über dem Land.

Dennis H. Wrong

Immer nur die alten Antworten?

oder Wie einig sind sich Amerikas Neokonservative?

Das Wort „neokonservativ“ ist in den Vereinigten Staaten eine journalistische Prägung jüngeren Datums. Ob man sie für zutreffend oder nicht erachtet: Es besteht kein Zweifel, daß eine identifizierbare Gruppe von amerikanischen Intellektuellen damit bezeichnet wird, die mehrere einflußreiche Publikationen hinter sich haben und zudem gute Beziehungen zu bestimmten Verlagen, Stiftungen und einigen aktiven Politikern. Wenn manche ihrer Mitglieder sich gegen die Etikettierung verwahren, hat man nicht übel Lust, ihnen den üblichen Satz entgegenzuhalten: „Wenn Sie keine Hitze vertragen, stehen Sie doch nicht in der Küche herum!“ Doch wenn man die Herkunft der meisten führenden Neokonservativen aus dem spezifischen radikalen Milieu New Yorks nach den 30er Jahren bedenkt und ihre hochgestochene Sensibilität, deren Inbegriff die Zeitschrift „Partisan Review“ ist, so scheut man unwillkürlich vor dem durch die Medien eingebürgerten Stereotyp zurück und fühlt sich veranlaßt, die individuellen Züge der einzelnen Gruppen-Angehörigen hervorzuheben, besonders falls man einige davon seit Jahrzehnten gekannt und bewundert hat. Daniel Bell ist nicht gleich Irving Kristol und ist weder mit Nathan Glazer noch mit Norman Podhoretz und schon gar nicht mit Patrick Moynihan zu verwechseln.

Doch die bloße Aufzählung dieser Namen, die bei so vielen gemeinsamen Unternehmen nebeneinander auftauchen, ruft wieder den Eindruck wach, es mit einem Kollektiv zu tun zu haben. Und dann stellt sich der Gedanke ein, daß es fast immer ein Anzeichen nahender Auflösung ist, wenn eine Gruppe von Intellektuellen so allgemein als ein zusammengehöriger Kreis empfunden wird, mit anderen Worten, daß die Eule der Minerva meist in der Abenddämmerung unterwegs ist, daß der große historische Augenblick vorüber zu sein scheint und daß die zu verkündende Botschaft schon zu einem banalen Bestandteil der Alltagswelt geworden ist.

So meint man denn den Untertitel des gedankenreichen Buches von Peter Steinfels *Die Neokonservativen*, nämlich: „Die Männer, die Amerikas Politik verändern", als Übertreibung anzweifeln zu müssen. Es sieht eher so aus, als ob die amerikanische Politik diese Männer verändern wird denn umgekehrt und daß sich das Buch von Steinfels eher wie ein Nachruf auf eine bestimmte Gruppierung ausnehmen wird und nicht, wie er gehofft hat, als Beginn einer neuen Debatte auf hohem Niveau über die Fragen, in denen die Meinungen amerikanischer Liberaler und Linker und die eines neubelebten Konservatismus auseinandergehen. Ein paar Neokonservative sprechen heute schon für die Republikanische Partei und für die Industrie; sicherlich stellen sie einen Fortschritt gegenüber den Klischees vom „American Way of Life" und von „Free Enterprise" dar, bei denen sich diese Kreise in der Vergangenheit wohlgefühlt haben, aber sehr viel mehr ist es auch nicht. Schließlich haben so verschiedenartige Figuren wie William Buckley jun. und Milton Friedman schon in den 50er Jahren das geistige und rhetorische Niveau der konservativen Argumentation gehoben, obwohl sie vermutlich ganz schlichte Konservative sind, die niemand mit der Vorsilbe „neo" zu schmücken beabsichtigt.

Auf andere erklärte Neokonservative wie z. B. den zu selbstgefälligen Abschweifungen neigenden Senator Moynihan paßt meiner Meinung nach die Bezeichnung „nervöse Liberale" auf die Dauer sehr viel besser als „Neokonservative". Nervös machten sie die Neue Linke und die Gegenkultur der 60er Jahre, doch das wurde allmählich zu einem bloßen Tick, je weiter jene Dekade dem Gedächtnis entschwindet und je mehr wir in eine Epoche eintreten, in der sich die Chancen der Linken – ob nun neu oder alt – ziemlich dürftig ausnehmen und im Ausland sehr viel größere Schwierigkeiten als der Vietnam-Krieg drohen. Übrigens verdienten sich die führenden Neokonservativen ihr „neo“ in einer ganz ähnlichen Situation in den späten 50er und frühen 60er Jahren, als sie sich als liberale Reformer betätigten und einige tatsächlich in der Kennedy- und Johnson-Regierung mitwirkten. Als dann die radikale Schwärmerei der späten 60er Jahre über uns hereinbrach, kehrten sie zu der früheren, tief im Anti-Stalinismus verankerten Haltung zurück, die sie in ihrer Jugend mitbekommen hatten. Die meisten Angehörigen der Generation von Intellektuellen, deren politische Anfänge in der Auseinandersetzung mit der antistalinistischen Linken bestanden, wurden natürlich in den 70er Jahren keine Neokonservativen. (Ebenso haben selbstverständlich nicht alle Neokonservativen diesen speziellen ideologischen Werdegang.) Es verdient jedoch hervorgehoben zu werden, daß kein Mitglied dieser Generation bei der Wiederbelebung des Radikalismus nach 1965 hervortrat, obschon eine ganze Anzahl älterer Männer und Frauen mindestens eine Zeitlang so etwas wie eine Wiedergeburt der politischen Erwartungen ihrer Jugendzeit durchlebte. Für diejenigen von uns Amerikanern, die nicht in den 30er, sondern erst in den 40er Jahren politisch erwachten, war im Stalinismus von Anfang an der Wurm drin, war er das Skelett im Schrank, der Schandfleck auf dem Schild, wodurch sie gehindert wurden, sich zu so leidenschaftlichen Ausbrüchen hinreißen zu lassen, auf die der Neokonservatismus dann die Reaktion war.

Die zeitgebundene Natur des Neokonservatismus geht schon aus der Verwendung hervor, die ein aufgezeichnetes Gespräch zwischen William Phillips und Kenneth Tynan, einem „Neuen Linken“ der ersten Stunde, der voller Begeisterung für die Revolution auf Kuba war. Phillips sagte ihm: „Ihre Argumente sind so alt, daß ich mich auf meine Anworten darauf schon gar nicht mehr besinnen kann.“ In seinem Buch *Making it* zitierte Norman Podhoretz das, und Nathan Glazer machte daraus sogar den Titel einer Sammlung seiner Essays über die Studenten-Unruhen: *Remembering the Answers*. Doch beide haben sie den ironischen und selbstkritischen Ton in der Äußerung von Phillips nicht mitbekommen. Ich weiß noch, daß ich damals zu Glazer sagte, als ich ihm irgendwo begegnete: „Es handelt sich doch nicht so sehr darum, daß man die Antworten vergessen hatte, als daß man gemeint hat, die Fragen würden nie wieder gestellt werden!" Glazer, schon immer einer der Vernünftigsten, gab zu, daß darin sehr viel Wahrheit stecke. Heute, da der Radikalismus schon seit zehn Jahren tot ist, wirkt es wie ein ermüdender Katechismus, wenn die Neokonservativen die alten Antworten herunterschnurren, doch man kann sicher sein, daß die Fragen immer wieder gestellt werden, wenn das „Neue" an der Neuen Linken und das „Neo" an den Neokonservativen längst abgeblättert sind.

Wenn aber die Anhänger der Linken selbst ihre zurückhaltendsten Kritiker als „Volksfeinde", als „Sprachrohr toter und sterbender Klassen" oder „Straßensperren auf dem Wege der Geschichte" schmähen, so entdecken die Neokonservativen mit Recht in einer solchen Rhetorik ein totalitäres Element – und diese Besorgnis war es natürlich, die sie in der unheilschwangeren und fiebrigen Atmosphäre der späten 60er Jahre veranlaßte, sich als Gruppe zusammenzuschließen. Denn wenn die Demokratie die Bestrebungen der Linken legitimiert, so auch den Widerstand dagegen. Die Aufgabe eines Konservativen in einer Demokratie sollte so aussehen, wie sie in dem Buch des Oxforder Philosophen R. G. Collingwood beschrieben ist: „als Bremse am Wagen des Fortschritts, nicht weil er ihn zum Halten zwingen will, sondern um dessen Fahrt zu verlangsamen, wenn sie zu schnell zu werden droht."

Einer der Hauptverdienste des Werkes von Peter Steinfels ist es, die Legitimität und Wünschbarkeit dieser Aufgabe klar herauszustellen, obwohl sie seiner eigenen politischen Absicht nicht entspricht. Er stellt fest, daß einige der von ihm geschilderten Männer diese Rolle gespielt haben oder doch spielen wollten, unter denen, die er genauer untersucht, vor allem Daniel Bell. Andere sind genau dem Geist, den sie bekämpfen, zum Opfer gefallen. „Die ärgste Schwäche des Neokonservatismus", sagt er, „ist sein Mangel an Respekt vor seinen politischen Gegnern. Darin ähnelt er, wen könnte das überraschen, der Neuen Linken, gegen die er einst zu den Waffen gegriffen hat; es ist die alte Geschichte von den Feinden, die sich wie Spiegelbilder gleichen

... In diesem Punkt lebt der Neokonservatismus, als ernstzunehmende Spielart des politischen Denkens, in der größten Gefahr, sich selbst aufzuheben." Und dann geht Steinfels dazu über, diese Schwäche in ihrer ausgeprägtesten Form am Beispiel der von Norman Podhoretz redigierten Monatsschrift *Commentary* zu demonstrieren.

Der Stil und die Intensität von Protesten wechseln schnell. Wie aber steht es mit der tatsächlichen Substanz, wie mit ausgearbeiteten Programmen, mit durchführbaren Reformen? Als Irving Kristol und Daniel Bell 1965 die Vierteljahresschrift *The Public Interest* begründeten, um ein Forum zu schaffen, auf dem der Sachverstand von Sozialwissenschaftlern in die Sozial- und Wirtschaftspolitik des Bundes eingebracht werden konnte, machten die beiden den Versuch, ein geistiges Bedürfnis zu stillen, das weithin empfunden wurde, auch außerhalb der Reihen derer, die später als Neokonservative bekannt wurden. Ich kann mich auch gut an einen ungefähr zur gleichen Zeit gescheiterten Versuch erinnern, nichts geringeres als ein amerikanisches Pendant zur berühmten *Fabian Society* zu schaffen: Er wurde von den Chefredakteuren und Mitarbeitern eben der Blätter unterstützt, die sich nur ein paar Jahre später so bitterlich untereinander befehden sollten. In frühen Ausgaben von *The Public Interest* klang bisweilen ein elegischer, an Burke gemahnender Ton an, der sicherlich auf Irving Kristol zurückging. Und der Rückgriff auf praktische, reich dokumentierte Analysen von Sachverständigen entsprach genau der an Daniel Bell geknüpften Vorstellung vom „Ende der Ideologie". Doch die Zeitschrift spiegelte getreu die allen gemeinsame, aktiv reformistische Stimmung unter den liberalen Intellektuellen und Universitätsprofessoren wieder.

Erst mit dem Anwachsen des neuen Radikalismus in den späten 60er Jahren wurde *The Public Interest* als die Stimme einer seelenlosen elitären Technokratie angeprangert. Von da an sind auch die neokonservativen Themen der „Grenzen der Sozialpolitik", der „Zerstörungen der egalitären Ideologie" und der sich anbahnenden „Götterdämmerung der Autorität" auf seinen Seiten immer hervorstechender geworden. Zugleich hat die Zeitschrift mit der Erforschung spezieller Probleme mehr und mehr der links-liberalen Neigung für bestimmte Maßnahmen den Wind aus den Segeln genommen, als da sind das „busing" (das Hin- und Hertransportieren von Schulkindern aus verschiedenen Stadtbezirken), die „Affirmative Action" zur Förderung der rassischen Integration, die erweiterte juristische Auslegung der Bürgerrechte, die Massenaussiedlung zwecks Bekämpfung der städtischen Verfallserscheinungen usw. Viele dieser Dinge werden als Entgegnungen auf das vorgebliche Versagen der Sozialprogramme Kennedys und Johnsons hingestellt. Doch deren Mängel waren nicht so groß und augenfällig, wie sie oft dargestellt worden sind. Eine Anzahl ihrer Erforscher haben sie, selbst auf den Seiten von *The Public Interest* für leidlich erfolgreich befunden, wenn sie auch beklagten, daß man sich ihrer so übertrieben laut gerühmt hat, hauptsächlich aus dem Munde von Präsident Johnson selbst. Im wesentlichen war es nicht das angebliche Versagen der „Great Society", sondern die intensive Abneigung gegen die militanten Protestbewegungen, die den Umschwung zum Konservatismus in den 70er Jahren beflügelt hat. Als einer, der diese Abneigung teilte und ihr auf den Seiten von *Commentary* Ausdruck verliehen hat, bin ich nicht eben überglücklich, meine vor mehr als zehn Jahren geschriebenen Sätze bei Steinfels als Beispiel neokonservativer Gefühle zitiert zu sehen, da ich sie doch lange, ehe diese Bezeichnung erfunden war, aufgezeichnet hatte, ganz abgesehen davon, daß ich nach 1970 aufgehört hatte, für *Commentary* zu schreiben, weil ich keine Lust mehr hatte, mir aus dem Peitschen einer abgeklapperten Mähre eine Weltanschauung zu machen.

Die einstigen liberalen Reformer, die in den 70er Jahren zu Neokonservativen wurden, waren in ihrer früheren Inkarnation eher auf dem richtigen Wege gewesen. Die Vereinigten Staaten sind eine von Grund auf untraditionelle und zutiefst unrevolutionäre Gesellschaft. Auf langfristige Sozialprobleme zielende Initiativen, von vielen statistischen Unterlagen und technischen Kenntnissen gestützt, haben im Rahmen der Politik der Linken immer die größte Aussicht auf Erfolg gehabt, wie man an dem Beispiel des New Deal ersehen kann. Doch wäre es verkehrt, diese Art der Annäherung als den Triumph der Anti-Ideologie zu feiern und anzunehmen, daß man die demokratische Politik jemals von allen

Idealen und leidenschaftlichen Protesten säubern kann oder daß Armut und Ungleichheit jemals durch rein technische Maßnahmen aus der Hand von Sachverständigen überwunden werden können, wie es Präsident Kennedy in seiner heute nur noch zum Spott hervorgeholten Rede vor der Yale Universität behauptet hat. Die politische Mobilisation und die „Professionalisierung der Reform", wie es Moynihan nannte, schließen sich nicht gegenseitig aus, oder wie der General auf einer Witzzeichnung des *New Yorker* angesichts des Plakats „Make love not war" sagt: „Ich sehe nicht ein, warum wir nicht beides machen können."

Jedenfalls war die tiefe Desillusionierung der amerikanischen Gesellschaft nicht das Ergebnis von verborgen schlummernden Leidenschaften, die durch den überstiegenen Optimismus der liberalen Reformer wachgeküßt worden wären, sondern eher die Reaktion auf eine Reihe nicht miteinander in Beziehung stehender Ereignisse: des Kriegs, der diversen Attentate, der kurzen Periode von Unruhen in den Großstadt-Ghettos und des unliebenswerten, ja abstoßenden Images zweier aufeinander folgender, eher dem Mißgeschick zu verdankenden Präsidenten. Paradoxerweise wurden gerade einige der Maßnahmen, die heute von den Neokonservativen mit besonderem Abscheu betrachtet werden, von Männern vorgeschlagen, die heute in ihren Reihen stehen. Moynihan und Glazer haben beide argumentiert, das traditionelle liberale Ziel der Chancen-Gleichheit für Schwarze und andere rassische Minderheiten bedürfe noch einer weiteren Unterstützung, d.h. man müsse sich auch um die Gleichheit der Lösungen und Ergebnisse kümmern. Bell verteidigte eine zeitweilige „umgekehrte Diskriminierung" zugunsten der Schwarzen. Durch bürokratischen Stumpfsinn und Starrheit ist die Anwendung dieser Maßnahmen zweifellos beinträchtigt worden, auch haben sich manche Schritte bei ihrer Durchführung als schlecht konzipiert herausgestellt, um das wenigste zu sagen, so der Bus-Transport der Schulkinder in andere Bezirke und die strikte Zuteilung von Quoten bei der Schulaufnahme. Außerdem sind, wie jeder Teilnehmer einer Soziologen-Tagung in den letzten Jahren bezeugen kann, die allerfragwürdigsten Maßnahmen wie heilige Kühe von kleinen Gruppen aus den 60er Jahren übriggebliebener Radikaler behandelt worden, die jederzeit bereit waren, alle Arbeiten von so zuverlässigen Forschern wie James Coleman oder Christopher Jencks, die Zweifel an deren Wirksamkeit aufkommen ließen, einfach niederzubrüllen. Allerdings wird der Fall der „Affirmative Action“ von Steinfels noch einmal in überzeugender Weise formuliert, wenn er auch einräumt, daß die Kritik an bestimmten einzelnen Programmen berechtigt ist.

Im Augenblick sind die Aussichten einer wie immer gearteten Politik der Linken ganz ungewöhnlich schlecht, noch schlechter als in den 50er Jahren, in denen es wenigstens eine kryptofaschistische Bedrohung in Gestalt des McCarthysmus gab, um eine defensive Protesthaltung zu beleben. Nicht, daß es heute keine Krisenstimmung gäbe, aber die Bedingungen, die zu ihr beitragen – die Stagflation, die Energieverknappung, die neuerliche Aggressivität der Sowjets – sind nicht gerade dazu angetan, die traditionellen Lösungsvorschläge und Vorlieben der Linken relevant erscheinen zu lassen. Es hat selten einen Zeitpunkt gegeben, an dem eine Neuordnung der amerikanischen Politik entlang einer auf dem Klassengegensatz fußenden Achse von links nach rechts weniger aussichtsreich aussah. Wenn das Klima zur Zeit für maßvolle Reformen zur Ausweitung des Wohlfahrtsstaates ungünstig ist, so ist es möglicherweise noch weniger geeignet für Radikale, die sehnlichst versuchen, den Geist der 60er Jahre zu beschwören, indem sie ohne viel zu überlegen gegen platterdings alles demonstrieren: dieses Jahr gegen die Ölkonzerne, im nächsten gegen Atomkraft usw., bis die eventuelle Wiedereinführung der allgemeinen Wehrpflicht eine neue Zielscheibe des Protestes bietet. Die vorherrschende Stimmung unter den Konservativen, die eher beunruhigt als selbstgefällig ist, wird wahrscheinlich die Abkehr der noch in ihren Reihen stehenden „nervösen Liberalen“ vom Neokonservatismus beschleunigen. Diese Mitte, wenn man sie so bezeichnen will, wird sich nicht lange halten, und einige ihrer prominentesten Vertreter werden ihren Weg zu einer gemäßigten Linken finden.

Andere, und zwar zweifellos in größeren Scharen, werden sich in der entgegengesetzten Richtung bewegen. Steinfels sagt im letzten Absatz seines Buches, daß der Neokonservatismus, der als ein Antikörper auf der Linken begonnen hatte, jetzt eine unabhängige Kraft geworden sei. Indem sich seine Aussagen zu einem Dogma verhärteten, hat er junge Anhänger an sich gezogen, die frei waren von der ambivalenten Haltung gegenüber dem Liberalismus, die die meisten der Gründer auszeichnete und die ihre aggressivere Rhetorik gemildert und subtilisiert hatte. Aber ebenso auch ältere Publizisten, an deren konservativer Legitimation nichts auszusetzen war (abgesehen von dem Geld der großen Konzerne). Schon scheint der Neokonservatismus als eine erkennbare Spezies zu verschwinden, wobei des „neo" wie das Lächeln auf der Miene der Cheshire-Katze als letztes verblaßt. Mehrere Teilnehmer an einem von *Commentary* veranstalteten Symposium über Liberalismus haben neulich in Tönen, die sich in keiner Weise von Hayek oder Friedman unterschieden, den durch Kollektivimus entstellten Liberalismus beklagt, ohne auch nur den New Deal oder den Wohlfahrtsstaat zu erwähnen, obwohl doch deren Anerkennung bisher die Trennungslinie zwischen dem neuen und dem althergebrachten amerikanischen Konservatimus (in Wirklichkeit nichts anderes als ein laissez-faire-Liberalismus) markieren sollte.

Vor ein paar Jahren hielt ein Gastprofessor einen Vortrag über „Neomarximus und postindustrielle Gesellschaft". In der Fragestunde hinterher beklagte sich eine junge Frau, daß er zwei marxistische Autoren, die ihr offenbar sehr am Herzen lagen, nicht einmal erwähnt habe. „Na, sehr ‚neo' sind die aber alle beide nicht," gab er zur Antwort. Sie hätte ihm entgegnen können, daß die industrielle Gesellschaft auch nicht so sehr „post" sei, aber die sarkastische Bemerkung des Vortragenden könnte man mit der gleichen Berechtigung auf die Fortentwicklung des Neokonservatismus als politische und intellektuelle Bewegung anwenden.

Kapitel 2

Konservatismus in West und Ost

Jürg Altwegg: **Liberalisierung von links** / George Watson: **Wer sind die Konservativen?** / Burton Pines: **Die Verteidigung des Traditionalismus** / Robert Elegant: **Wird China konservativ?** / Viola Roggenkamp: **Von Traditionen beherrscht: Indiens Frauen** / Timothy Garton Ash: **Polens Konservative**

Jürg Altwegg

Liberalisierung von links

Frankreichs Intellektuelle mit umgekehrten Vorzeichen

Seit dem Ende des Zweiten Weltkrieges war in Frankreich die *Kultur*, war vor allem das Denken geradezu ein Synonym von *links*. Die geistige Aktivität bezog sich da, wo sie sich politisch artikulierte – und sie war extrem politisiert –, auf den erst nach 1945 entdeckten Marxismus und die Kommunistische Partei. Die stalinistischen Greuel waren zwar bekannt, aber weitgehend tabu, und die Kolonialkriege, die in Frankreich mit dem innenpolitisch besonders schmerzvollen Kalten Krieg zusammenfielen, verlängerten nochmals das aus der Résistance hervorgegangene Links-Rechts-Schema, das durchaus mit der Einteilung in Gute und Böse gleichgesetzt wurde. Erst unter dem *Schock Solschenizyn* nahm die französische Intelligenz – und eine rechte schien es zu diesem Zeitpunkt gar nicht zu geben – vom vollen Ausmaß des Horrors im Gulag Kenntnis. Ehemalige *Gauchistes*, Angehörige einer maoistischen oder libertär-anarchistischen Linken (André Glucksmann oder Bernard-Henri Lévy sind ihre spektakulärsten Vertreter), fast ausnahmslos Ehemalige des Mai 68 (gegen die Etikette *Renegaten* wehren sie sich noch immer), verarbeiteten ihre politischen Erfahrungen und ihr Denken zu einer radikalen Totalitarismus- und globalen Utopiekritik. Der Widerstand gegen alle ideologische Uniformierung sowie jegliche Aspekte der Macht wie der Machtausübung – z. B. auch mit Sprache – wurden zu Hauptthemen eines humanwissenschaftlich geprägten Denkens, das als *Nouvelle Philosophie* bekannt geworden ist.

Als in diesem antitotalitären Klima mit seiner unerwarteten liberalen Konjunktur die *Union de la Gauche* der vereinigten Linksparteien sich anschickte, nach gut drei Jahrzehnten linker kultureller Hegemonie nun auch die politische Macht im Lande zu übernehmen, wurde die neue Philosophie in ihrer tagespolitischen Verdünnung als Argument des Liberalismus, der einzig die Freiheit garantiere, hochgespielt. Der *Nouveau Philosophe* Jean-Marie Benoist, Verfasser des Pamphlets *Marx ist tot* und Theoretiker des Strukturalismus, welcher die französische Ideologiekritik nachhaltig prägte, trat in der roten Bannmeile von Paris zu einem – wahlarithmetisch aussichtslosen – ideologischen Schauwahlkampf gegen den KPF-Chef Georges Marchais an. Die Schrekkensvision von einem französischen Gulag der Marxisten Marchais und Mitterrand machte die Runde und überraschend gingen 1978 die Wahlen für die Linksparteien, denen alle Meinungsumfragen den Sieg prophezeit hatten, verloren.

Nicht einmal zwei Jahre danach erlebte Frankreich seinen zweiten großen Kulturschock – und wiederum in der Form des Medienphänomens: Das Land nahm von der Existenz einer *Neuen Rechten* Kenntnis, welche mit unverbesserlicher Arroganz die alten Schimären des Faschismus belebte und den Rassismus mit den vermeintlichen Errungenschaften der Gen-Chirurgie anreicherte. Auch diese *Nouvelle Droite* war auf den Trümmern des Mai 68 entstanden. Sie zog die Lehren aus dem Scheitern aller rechtsextremistischen Gruppierungen bei jeglichen Wahlen und verlegte den politischen Kampf auf das kulturelle Feld. Im *Figaro-Magazine* des ehemaligen Nazi-Kollaborateurs Robert Hersant verfügte die Neue Rechte um Alain de Benoist Ende der 70er Jahre über eine Tribüne mit wöchentlich mehr als zwei Millionen Lesern. Sie brachte das Konzept des *Kulturkriegs* in die Diskussion. Nach den braunen Büchern, mit denen keiner mehr gerechnet hatte, flogen bald auch die Bomben von rechts, und neofaschistische Terroristen beriefen sich beim Verhör durch die Polizei gelegentlich auf das neurechte Gedankengut, das sie jedenfalls erstaunlich gut zu kennen schienen.

In diesem Kontext der linken selbstkritischen Entideologisierung und rechten Rehabilitierung wurde – und diesmal für alle überraschend – der Sozialist François Mitterrand zum Präsidenten gewählt – ohne jede Unterstützung durch die linken Intellektuellen, die sich in einer Phase der Resignation und des radikalen Umdenkens, welche die Euphorie des *Etat de Grâce* nur kurz unterbrach, befinden. Als erste fanden nach den Monaten der Überraschung die Theoretiker der *Nouvelle Droite* zu klaren Worten. In seiner Analyse bezeichnete ihr Chefideologe Alain de Benoist den linken Triumph als normale Erscheinung, ja sogar als „gerecht". Denn der kulturellen Vorarbeit hätte die ehemalige Mehrheit, die nur auf dem Feld der Tagespolitik tätig war, ausschließlich das „gute Gewissen einer ideologischen Nichtopposition" entgegengesetzt. Und im *Figaro-Magazine* schrieb der neurechte Schutzpatron Louis Pauwels, der den kultivierten Rechten erst zu ihrer publizistischen Macht verholfen hatte: „Die Linke dominierte auf eine religiöse Art. Die Rechtsregierung war in der Tat nur noch eine Gegenmacht mit schwacher Verteidigung, welche oftmals der kulturellen Macht offen nachgab."

Diese Analyse implizierte bereits die ideologische Gegenoffensive: die Rückkehr an die Macht mit einem kulturellen Entwurf. Darin sieht die Neue Rechte ihre große Chance. Im Dezember 1981 veranstaltete sie ein Forum, zu dem zahlreiche prominente Intellektuelle – auch aus den USA – angesagt waren: *Für eine Alternative zum Sozialismus* lautete der Titel des Kolloquiums, das der Opposition ein Programm erarbeiten sollte. Als aber ruchbar wurde, daß die Neue Rechte hinter den Organisatoren steckte, kam es zum Skandal. Der liberale Raymond Aron verweigerte seine versprochene Teilnahme, und viele taten es ihm gleich. Zwar scheiterte die Veranstaltung, doch verhalf sie der Strategie, die sie einleiten sollte, dennoch zum Durchbruch: Trotz der Abgrenzung zum totalitären Gedankengut der *Nouvelle Droite* haben die Methoden der politischen Machtübernahme auf kultureller Basis Anklang gefunden. Raymond Aron selber sprach von der absoluten Notwendigkeit für die Opposition, Ideen zu produzieren, und sogar konservative Politiker wie Parteisekretäre fordern seither eine „Kulturrevolution".

Nach dem Vorbild der vielen „Clubs", die in den 60er Jahren das linke Denken erneuerten und den Sozialismus der alten

Volksfrontkämpen modernisierten, florieren nun haufenweise rechte Debattierzirkel. Sie sollen als Ideenlaboratorien wirken und die bislang eher apolitische Elite der *professions libérales* – Ärzte, Anwälte, Industrielle – wie der hohen Angestellten und Wirtschaftskader auf ihre „ideologische Verantwortung“ aufmerksam machen. Zu den Parteien verstehen sie sich komplementär: als Produzenten von Entwürfen und Ideen, die sich auf das neurechte, vom italienischen Linksextremisten Gramsci inspirierte Polit-Marketing berufen.

So verbreitet sich das intellektuelle Arsenal der *Neuen Rechten* in mehr oder weniger verdünnter Form über weite Kanäle und erreicht die liberalen, aber wenig politisierten Schichten, die sich auch keineswegs mit den totalitären Gesellschaftsvisionen identifizieren, aber zunehmend dem Charme der kulturellen Verführungsstrategie erliegen. In der gegenwärtigen politischen Konstellation profitiert natürlicherweise die Rechte gerade im intellektuellen Bereich vom Antagonismus von Macht und Geist, welcher sich in der Opposition leichter – in spektakuläreren Formen – entfaltet. Die meisten der politischen Bücher sind heute wilde Pamphlete wider alles Linke und Sozialistische – doch ihre Substanz bleibt im allgemeinen eher dürftig. Da, wo ein vielfältiges geistiges Aufblühen zu wünschen wäre, muß eine ideologische Verkrampfung diagnostiziert werden. Verpaßt die intellektuelle Rechte Frankreichs ihre historische Chance?

Daß nach dem fortschreitenden Einwirken extremer Ideologien auf die bürgerlichen Parteien und Politiker – und dies bis ins schmale liberale Lager hinein – auch die personellen Abgrenzungen immer verschwommener werden, zeigten die Kommunal- und Nachwahlen des vergangenen Jahres. In verschiedenen Städten ging Chiracs RPR Listenverbindungen mit dem fremdenfeindlichen und durchaus rechtsextremistisch zu nennenden *Front national* von Jean-Marie Le Pen ein. Gerade in den Städten, welche sie von den „Roten“ zurückerobern konnte, blies die Rechte umgehend zum Kulturkampf, der nach wie vor anhält und inzwischen die Ausmaße einer „Kulturreaktion“ angenommen hat. Sein Opfer ist zunehmend der Liberalismus, auf den die Verlierer des Mai 81 in ihrem verkrampften, ja obsessiven Bemühen, wieder an die politische Macht zu kommen, immer mehr verzichtet.

So ist es kaum verwunderlich, daß es nach dem für lange Zeit letzten Urnengang von nationaler Bedeutung im Frühjahr 1983 zu schwerwiegenden Ausschreitungen kam – den für die Machthaber bedrohlichsten seit dem Studentenaufstand von 1968. Man hat von einem *mai à l'envers* gesprochen, von einem Mai mit umgekehrten Vorzeichen. In dieser Analogie ersetzen die radikalen Medizinstudenten gewissermaßen die Soziologen von Nanterre. Während jedoch die Protestierenden von 1968 selber gar nicht so recht wußten, warum sie eigentlich auf die Straße gingen und Autos in Brand steckten und mit ihrer Revolution, die man eine symbolische genannt hat, ein Gesellschaftsmodell, das sie vage als *faschistisch* empfanden, global in Frage stellten, waren die Motive ihrer Kommilitonen 15 Jahre danach nur zu deutlich: Sie verteidigten ziemlich egoistische und ganz und gar partikularistische Interessen. Zudem kam ihr Aufstand keinesfalls unvermittelt wie jener von 1968 – er war seit zwei Jahren angekündigt und sollte dem neuen konservativen Denken den Mythos eines Straßenkampfes bescheren. Doch er trug nicht utopisch-idealistische, sondern extrem korporatistische Züge und war intellektuell nicht viel ergiebiger, geschweige denn aufregender als der Streik der Lastwagenfahrer im vergangenen Februar. Es war der besonnene Raymond Barre, der die Opposition vor der blindwütigen Unterstützung all dieser Forderungen warnen mußte: Nach ihrer Rückkehr an die Macht würde sie ähnlichen Schwierigkeiten gegenüber stehen wie sie die Sozialisten seit einem Jahr mit dem Wechsel von den Versprechungen zu der *Austerité* kennen.

In mancherlei Hinsicht sind die Verhältnisse in Frankreich von einer Verworrenheit, die auf die Dauer möglicherweise heilsam sein könnte. So waren es gerade im Mai 83 ironischerweise die Kommunisten, welche die „Politisierung eines Streiks" kritisierten – während jene, die nicht verstanden, wie sich ein Arbeiter gegen die Zwangsversetzung von Longwy nach Grenoble wehren konnte, empört sind, wenn ein Medizinstudent nicht genau die gewünschte Laufbahn einschlagen kann und allenfalls auch noch ein Selektionsverfahren bestehen muß. Der gediegen-bürgerliche

Figaro, der sich zuvor stets von seiner neurechten Samstagsbeilage distanziert hatte, las sich nicht erst im Mai 83 wie die illegale Zeitung *La cause du peuple* der 68er Maoisten, welche Sartre 15 Jahre zuvor verbotenerweise vor den Fabriktoren von Renault verteilt hatte. Er heizte den Aufstand an, rief mit fetten Schlagzeilen zu *La Révolte* auf, die er sichtlich begrüßte – nachdem er zuvor schon die Legitimität der demokratisch gewählten Regierung systematisch ausgehöhlt hatte. Er verglich die Tätigkeit der Sozialisten mit einer „militärischen Besetzung der Schlüsselstellen unserer sozialen Organisation durch die Apparate der Partei und Gewerkschaften". Schon zuvor schrieb Chefredakteur Max Clos: „Wir sind im Krieg gegen diese Regierung." – Ein staatspolitisches Ruhmesblatt ist das Verhalten der französischen Konservativen in der Opposition gewiß nicht.

Erst als gemäßigte Oppositionspolitiker mahnten, man müsse die Linke ihre Experimente machen lassen, damit sie sich nachher nicht als Märtyrer eines „Komplotts der Rechten" mit einer wirkungsvollen Legende umgeben könne, ging der gehässige Ton etwas zurück. Doch das Vokabular der Auseinandersetzung, die keine sehr demokratische ist, bleibt – und die ideologische Mobilmachung geht mit unveränderter Schärfe weiter.

Kurz vor seinem ungeschickten Artikel über das *Schweigen der linken Intellektuellen*, der im Sommer vergangenen Jahres die Gemüter weit über die Landesgrenzen hinaus bewegte, veröffentlichte Max Gallo, Historiker, Schriftsteller und Regierungssprecher, im *Nouvel Observateur* einen kaum beachteten, aber bedeutend interessanteren Artikel, der eine Reaktion auf die ideologische Offensive der Rechten ist. „Für die Elite" überschrieb Gallo seine *Tribüne*, die indirekt auf die neurechten Argumente einging:

„Elite, Hierarchie, Kompetenz, Verantwortung: wem gehören diese Werte?", begann Gallo seine erstaunliche Standortbestimmung: „Die Regierung will die soziale Gerechtigkeit – und man hält ihr die Gefahren des Egalitarismus entgegen. Will sie den Zugang zum Wissen demokratisieren, unterstreicht man das Risiko der Nivellierung. Gibt sie den Arbeitern neue Rechte, so geschehe dies, sagt man, weil sie die Unternehmen und jene, die sie leiten, verachte."

Etwas verbittert machte Gallo diese Feststellung. Er zeigt, daß in der französischen Geschichte der Egalitarismus keinesfalls eine ausschließlich linke Gefahr ist. „Nicht die Unterschiede in der materiellen Situation sind untolerierbar", umreißt er das Credo der französischen Sozialisten, „sondern die Ungleichheit der Chancen im Zugang zu Bildung, Verantwortung und Kultur." Im wirtschaftlichen Bereich ist er nicht weniger deutlich: „Man darf nicht zögern, den Profit gegen die Rente zu unterstützen" – ein Bekenntnis, das eindeutig eher liberal als sozialistisch zu nennen ist.

Zu den wenigen Politologen, die auf Gallos Aufsatz eingegangen sind, gehört Guy Sorman, der Verfasser – und Verehrer – der *Révolution conservatrice américaine* (Editions Fayard). Für Frankreich sieht Sorman, der seine amerikanischen Einsichten seither in Analysen und Artikeln auf die französischen Verhältnisse überträgt und zu den gefragtesten Medien-Kommentatoren gehört, den Beginn einer *liberalen Revolution* bereits gekommen. Zu ihren Protagonisten zählt er – als Lokomotive sogar – die Ehemaligen des Mai, die zu den „wirtschaftlichen Aktivisten" der Gegenwart geworden seien. Sie haben längst ihren Kommunen in der Ardèche den Rücken zugekehrt und sind inzwischen von Silicon Valley fasziniert. Sie haben jene kleinen Produktionseinheiten gebildet, denen nach dem endgültigen Zusammenbruch der Massenkonsumindustrie die Zukunft gehören wird.

Für Sorman sind die *Anciens* des Mai die neuen Unternehmer und die neuen Konservativen. Sie haben mit den Archaismen des Sozialismus nichts (mehr) im Sinn. Dennoch ist ihnen die Linke nicht nur mentalitätsmäßig näher, denn sie hat diese libertäre Strömung der Selbstverwaltung nie ganz aus den Augen verloren. Die Rechte hingegen ist aus Tradition, Gesinnung und Ordnungsfanatismus nach wie vor sehr staatsbesessen, und Giscard wie Barre verfolgen jede Destabilisierung mit großer Unruhe. Sorman definiert den Neo-Konservativismus à la française als kapitalistisch und moralisch, als populistisch und staatsfeindlich. Politisch könnte er sowohl von Jacques Chirac wie vom Sozialisten Michel Rocard verkörpert werden – so sie sich aus ihrer ideologischen Befangenheit zu lösen verstünden. Am weitesten sind für Sorman die Verteidiger der Privatschulen gekommen: Nach dem Vorbild der Machtergreifung durch die amerikanischen Neokonservativen haben sie, wie er das formuliert, „die Techniken zur Mobilisierung der schweigenden Mehrheit benützt". Tatsächlich sind die Sozialisten in dieser Frage, die auf die Dritte Republik zurückgeht, ideologische Gefangene ihrer aufgeklärten laizistischen Tradition – aber das weite Entgegenkommen Mitterrands läßt vermuten, daß gerade auf diesem Felde so etwas wie ein historischer Kompromiß möglich sein könnte.

Hat der Liberalismus in Frankreich eine neue Chance? Sorman jedenfalls vertritt diese Ansicht. Seit Montesquieu und Tocqueville existiert er als philosophische, im allgemeinen überaus pessimistische politische Philosophie, doch war er nie die herrschende Doktrin eines Regimes, jedenfalls nicht in der jüngeren Vergangenheit. Er könnte als moderne individualistische Revolution eine Form bekommen, die sich gar nicht so sehr um das „politisch Machbare" kümmern – jedenfalls eine gewisse utopische Dimension nicht ausschließen würde. Ob sich die französischen Intellektuellen, wie viele amerikanische, dieser Tendenz anschließen werden, bleibt abzuwarten – doch ohne ihre Unterstützung hat eine liberale französische Revolution um so weniger Aussicht auf Erfolg, als sich Linke wie Rechte im Primat der Ideen über die Ökonomie einig sind und eine wirklich freie Marktwirtschaft als Realität wie als philosophisches Prinzip des Liberalismus im Frankreich der Korporationen und Kasten an sich schon eine Utopie darstellt.

Wie sehr sich die intellektuelle Landschaft Frankreichs innerhalb kürzester Zeit verändert hat, läßt sich besonders deutlich am neuen Amerika-Bild ablesen. Nachdem die Grade der Zuneigung, schließlich der langsamen Abwendung von der Sowjetunion, die heute bei allen, die nicht ausdrücklich Kommunisten sind, als Inkarnation des Bösen wie der Bedrohung schlechthin gilt, jeweils die Temperatur einer intellektuell vom Marxismus faszinierten Epoche anzeigten, ist Amerika zur aussagekräftigeren Lackmusprobe geworden: In den vergangenen Jahrhunderten hatte das katholische Frankreich im Gegensatz zu fast allen europäischen Ländern kaum Siedler in die Neue Welt geschickt, doch waren die politischen, kulturellen, auch militärischen Kontakte zwischen den beiden Nationen deswegen nicht weniger intensiv; und seit Tocqueville orientiert sich die französische republikanische Staatsphilosophie weitgehend am amerikanischen Modell, mit dem sich Paris allein schon durch die Analogie einer geglückten Revolution verbunden fühlen konnte.

Ein neues – schwieriges – Kapitel ihrer Beziehungen begann mit dem Ende des Zweiten Weltkriegs. Frankreich, das nach einer wenig glorreichen Niederlage – der schlimmsten seiner Geschichte – und vier Jahren weitgehender Kollaboration mit den Siegern schließlich von Amerikas Armee befreit worden war, konnte es dennoch nicht lassen, mit dem Anspruch und Selbstverständnis einer Siegernation aufzutreten (wozu die *Résistance*-Bewegung und die Teilnahme an der Schlußoffensive keine ausreichende Legitimation boten). In den ersten Nachkriegsjahren bezog Frankreich immerhin 20 Prozent der amerikanischen Europahilfe. Vor diesem Hintergrund mehrfacher Verdrängungen muß man die spätere „undankbare“ Politik von General de Gaulle, dem die Amerikaner bereits während seines Londoner Exils mißtraut hatten, sehen. Der latente Antiamerikanismus, dessen psychologische Motivationen zumindest ebenso schwer wogen wie die ideologischen und der sich in mancherlei Manifestationen äußerte, war schließlich eine der letzten Gemeinsamkeiten, die die innenpolitischen „Sieger“ des Zweiten Weltkriegs, Kommunisten und Gaullisten, miteinander verband. Deshalb war er politisch eine linke und rechte Angelegenheit.

In dieser Situation entstanden die Schlagworte vom *Franglais* (dem mit Anglizismen gespickten Französisch) und der *Coca-Kolonisierung* durch das wirtschaftlich und militärisch mächtige, jedoch ebenso geschichts- wie kulturlose Amerika. *La France colonisée* ist der Titel eines zum Bestseller gewordenen Buches, in dem viel Bedenkenswertes über die Abhängigkeit von den Vereinigten Staaten steht (wobei vielen Franzosen der Über-, besser: Niedergang von der kultivierten *French Cuisine* zum *Fastfood* der Fließbandhamburger als der schlimmste aller kulturellen Verluste erschien). Immer wieder konnte man auch hören, daß „kulturelle Fehleinschätzungen“, wie sie die Amerikaner zum Beispiel im

Iran teuer zu bezahlen hatten, den Franzosen mit ihren ethnologischen Kenntnissen nie unterlaufen würden.

Das Konzept des „Kulturkriegs", das die *Nouvelle Droite* entwickelte, war schließlich ganz direkt gegen die amerikanische Zivilisation gerichtet – so sehr, daß sich die neurechten Ideologen nach der Rede von Kulturminister Jack Lang an der *Unesco*-Konferenz von Mexiko auf einmal unvermittelt in totaler Übereinstimmung mit dem Sozialisten Lang fanden. In ihrer Publikumszeitschrift *Eléments* verglichen sie Inhalt und Bedeutung der Mexiko-Rede mit jener, die de Gaulle in Pnom Penh hielt – ein historischer Moment: „Es ist komisch und bedauerlich zu sehen", schrieb der Verfasser über die innenpolitischen Reaktionen, „wie Linksintellektuelle das ewige Amerika verteidigen und den multinationalen Kapitalismus, den Massenkonsum und die Ware lobpreisen ...(...). Es ist komisch und bedauerlich zu sehen, wie ehemalige Antikolonialisten sogar die Idee einer Unabhängigkeit für verdächtig halten und für ihr Land die schlimmste aller Kolonialisierungen akzeptieren, und zu sehen, wie sie für ihre eigene Versklavung plädieren mit dieser typischen Mentalität des Kolonialisierten, welcher das Gewicht seiner Kette nicht mehr wahrnimmt und beim Gedanken, sie zu verlieren, zittert."

Die linksintellektuelle Opposition gegen Langs Unesco-Rede war in der Tat überaus heftig. Ihre Intensität erinnerte an die Solidaritäts-Bezeugungen für Polen auf dem Höhepunkt der Krise und erfolgte ebenfalls mit Argumenten, welche die neuphilosophisch geprägte Vergangenheitsdiskussion und nationale Faschismusbewältigung diktierte. Vichy und Pétain, vor allem die Rolle der französischen Dichter und Denker waren im zweiten Schub der *Nouvelle Philosophie* (sozusagen nach dem Abbau des marxistischen Überbaus) ins Kreuzfeuer der Kritik (und Polemik) geraten und hatten das Bedürfnis nach einer antifaschistischen Kultur hervorgebracht, von der bereits in Lévys Buch und Abrechnung *Idéologie française* (Grasset) Ansätze zu finden sind – bei einem Autor, der den Kulturminister nach der Mexiko-Konferenz einen *Lang national* nannte und damit wieder einmal weniger den Gegenstand traf als vielmehr symptomatisch – aber sehr präzise – den französischen Kontext charakterisierte.

In einem analogen Sinne plädiert Guy Scarpetta in seinem Essay *L'Eloge du cosmopolitisme* (Grasset) für eine von allen faschistischen Elementen befreite Kultur als Ethik einer demokratischen Gesellschaft. Er untersucht das *Dispositiv der Verwurzelung* als Kernproblem des französischen Faschismus und wird nicht nur bei der Rechten fündig – schon bei Lévy ist ein Kapitel *Das Rote und das Braune* überschrieben. Ausgehend von der Dissidenz, die nicht als politische Opposition und die Repression gegen sie, sondern als existentielles Phänomen verstanden wird, zieht Scarpetta eine Linie der literarischen Entwurzelung – Joyce, Kafka, Pasolini.

Das erfrischende Werk entpuppt sich als Musterbeispiel für die Neuentdeckung Amerikas durch die französischen Intellektuellen auf der Suche nach neuen Horizonten. Der Autor befaßt sich vor allem mit der theoretisch ziemlich unverbrauchten Malerei. Dem Surrealismus, der in eine politische Sackgasse geführt hat, wirft er die Rückkehr zu den Archetypen und damit die wohlige Verwurzelung im „kollektiven Unbewußten" vor. Die moderne amerikanische Kunst sieht er dagegen von jeglichem Streben und Lechzen nach Wurzeln und der – faschismusverdächtigen – *illusion communautaire* befreit. Analoge Bemühungen enthüllt er im Theater von Bob Wilson, das dem Zuschauer die kollektiven Mythen und Symbole verweigert und ihn zur singulären Wahrnehmung von Zeit, Raum und des eigenen Körpers führt – angestrebt wird das Gegenteil von Wagners großer Synthese. Der Autor dokumentiert, wie die kosmopolitische und polyphone Kultur Amerikas die Mythen einer „naturgegebenen", „verwurzelten Kultur" aushöhlt. Allein schon die Tatsache, daß eine auf verschiedenste Länder und Zivilisationen zurückgehende Gesellschaft ohne Auflösungserscheinungen existieren kann, noch dazu mit einer importierten Sprache, die aus einem anderen Kulturkreis stammt und auf fremdem Boden gewachsen ist, ist eine Herausforderung an faschistische Konzepte. Gewiß, es gibt in Amerika Rassismus und die Ausrottung der Indianer, es gibt den amerikanischen Imperialismus und Rüstungswahn – aber Scarpetta hält ein Phänomen wie den Pétainismus in den Vereinigten Staaten für undenkbar.

Schon der exkommunistische Soziologe Edgar Morin hat darauf hingewiesen, daß das Netz der amerikanischen Gesellschaft viel weitmaschiger sei und man – anders als in Frankreich – in Amerika ohne Ausweispapiere zirkulieren könne. In dem, was er die „Löcher" des elastischen sozialen Gewebes nennt, existieren ebenso Zonen der Kreativität wie der Kriminalität. Die Subversion gehört für Edgar Morin zur integrierten Komponente – zur inneren Logik des Systems. Europa argumentiere in den Begriffen des Alles oder Nichts, der globalen Veränderungen und strukturellen Transformationen – das amerikanische Denken hält er für punktuell und bewußt diskontinuierlich. Infragestellungen und Subversionen seien niemals totalisierend und verringern folglich das Risiko des Totalitarismus.

Ähnliche Einsichten drängt nicht zuletzt die Nord-Süd-Debatte auf, die zu den aufschlußreichsten Erscheinungen im sozialistischen Frankreich gehört. Der erstaunlichste Essay kommt von Pascal Bruckner, dessen These lautet: Seit der Mitte der 50er Jahre haben die Intellektuellen marxistischer und christlicher Herkunft ihren Messianismus vom Stalinismus auf die Dritte Welt, deren Befreiungskämpfe sie gegen das Proletariat eintauschten, übertragen. In seiner Schrift *Les Sanglots de l'homme blanc* (Seuil) – Das Schluchzen des weißen Mannes – analysiert der Autor mit viel Sinn für psychologische Verhaltensweisen die Umwandlung des „schlechten Gewissens" in ein intellektuelles „Alibi des Egoismus". Ein schier grenzenloser Selbsthaß – den Sartre in seinem Vorwort zu Frantz Fanons antikolonialistischem Pamphlet *Die Verdammten dieser Erde* auf die Spitze trieb – war die Folge, begleitet von totaler Verachtung für den Okzident und seine „humanistischen" Werte. Bruckner, der die hinter einem ideologischen Deckmäntelchen als „kleinere Übel" verschwiegenen Greueltaten „progressiver Regimes" Revue passieren läßt, kritisiert die Idealisierung des „Wilden", zu der auch die Mode der Ethnologie beigetragen hat, als perverse Form eines „umgekehrten Rassismus": Er wird – unfreiwillig, ungefragt – zum Bannerträger des westlichen Ekels an der eigenen Zivilisation und damit zur Unschuld richtiggehend verdammt.

Ganz in diesem Sinne argumentiert auch Carlos Rangel, Professor, Diplomat und Journalist aus Venezuela, Verfasser eines

Buches mit dem Titel *Vom guten Wilden zum Guerillero,* der soeben eine weitere Schrift vorlegt: *Der Westen und die Dritte Welt – von der falschen Schuldigkeit zur wirklichen Verantwortung.* Rangel erklärte (auch seinen Landsleuten) schon früher, es sei falsch, alle Übel ausschließlich bei der CIA, der United Fruit und dem Pentagon zu suchen. Das wahre Problem, für das der Westen verantwortlich sei, sieht er in der Politisierung des gesamten wirtschaftlichen und sozialen Lebens. Die Eliten glaubten, daß die Ausweitung der staatlichen Rechte und Aufgaben nützlich sei – was der keinesfalls reaktionäre Autor demonstrativ widerlegt. Rangel zeigt auch, warum die ökonomischen, politischen und kulturellen Rückstände nicht ausschließlich dem Okzident anzulasten sind.

Eine analoge Umdeutung der stereotypen Sicht wird in vielen Essays vorgenommen – sehr intensiv am Beispiel Chinas, das nach den Desillusionen des Mai 68 als neue Sonne am Firmament der politischen Utopien strahlte. Später liebäugelten durchaus differenzierte, besonnene Intellektuelle wie Michel Foucault und der konservative Denis de Rougemont, der nie auf dem Marxismus- oder Maoismus-Trip war, mit dem Aufstand im Iran, in dem sie allzu lange das neue Heil einer kulturellen Revolution ohne primäre materielle Motivation ausmachten. Vor dem islamischen Integrismus warnt nun in einer heftigen Schrift Jean-Pierre Péroncel-Hugoz, der 15 Jahre Korrespondent von *Le Monde* in Kairo war: Die kritischen Intellektuellen wären – und sind bekanntlich – seine ersten Opfer. Auch der ehemalige Präsidentschaftskandidat René Dumont, der sich polemisch mit Bruckner anlegte und auf sein Engagement gegen Hunger und Unterdrückung keinesfalls verzichten will, nimmnt Abschied von den sozialistischen Gemeinplätzen und Patentlösungen für die ferne Dritte Welt: Es gibt kein einheitliches Entwicklungsmodell – aber viele Möglichkeiten, etwas zu tun. Die dringliche Notwendigkeit bleibt unbestritten – zumindest in diesen politisch linken Kreisen, die zunehmend liberal denken.

Doch im Gegenzug ist die intellektuelle Rechte wieder einmal bereits im Begriff, von der kritischen Selbstbesinnung der linken Intellektuellen und der Konjunktur, die ihre Gemütszustände noch immer erzeugen, rücksichtslos zu profitieren. *Der Sozialismus gegen die Dritte Welt* nennt sich ein propagandistisches Werk des *Club de l'Horloge*, der zum Kern der *Nouvelle Droite* gehört und dessen Führer Yvan Blot von einer „biologischen Hierarchie und Aristokratie" schwärmt. Hier nun wird überhaupt jede Mitverantwortung des Westens bei der Verarmung der südlichen Länder schlicht als „Mythos" bezeichnet, die Verfälschung der Konkurrenz durch das Lohngefälle als „wirtschaftlich irrelevant" und die tiefen Preise für Rohstoffe als „falsches Problem" ... Erst die Technologie mache aus Erdöl Reichtum, und Singapur verdanke seinen Aufschwung allein der Anwendung liberaler Grundregeln. Mit neuer Arroganz serviert die *Neue Rechte* die alten kolonialistischen Klischees – verpackt in einen grenzenlosen Zynismus.

Die liberalen Tendenzen, überhaupt die interessantesten Ansätze des politischen Denkens sind im zeitgenössischen Frankreich aus der Ablösung von den Ideologien entstanden. Zwischen der dynamischen Ablehnung des linken Totalitarismus und der ideologischen Verhärtung der Rechten, die sich vor allem im kulturellen Sektor zunehmend reaktionär gebärdet und auf ihre „revolutionäre" Tradition der „Revanche" wie der antidemokratischen Gesinnung (was in der Opposition glücklicherweise weniger gefährlich ist) zu besinnen scheint, können sie sich wirkungsvoll auf zwei Seiten abgrenzen. In seinem Anfang des Jahres erschienenen Buch spricht Gallo, der den französischen Sozialismus bereits – und allzu programmatisch – als „antistaatlichen Individualismus" bezeichnet, von der „Dritten Allianz" – womit er zumindest ihre historische Dimension trifft.

Es kann nicht übersehen werden, daß sich Intellektuelle wie der Historiker Emanuel Le Roy Ladurie – auch er ein ehemaliger Stalinist –, ebenso der links-libertäre Soziologe Alain Touraine und mit seiner „dualistischen Gesellschaft" auch André Gorz in eine Richtung entwickeln, die man durchaus neokonservativ nennen kann und die auch einem Claude Lévi-Strauss oder Jean-Marie Benoist und anderen *Neuen Philosophen* aus der Welle der Totalitarismus- und Utopiekritik nicht unsympathisch ist. Weitere Vorboten dieser Zukunft sind das „Phänomen Montand", das den generellen Überdruß an der *politique politicienne* der Links-Rechts-Schematiker ausdrückt, die sensationellen Erfolge zweier lebendiger, junger Publikationsorgane wie *Libération* und *Actuel* (ebenfalls Kinder des Mai 68), die Aufwertung der Unternehmer und der individuellen Initiative und damit das völlig neue Interesse an wirtschaftlichen Zusammenhängen, die nie zuvor mit der jetzt zu registrierenden Intensität (und intellektuellen Zuneigung: ein erstaunlicher Kontrast zur bisherigen Verachtung des Ökonomischen links wie rechts) diskutiert wurden in einem extrem bürokratischen und ebenso freiheitsliebenden Land, unter dessen sozialistischer Regierung keineswegs reaktionäre Wirtschaftsspezialisten das *Lob der Schwarzarbeit* (Alfred Sauvy) anstimmen und dessen jüngste Debatten sich um eine Kultur der Menschenrechte, den Individualismus und die Modernität drehen. Im Zug dieser Diskussionen entdeckt Frankreich konservative und liberale Werte, die um so unverbrauchter wirken, als sie zumindest seit dem Krieg verdrängt worden waren. Die jetzige Distanz zu den linken wie rechten Extremen, von denen sie mit der gleichen Heftigkeit bekämpft wurden und werden, erhöht nur noch ihre neue Attraktivität.

Dabei handelt es sich aber allemal um einen antitotalitären, freiheitlichen, individualistischen, mehr idealistischen und extrem wertbewußten als um einen materialistischen Konservativismus, der mit der sozialdarwinistischen Brutalität nichts zu tun haben will.

George Watson

Wer sind die Konservativen?

Das Paradoxon des Neuen Radikalismus in Großbritannien

Zum ersten Mal seit längerer Zeit werden viele Länder des Westens wieder von Leuten regiert, die sich gerne als konservativ bezeichnen lassen.

Unsere neuen Chefs besitzen sogar eine gemeinsame internationale Basis. Im Juni 1983 rief Margaret Thatcher (sie hatte soeben ihren zweiten Wahlsieg errungen) in London die International Democrat Union ins Leben. Zugegen waren Bundeskanzler Kohl, der Pariser Bürgermeister Chirac und der amerikanische Vizepräsident Bush. Gemeinsam begrüßte man die neue konservative Internationale als „großes Herrschaftsgebiet von Geist und Seele". Das könnte stimmen. Es gibt heutzutage in der Tat Leute, deren Fühlen und Denken vom Konservatismus absolut beherrscht wird – so sehr, daß sie andere politische Meinungen nur noch als Scherzgegenstand wahrnehmen können. Es gibt sogar Intellektuelle unter uns, die stolz darauf sind, sich als Konservative oder Neo-Konservative zu bezeichnen. Aber was sind das für Leute? Und was ist das, woran sie glauben?

Fest steht auf jeden Fall, daß sie nicht konservativ sind. Ein Konservativer ist ein Traditionalist, der an alten Werten hängt und in der Politik darum kämpft, daß alles so bleibt, wie es ist. Aber kein Mensch behauptet, daß es dem Thatcherismus oder Reaganismus darum gehe, alles so zu lassen, wie es ist. Seit ihrer Machtübernahme 1979 hat Margaret Thatcher den Engländern die radikalste Regierung verpaßt, die sie seit Clement Attlee hatten. Es ist die einzige Regierung seit Attlee, der es gelungen ist, drastische Eingriffe im Bereich des Sozialen vorzunehmen. Im Vergleich dazu waren Macmillan, Wilson, Heath und Callaghan bloße Durchgangsstationen; der Churchill der zweiten Amtszeit von 1951 bis 1955 erscheint geradezu als Weichling. Seit 1980 versucht Präsident Reagan, dasselbe Spiel zu spielen, doch hindern ihn die bescheidenen Vollmachten, die die amerikanische Regierung in innenpolitischen Angelegenheiten hat. Die Bundesrepublik Deutschland wiederum wird von Koalitionen regiert, auf die die Freien Demokraten einen bremsenden Einfluß ausüben.

In Großbritannien dagegen war der Machtumschwung dramatisch. Die Lieblingsredensarten der Labour-Linken – „ein massiver und nicht rückgängig zu machender Machtumschwung" – erweist sich mehr und mehr als zutreffende Beschreibung des Geschehens. Die Macht befindet sich nicht mehr bei den Gewerkschaften, sondern in den Chefetagen. Die Massenarbeitslosigkeit wird bewußt als brutaler Ersatz für eine gerechtere Einkommensverteilung gehandhabt und dient zur Disziplinierung der Arbeitnehmer. Der riesige öffentliche Sektor wird abgebaut, was sogar für das Postwesen gilt, das seit früher viktorianischer Zeit staatlich war. Die private Sparsamkeit wird durch real hohe Zinssätze belohnt. Es macht wieder Spaß, Kapitalist zu sein in Anglo-Amerika; die Reichen fühlen sich reich.

Betrachtet man die Stimmung in der Bevölkerung, wird dieser Brei vielleicht nicht so heiß gegessen, wie er gekocht wurde. Im Juni 1983 ist der Stimmenanteil der Tories zurückgegangen, allerdings weniger als der der Labour Party. Bei drei Millionen Arbeitslosen und 30 Millionen Inflationsgeschädigten hatten Tories und Labour Party allerdings von Anfang an sehr ungleiche Startbedingungen. Dazu kommen die vier Klötze, die die Labour Party am Bein hatte und hat. (Eigentlich sind es fünf, aber von der Labour-Forderung nach Abschaffung des Oberhauses hat kaum jemand Notiz genommen, so wie niemand zur Notiz nehmen würde, wenn diese Forderung fallengelassen würde.) Diese „Großen Vier" sind: Austritt aus der Europäischen Gemeinschaft; einseitige Abrüstung; das Prinzip der Kollektivverhandlungen zwischen Arbeitgebern und Arbeitnehmern; und Verstaatlichung.

Ich gehe davon aus, daß die Labour Party die erste dieser fixen Ideen, die antieuropäische, aufgeben oder zumindest abmildern kann – was um so leichter fallen müßte, als heute in Frankreich, Griechenland und Spanien Regierungen im Amt sind, die sich selbst sozialistisch nennen. Die anderen drei Klötze müßten sicherlich bleiben. Die Aktivisten der Friedensbewegung werden nicht zulassen, daß die Labour Party ihr Versprechen zurücknimmt, mit britischen Kernwaffen oder Militärstützpunkten Schluß zu machen. Die Gewerkschaften, denen die Labour Party mehr als vier Fünftel ihrer finanziellen Mittel verdankt, werden nicht zulassen, daß sich irgend etwas zwischen sie und den altehrwürdigen Mummenschanz der Kollektivverhandlungen schiebt.

Und was die Verstaatlichung betrifft ...

Das Merkwürdige an der Verstaatlichung oder „Überführung in öffentlichen Besitz" ist, daß es der Labour Party so schwer fällt, sich von dieser Forderung zu trennen, obwohl sie im Innersten gar nicht mehr an sie glaubt. Klausel vier ist für die Labour Party, was die 39 Artikel für die Kirche von England sind. Sie ist nicht da, weil man an sie glaubt oder weil sie glaubwürdig wäre, sondern weil sich niemand vorstellen kann, was für Diskussionen entstehen könnten, wenn man sie abschaffen wollte. Als Parteiführer Hugh Gaitskell die Forderung nach Verstaatlichung im November 1959 in Blackpool über Bord werfen wollte, erhob sich ein Gezeter, das unvergeßlich bleibt. Wenn man Richard Crossmans *Backbench Diaries* (1981) glauben darf, veranlaßte die Diskussion sogar Tony Benn im Februar 1960 zu der Bemerkung: „Ich bezweifle allmählich, ob irgend jemand noch irgend etwas aus der Labour Party machen kann ..." Das war möglicherweise Mr. Benns erster origineller Gedanke in der Politik, und, soweit man sieht, bisher sein letzter. Kein Parteiführer der Labour Party wird es jemals wieder wagen, Klausel vier vor einem Parteitag zur Sprache zu bringen. Die Forderung nach Verstaatlichung ist da, weil sie da ist, und sie wird, mag sie auch modifiziert werden, bleiben.

Kurzum, mindestens drei der vier Labour-Klötze müssen der Partei erhalten bleiben. Das alles ist natürlich ein gefundenes

Fressen für jeden Antisozialisten, ein enormer Vorteil für jeden, der sich einen Konservativen oder einen Internationalen Demokraten nennt. Der Labour-Beschluß fiel vor mehr als 20 Jahren auseinander, als Überführung in öffentlichen Besitz à la Attlee und hohe Wohlfahrtsausgaben nachweislich nicht das für die soziale Gerechtigkeit leisteten, was sie hätten leisten sollen; seither wird dieser Beschluß nicht wieder geflickt werden können. Frank Chapple von der Electricians' Union hat die Alternative, vor der die Labour Party steht, kraß beim Namen genannt: „Sozialismus oder Überleben.“ Wir dürfen getrost damit rechnen, daß die Labour Party den Sozialismus wählen wird; ebenso sicher dürfte sein, daß Mr. Chapple, der seine sozialistischen Pappenheimer kennt, nichts anderes von ihnen erwartet.

Das Problem ist, daß die britische Auffassung von Sozialismus mittlerweile eine Auffassung ist, die sich auf Erfahrung gründet. Die meisten von uns leben, soweit sie zurückdenken können, mit den großen öffentlichen Unternehmen wie Eisenbahn, Gas und Elektrizität. Unsere Auffassung ist nicht spekulativ. Wenn Neil Kinnock von der „verläßlichen Gerechtigkeit des organisierten Mitleids“ spricht, dann spricht er die Sprache der sozialistischen Väter. Doch außer einer schrumpfenden Zahl von Labour-Aktivisten glaubt kaum noch jemand im Lande, daß ausgerechnet der Staat Mitleid organisieren und es noch wie Mitleid aussehen lassen kann. Wir wissen zuviel.

Dies alles macht begreiflich, warum der Sozialismus heute als Massenbewegung im Sterben liegt. „Wenn wir darauf aus wären, zu verlieren“, fragte ein früherer Minister einen Journalisten am Ende einer Pressekonferenz der Labour Party bei den Wahlen im Juni 1983, „würden wir dann irgend etwas anders machen?“ Selbst Sozialisten wissen, daß der Sozialismus keine volksnahe Weltanschauung ist. Besonders ausgeklügelt ist er auch nicht. Unbeliebt ist er vor allem deshalb, weil die meisten normalen Menschen den Kapitalismus „big and beautiful“ finden. Der Kapitalismus ist heutzutage ein Glitzerding wie eine weihnachtlich geschmückte Einkaufsstraße. „Ich bin eine unterdrückte sozialistische Hausfrau“, bemerkte eine tschechische Touristin einmal zu mir, während sie das funkelnde Spektakel in sich aufnahm, um gleich darauf loszusausen und in Bettwäsche und Porzellan zu wühlen. Und grobschlächtig ist der Sozialismus insofern, als er auf eine intellektuelle Elite keinen Reiz mehr ausübt. Wie der Mord ist auch der Sozialismus nicht mehr das, was er einmal war, und feine Leute haben ihn aufgegeben. Wenn überhaupt irgend etwas, ist er heute eine Sache der Halbgebildeten und Möchtegern-Literaten: eine Sache südamerikanischer Priester, die einer neumodischen Befreiungstheologie anhängen, in Schwarzafrika eine Sache von Stammesoligarchien, in Europa eine Sache ausgeflippter Studenten – eine Art von Lumpenpolytechnikum für Lehnstuhl-Trotzkisten, für die altmodische Begriffe wie „Klasse" und „Bewußtsein" der letzte Schrei sind. Der Sozialismus wurde zum Latein der Gebildeten, als die Lateinschulen dabei waren, abgeschafft zu werden. Er hat seinen Schick eingebüßt. Heutzutage aktiv oder militant für die Labour Party einzutreten, ist ungefähr so, als wenn man sich um 1920 als Liberalen bezeichnet hätte. Man muß sich auf allerhand herablassende Mienen gefaßt machen.

Unsere neuen Machthaber sind in jeder Hinsicht anders. Jetzt ist es schick, sich als Konservativen zu bezeichnen: Zum ersten Mal in unserem Jahrhundert ist es „in", Tory zu sein. Der Thatcherismus ist gegenwärtig das erklärte Credo einer radikalen Intelligenz. Schon dieser seltsame Umstand sollte uns zu denken geben. Es sieht der Konservativen Partei alles andere als ähnlich, Intellektuelle in ihren Reihen zu haben, geschweige denn mit ihnen zu prunken. Noch weniger sieht es dieser Partei ähnlich, sich einer Idee wie dem Monetarismus, ja überhaupt einer Idee zu verschreiben. Die Konservativen waren einmal berühmt dafür, daß sie mit dem Hosenboden regierten. In weniger als zehn Jahren haben Leute das Steuer übernommen, die Bücher lesen, ja sogar Bücher schreiben.

Aber dafür laufen Reaganismus und Thatcherismus unverblühmt auf eine Ideologie der politischen Herrschaft hinaus. Die Bewegung hat sogar ihre Vordenker, wie Milton Friedman aus Chicago und Michael Oakeshott von der London School of Economics. Es gibt auch tapfere Geisteshelden wie Sir Alfred Sherman, die pausenlos in ihren Denkerzellen denken, um etwaige intellektuelle Defizite ihrer Auftraggeber auszugleichen.

Dr. Roger Scruton ist ein Philosoph aus Birkbeck, der sich nicht scheut, in nüchternem Zustand Dinge zu sagen, die die wenigsten Konservativen sich nach mehreren doppelten Whiskys zu sagen getrauen würden. In Büchern und Aufsätzen wird er nicht müde, den Konservatismus zurück zu ersten Grundsätzen und wieder vorwärts zu Mrs. Thatcher zu führen – als ob es eine direkte Verbindung gäbe oder geben müßte zwischen Hookers *Laws of Ecclesiastical Polity* (1593–97) und der gegenwärtigen Amtsinhaberin in Downing Street Nr. 10. Ferdinand Mount, der ebenfalls Bücher und gelegentlich auch gelehrte Abhandlungen für den *Encounter* schreibt, war in der Tat für Downing Street Nr. 10 tätig.

In der Tat, wir leben in merkwürdigen Zeiten. Weder Macmillan noch Heath haben sich so verhalten, und es wäre ihnen vermutlich gar nicht eingefallen, sich so zu verhalten. Zum ersten Mal seit Disraeli ist der britische Konservatismus von einer ideologischen Inbrunst und einer Zuversicht erfaßt, die über das bloß Pragmatische hinausgehen. Es gibt heutzutage Leute, die nicht nur glauben, daß der Konservatismus gut ist für die Ernte oder den Aktienmarkt, sondern die allen Ernstes überzeugt sind, daß er *sub specie universitatis* wahr ist.

Welches ist die Wahrheit? Diese Frage läßt sich nicht einfach mit dem Hinweis auf Patentrezepte wie den „Monetarismus" beantworten, die der Konservatismus im Kampf ums Überleben durchaus überdauern könnte. Mit Gewißheit kann man über den Konservatismus in unserer Zeit nur sagen, daß er weder konservativ noch unwandelbar ist. Er ist schwankend in seinen Gewißheiten, spielt mit Lieblingsideen wie Bildungsgarantien, dem Nacktbaden in Brighton oder der Wiedereinführung der Todesstrafe, läßt sie ebenso schnell wieder fallen und ist trotzdem einer enormen ikonoklastischen Wut fähig. Mount hat beispielsweise ein Buch mit dem Titel *The Subversive Family* (1982) (dt.: *Die autonome Familie,* Edition Monat, Weinheim 1983) geschrieben, in dem er wortgewaltig darlegt, daß die Familie keineswegs eine konservative Kraft in der Gesellschaft ist, sondern mit außergewöhnlicher Radikalität bereit war, den Außenseiter, das Außergewöhnliche und das Schöpferische zu fördern. Die Familie ist die eigentliche und einzig konsequente subversive Einrichtung, die es gibt, und die Kommunistische Partei täte gut daran, aufzupassen. Man sollte eigentlich erwarten, daß der Berater einer konservativen Premierministerin dies für einen Grund hält, uns alle in *kibbutzim* zu stecken, in denen wir Gehorsam und fröhliche Uniformität lernen können. Doch mitnichten. Mount erblickt im Radikalismus der Familie das denkbar stärkste Argument zu ihren Gunsten. Kein Wunder, daß man unsere Zeit seltsam nennt.

Wechselhaftigkeit ist also das Kennzeichen der neuen Bewegung. Mrs. Thatcher scheint sich den beneidenswerten Ruf besonderer Entschlußfreudigkeit erworben zu haben. Dieser Ruf wird (insgeheim zu ihrem Vergnügen, wie ich vermute) von Labour-Abgeordneten gefördert, die eine öffentliche Kampagne lanciert haben, um zu beweisen, daß Mrs. Thatcher, und sie allein, für den englischen Sieg im Falkland-Krieg verantwortlich war. Doch kann dieser Anschein von Entschlossenheit nur von dem markigen Ton herrühren, mit dem sie die von ihren intellektuellen Beratern ausgearbeiteten Manuskripte verliest. Denn sie war in den 60er Jahren gegen eine Einkommenspolitik, Anfang der 70er Jahre dafür, damals war sie Mitglied des Kabinetts Heath, Ende der 70er Jahre wieder dagegen, seit ungefähr 1980 ist sie wieder dafür (zumindest auf dem öffentlichen Sektor). Konservative Orthodoxie ist das, was der Parteiführer sagt oder angewiesen wird zu sagen. Dies alles ist von eindrucksvoller Flexibilität. Diese Flexibilität gehört zur Tradition der Konservativen Partei selbst. Sie war seit ungefähr 1840 gegen den Freihandel, dann dafür, dann wieder dagegen; in den 30er Jahren unseres Jahrhunderts war sie für das Appeasement von Diktatoren, dann dagegen, dann wieder dafür (wenn es sich um so gutmütige Diktatoren wie die chilenischen handelt). Konservative Ideologie beruht auf dehnbaren Begriffen. Diese Dehnbarkeit muß vorhanden sein, damit man jede Wendung des politischen Gegners mitmachen kann. Denn in Wahrheit ist die moderne konservative Ideologie im wesentlichen die Antwort auf die Ideologie eines anderen. Sie ist nicht ihr eigener Wegweiser, wie der Liberalismus oder der Sozialismus, und hat kaum „heilige Schriften" wie Mill oder Marx. Das konservative Credo ist eines der Re-aktion. Viele Konservative sind konservativ, weil sie aufgehört haben etwas anderes zu sein.

In den letzten paar Jahren hat Konservatismus die Reaktion gegen den sozialdemokratischen Konsens bedeutet, der zwischen den 30er und den 60er Jahren den Westen politisch beherrscht hat. Dieser Konsens, dessen Anfang man auf die Amtszeit Neville Chamberlains datieren mag, gründete auf der Überzeugung, daß hohe öffentliche Ausgaben eine Methode zur Überwindung der Armut seien, während wirtschaftliches Wachstum die finanziellen Mittel hierfür bereitstelle. Anthony Croslands Buch *The Future of Socialism* (1956) war eine späte Zusammenfassung dieser Anschauung und trat für die aus wirtschaftlichem Wachstum finanzierte Linderung von Armut ein. Als das Wachstum Anfang der 70er Jahre aufhörte, verfiel der sozialdemokratische Konsens zunächst in Panik und dann in Verzweiflung – außer bei jenen vor allem beim *Trade Union Council* vertretenen Leuten, die sich weigerten, davon Kenntnis zu nehmen, daß irgend etwas geschehen war. Plötzlich wurde offenbar, daß es kein Wachstum mehr gab, aus dem man großherzige Sozialpolitik und höhere Reallöhne und -gehälter zahlen konnte. Ein Konsens war geplatzt.

Zu Beginn der 80er Jahre gab es drei verschiedene Reaktionen auf die neue Situation, vertreten durch die drei politischen Parteien in England. Dies ist der Grund, weshalb zwei Parteien nicht genug waren.

Erstens: Die Reaktion der Labour Party war, daß nicht viel geschehen war, wenn man vor der Realität nur fest genug die Augen verschloß. Angeblich konnte es sich die Nation leisten, zu einer Politik noch höherer Wohlfahrtsausgaben und Kollektivverhandlungen mit noch höheren Reallöhnen und -gehältern überzugehen. Die eigenen Wirtschaftsexperten der Labour Party wie Lord Thomas Balogh erklärten ihrer Partei, daß dies unmöglich sei und daß man die Inflation nur durch ein Einfrieren der Löhne wie der Preise eindämmen könne. Man schenkte ihnen keinen Glauben. Es gab innerparteiliche Gründe, weshalb die Sozialisten, zumindest in der Öffentlichkeit, vorgeben mußten, derartige Ratschläge niemals erhalten zu haben. Die Rolle als Oppositionspartei erleichterte diese Haltung.

Zweitens: Die zweite Reaktion war die der Liberalen bzw. der Allianz aus Liberalen und SDP. Es war die am meisten politische

Reaktion, und zwar insofern, als sie am deutlichsten aufzeigte, daß unseren wirtschaftlichen Problemen unsere Institutionen zugrunde liegen. Nach liberaler Auffassung stammen die Probleme Großbritanniens letztlich aus den Gegebenheiten seiner Industrie und vor allem aus seinem Wahlsystem, das den Keim des Klassenkampfes in sich trägt, das Parlament polarisiert und im ganzen Wirtschaftsleben für Ungewißheiten sorgt. Doch man braucht nur die Grundlage des Parlaments und der Industrie durch Wahlreformen bzw. Mitbestimmung zu verändern, den Gemäßigten jene Chance zu geben, die sie in Westdeutschland, den Benelux-Ländern und Skandinavien seit langem gehabt haben, und man kann zuversichtliche mittelfristige Planungen und wirtschaftlichen Erfolg verzeichnen. Im Juni 1983 entschieden sich ein Viertel derjenigen, die zu den Wahlurnen gingen, für diese Option – der größte Prozentsatz, den die Liberalen in über einem halben Jahrhundert zu verzeichnen hatten.

Drittens: Die dritte Reaktion ist die konservative, und sie ist die bei weitem radikalste von allen, so wie die Reaktion der Labour Party die konservativste ist. Dem neuen konservativen Dogma zufolge, das von Churchill und Macmillan ebenso weit entfernt ist wie von Attlee und Benn, entspringt die britische Krankheit dem Fehlen der Wettbewerbsdisziplin. Die Nation ist sanft geworden. Nachfrage gibt es in Hülle und Fülle: Nur ist die britische Industrie zu träge, ihr mit wettbewerbsfähigen Preisen gerecht zu werden. Sie ist durch jahrzehntelange Kollektivverhandlungen seit den 40er Jahren weich geworden, als die Gewerkschaften herrschten, nur zu oft mit der trägen (oder feigen) Einwilligung der Unternehmer. Die Gewerkschaften hatten das Sagen teilweise, weil die Arbeitgeber in einer Zeit, da Arbeitskräfte knapp waren, diese horteten, auch wenn sie unproduktiv waren; und teilweise deshalb, weil die Gewerkschaften wußten, daß sie die Wirtschaft in der Hand hatten, einfach dadurch, daß sie einen komplexen und ineinander greifenden technischen Prozeß durch die Drohung mit Streiks lahmlegen konnten.

In einer Zeit des wirtschaftlichen Wachstums war es billig und leicht, die Gewerkschaften zu kaufen; und je mehr man sie kaufte, desto stärker wurden sie. Doch man braucht nur die Geißel der

Arbeitslosigkeit über ihrem Rücken zu schwingen und bis zum Erbrechen das neokonservative Motto „Die Kassen sind leer" zu wiederholen, und die Gewerkschaften werden parieren – zumindest werden es ihre Mitglieder tun. Dann krönt man diese Politik mit Gewerkschaftsreformen wie der obligatorischen geheimen Wahl, und auch die härteste Gewerkschaft wird zahm werden. Es lebe der Wettbewerb!

Doch was in aller Welt – so könnte man fragen – ist am freien Wettbewerb konservativ? Das ist das größte Paradoxon von allen, ein Paradoxon, das sogar einige Konservative sehen. In dem Buch *The Meaning of Conservatism* (1980), einer philosophischen Studie, die im wesentlichen geschrieben wurde, bevor seine Partei im Mai 1979 ans Ruder kam, warnt Dr. Scruton seine Partei vor einer übertriebenen Wettbewerbseuphorie. Denn: „Freiheit kann im konservativen Denken keinen zentralen Platz beanspruchen." Was ist an der Freiheit konservativ? Schließlich ist sie in ihren sozialen Auswirkungen vulgär. (Ich zitiere nicht, sondern interpretiere.) Sie erlaubt den Armen und den Wurzellosen, sich zu erheben. Sie läßt die schrecklichsten Leute emporkommen. Ist nicht Freiheit das, woran die Liberalen immer geglaubt haben? Es mag wahltaktisch geschickt sein, sich dieses Mäntelchen umzuhängen: Doch wo soll das alles enden? Nigel Lawson und Leon Brittan als Kabinettsminister sind vielleicht nur ein Anfang. Wenn man Norman Tebbitt hört, glaubt man fast, den Anführer des Greater London Council vor sich zu haben. Es gibt Lehnstuhl-Trotzkisten, die angenehmer tönen.

Es gibt wohl zwei Lösungsmöglichkeiten für diese unbezweifelte Schwierigkeit, die eine kosmetischer Art, die andere real. Die kosmetische Lösung besteht darin, sich einen Stil zuzulegen und zu hoffen, daß er überzeugend wirkt. Der Neokonservative mag von wer weiß woher kommen und eine nicht gerade über jeden Zweifel erhabene Schule besucht haben. Aber zumindest kann er seinen Akzent pflegen, sich nach der Londoner Clubmode der Vorkriegszeit kleiden und sich als Portweinkenner gerieren. In den intellektuellen Diskussionsgruppen von Margaret Thatcher wimmelt es von nachgemachten Landedelleuten. Sie sind mittlerweile zum Typ der 80er Jahre geworden, wie die Hippies der Typ der 50er oder langhaarige marxistische Revolutionäre der Typ der 60er Jahre waren.

Dies alles ist Kosmetik. Eine wirkliche Lösung zu finden mag schwieriger, ja unmöglich sein. Es dürfte den Konservativen in Zukunft zunehmend schwerfallen, irgendeinen denkenden Menschen davon zu überzeugen, daß das auf dem Konkurrenzprinzip basierende private Unternehmertum, die „Wettbewerbsfreiheit", in ihren sozialen Auswirkungen konservativ ist: um so schwerer, als eine Radikalisierung und Vulgarisierung der Gesellschaft, in der wir heute leben, durch den Wettbewerb zu beobachten ist. In der Theorie radikal, wird eine konservative Regierung auch in ihrer Auswirkung radikal sein. Wenn dies noch immer wie ein unmögliches Paradoxon aussieht, dann nur, weil einige Leute noch immer an der Vorstellung festhalten, der Kapitalismus begünstige die Reichen und der Sozialismus die Armen.

Aber diese Vorstellung wurde von gewissen viktorianischen Intellektuellen in Umlauf gesetzt – von Ruskin und Morris, Marx und Engels. Die wenigsten Viktorianer dürften dieser Vorstellung Glauben geschenkt haben. Für den gewöhnlichen Wähler zwischen 1830 und dem Ersten Weltkrieg war Handel (das Wort „Kapitalismus" würde er kaum gekannt haben) der Schlachtruf der radikalsten Partei des Zeitalters, der Liberalen, und des radikalsten Flügels dieser Partei, der Radikalen.

Demgegenüber war die konservative Opposition in den meisten Gegenden Englands eine Partei des erblichen Grundbesitzes und des gebremsten Unternehmertums. Schon vor der Jahrhundertwende bewegte sie sich zum Protektionismus zurück und unterstützte kostspielige imperiale Verpflichtungen. Es war Gladstone, nicht Disreali, der von „Kürzertreten" sprach und niedrigere Steuern meinte.

Wenn wir noch immer der Meinung sind, der Sozialismus sei links, dann deshalb, weil die Anschauung einer kleinen Minderheit von viktorianischen Intellektuellen durch solche Überbleibsel der viktorianischen Zeit wie die Fabian Society auf uns gekommen ist, die in den 20er Jahren die Labour Party davon überzeugte, das Monopol des Staates begünstige die Armen. Seither haben sich Ideologen der Labour-Linken alle Mühe gegeben, den Sozialismus als lebendiges Prinzip hochzuhalten. Sie haben für sich selbst die Überzeugung gewonnen (auch wenn sie sie nicht erklären können), daß die Überführung in öffentlichen Besitz die Armen begünstige. Es ist ihr Schibboleth. Und der Führer der Opposition gegen Gaitskells Versuch, im November 1959 in Blackpool die „Klausel Vier" aufzugeben, hieß Michael Foot.

Über dies alles sind wir noch immer nicht so erstaunt, wie wir es eigentlich sein müßten. Monopole begünstigen für gewöhnlich die Reichen. Das war denn auch, geschichtlich betrachtet, der Sinn ihrer Existenz. Und es kann kein vernünftiger Zweifel daran bestehen, daß eine verstaatlichte Industrie oder ein verstaatlichter Dienstleistungsbetrieb ein Monopol ist. Die Diskussion zwischen den Konservativen und der Labour Party über die Privatisierung wirkt wie eine Nummer aus einer Operette von Gilbert und Sullivan. Die Labour Party kämpft mit Zähnen und Klauen um die Erhaltung des monopolistischen Charakters von British Telecom, unter der merkwürdigen Vorstellung, Wettbewerb werde irgendwie den Klassenfeind begünstigen. Es ist den britischen Sozialisten entgangen, daß Konkurrenz für gewöhnlich Preissenkungen zur Folge hat, wovon sie sich durch einen aufmerksamen Schaufensterbummel durch die Oxford Street hätten überzeugen können. Sainte-Beuve bemerkt einmal, es sei die Grundlage aller Entdeckungen, über Dinge zu erstaunen, die der Mehrheit der Menschen als simpel erscheinen. Wir sollten uns mehr als bisher darüber wundern, daß der Sozialismus nicht die Heilslehre der Privilegierten ist.

Was immer die ursprüngliche Absicht der Verstaatlichung gewesen sein mag, es kann kein vernünftiger Zweifel daran bestehen, daß sie immer dazu geneigt hat, den Reichtum zu begünstigen, und dies in der Tat auch getan hat: teilweise durch die hohen Preise, die das Monopol zur Folge hat und die die Armen am meisten belasten; teilweise durch die Ankurbelung des Aktienmarktes, der öffentliche Mittel in das Monopol pumpt; und teilweise durch die Aussicht auf ruhige und pensionsfähige Posten, die staatliche Unternehmen für die Leute mit guten Verbindungen abwerfen. Es fällt auf, daß die Labour Party schon lange aufgehört hat, zu versuchen, uns zu erklären, *warum* wir

Sozialisten sein sollen. Der Sozialismus ist ihre Bundeslade, und es ist Blasphemie, an ihr zu rütteln.

Es ist also verführerisch, darüber nachzudenken, warum Konservative an den privaten freien Wettbewerb glauben. Nach dem erwähnten Grundsatz von Sainte-Beuve ist dies eine gute Frage. In den Augen der Konservativen ist es freilich die falsche Frage. Die Leute glauben heutzutage nicht an den Wettbewerb, weil sie konservativ sind. Häufiger ist es so, daß sie konservativ sind, weil sie an den Wettbewerb glauben. Sie haben vergessen oder wissen gar nicht, daß die Konservative Partei erst an den Wettbewerb zu glauben begann, als viele der heute Lebenden bereits am Leben waren. Daß die Bekehrung der Tories in die Jahre zwischen den Weltkriegen fällt. Vor 1914 hätte der gewöhnliche Wähler den Wettbewerb im Handel mit der herrschenden Liberalen Partei assoziiert. Zu ihrem klaren wahlpolitischen Schaden hatten sich die Tories hochherzig auf die Zollreform festgelegt, worunter sie die Präferenz für das Empire verstanden. Es bestand kein Zweifel, daß diese ausgesprochen wettbewerbsfeindliche Haltung unpopulär war, und sei es nur deshalb, weil sie teure Lebensmittel bedeutete, oder daß sie dazu betrug, den Tories drei Wahlniederlagen hintereinander zu bescheren (1906, 1910, 1914). Aber die Tories der damaligen Zeit waren auch in keiner Weise dem Grundsatz des wirtschaftlichen Wettbewerbs verpflichtet, geschweige denn der Freiheit überhaupt. Sie waren die Partei von Ordnung, Empire und Tradition.

Erst nach 1918 zogen neue und merkantiler gesonnene Konservative in das Unterhaus ein, die, nach Stanley Baldwins berühmter Bemerkung, aussahen, als ob sie am Weltkrieg verdient hätten; und erst jetzt gewann die Konservative Partei das Aussehen einer Partei des privaten Unternehmertums. Sie trat damit teilweise die Erbschaft eines im Niedergang begriffenen Liberalismus an. Bei aller lautstarken Verachtung der liberalen Tradition denkt der Neue Konservative der 80er Jahre, vor allem wenn er dem rechten Flügel zugehört, nicht daran, daß das Neue Tory-Engagement für den Wettbewerb ein liberales Vermächtnis ist. Wie sagt man so schön: Originell sein bedeutet, die Quellen verschweigen. Die Neuen Konservativen und Gemäßigte der Labour Party wie Mr.

Roy Hattersley haben erst neuerdings die Meriten des Wettbewerbs entdeckt; sie wären genauso peinlich berührt, wollte man sie an die Herkunft der Idee erinnern. Hände weg von dieser Idee: Wer weiß, wer sie alles angefaßt hat ...

Tatsache bleibt jedoch, daß das private, auf Wettbewerb basierende Unternehmertum die radikalste Wirtschaftsform ist, die der Mensch kennt. Dies gilt für die Theorie ebenso wie für die Praxis. Was die Theorie betrifft, so war sie die Erfindung klassischer Nationalökonomen seit Adam Smith, die deutlich erkannten, daß sie das England des erblichen grundbesitzenden Privilegs, in dem sie schrieben, verändern werde, und zwar radikal. Und was die Praxis betrifft, so brauchen wir nur die beiden Deutschlands zu vergleichen.

Wenn man eine traditionelle Lebensweise haben will, in der es Domestiken gibt, aber kaum bürgerliche Privilegien, ja nicht einmal allgemeine Wahlen, dann sollte man das Leben eines hohen Parteifunktionärs im sozialistischen Osten bevorzugen, sich in Gebiete östlich des Eisernen Vorhangs begeben. Das vollkommenste Pendant zu einer traditionell konservativen Gesellschaft, das es in Europa heute gibt, bietet der Sozialismus: eine staatliche Lehre namens Marxismus-Leninismus, die zwangsweise an allen Schulen und Universitäten gelehrt wird und in ihren Werten ebenso konformistisch ist wie der mittelalterliche Katholizismus; eine privilegierte Elite, die als Kommunistische Partei bekannt und zu der der Zugang begrenzt ist; und ein Heer von Werktätigen, denen es verboten ist, sich zu freien Gewerkschaften zu organisieren, und die sich damit begnügen müssen, Aufgaben zu erledigen, die im Westen häufig als erniedrigend gelten, etwa schwere körperliche Arbeit und häusliche Verrichtungen. Wenn die Konservative Partei ernsthaft konservativ wäre, würde sie keinen Augenblick lang zögern, sich für den Sozialismus zu entscheiden. Und gerade weil sie sich nicht für den Sozialismus entscheidet, sollten wir ernsthaft daran zweifeln, daß sie wirklich konservativ ist.

Selbstverständlich werden die Neuen Konservativen, ob Reaganscher oder Thatcherscher Couleur, nichts dergleichen tun. Es sind keine Historiker, geschweige denn Lexikographen. Die

Bedeutung des Konservatismus ist etwas, was sie kaum interessiert, sein Zusammenhang mit einer traditionellen Lebensweise ist etwas, was sie so gründlich vergessen haben wie die Phasen vergangener Monde. Was die Rhetorik des Mitleids betrifft, die einmal Teil dieser Tradition gewesen ist, so klingt sie heute in ihren Ohren so schal wie die Reden Jimmy Carters oder Michael Foots. Wir sind wieder im Zeitalter von „Gradgrind“: jenes stark selektiven Mißverständnisses der klassischen Nationalökonomie, das Dickens, als aktiver Liberaler, einst in *Hard Times* zu definieren und bloßzustellen versuchte. England stand niemals unter der Herrschaft eines Gradgrind, auch wenn 1854 ein großer Romanschriftsteller fürchtete, es könne so weit kommen. Doch heute machen sich Züge von Gradgrindland bemerkbar. Die Konservativen wirken entschlossen, uns die radikalste Regierung zu verpassen, an die wir uns seit langem erinnern können. Das Paradoxe daran wird sie nicht stören. Das liegt daran, daß sie im Augenblick zu siegessicher sind, um dieses Paradoxon überhaupt zu bemerken.

Burton Pines

Die Verteidigung des Traditionalismus

Wie Amerika seine Uhren zurückstellt

Nach einer langen unangefochtenen Vorherrschaft, in der sich der amerikanische Liberalismus unter allen Aspekten durchgesetzt und seine Wertbegriffe, Auffassungen und sogar seine Methoden zu allgemein akzeptierten Regeln hatte werden sehen, ist er nun im Begriff zusammenzubrechen. Als Präsident Reagan bei seiner Rede vor dem Kongreß im Februar 1981, in der er die drastischen Kürzungen im Budget ankündigte, sich mit der Frage an die liberalen Demokraten wandte, ob sie eine bessere Alternative zu seinem Programm vorzuschlagen hätten, erfolgte ein durchdringendes Schweigen, womit die Liberalen bekräftigten, daß sie keinen glaubwürdigen Ausweg wußten.

Wäre so etwas wie dieser Zusammenbruch des Liberalismus im kaiserlichen China passiert, hätten die Chronisten bestimmt davon gesprochen, daß die liberale Dynastie „das Mandat des Himmels eingebüßt" habe – jenes allgemein anerkannte Attribut, das ein Regime legitimiert und ihm die Unterstützung des Volkes verschafft. Wenn jedoch diese Unterstützung verlorenging, wurde eben die eine oder andere rivalisierende Partei instandgesetzt, die Herrscher abzusetzen. Dann würden die Weisen am Kaiserhof den Wechsel damit erklären, daß das Mandat des Himmels abgelaufen und einer neuen Dynastie erteilt worden sei.

So ist im heutigen Amerika das Mandat des Himmels einer wankenden liberalen Dynastie entzogen und einer aufsteigenden traditionalistischen übertragen worden. Quer durch das ganze Land sind unzählige Amerikaner – manche schon vor mehr als einem Jahrzehnt, andere erst vor wenigen Jahren – gegen den Liberalismus und zugunsten der traditionellen Werte aufgestanden. Sie haben viele der geistigen und moralischen Werte beiseite geschoben, die gegen Ende der 70er Jahre nicht nur als selbstverständlich galten, sondern die tonangebende liberale Begründung und Rechtfertigung der nationalen Politik seit den 30er Jahren geliefert hatten.

Am dynamischsten ist ein Wiederaufleben des Traditionalismus an den „grass roots", an den Wurzeln des Lebens, an der Basis zu spüren, in den ganz privaten, jedoch höchst entscheidenden Zonen. Dahin kehren heute Legionen von Amerikanern zurück: zu den grundlegenden Dingen bei der Erziehung, zu einer Bibelfrömmigkeit in der Religion, zu einem Vertrauen in das freie Unternehmertum, zu einer Wertschätzung der Familie als Kern der Gesellschaft. Sie sagen ihre Meinung frei heraus, sie tragen sich bei Gruppen wie „Stop ERA" oder „Moral Majority" in Listen ein, unterstützen deren Kandidaten und lassen deren Broschüren zirkulieren. Zu ihrer Unterstützung und Anweisung erscheinen in immer mehr konservativen Forschungsinstituten und „think tanks" unzählige Studien, ganz abgesehen von den Schriften jener außerordentlich einflußreichen Gruppe von Intellektuellen, den Neokonservativen.

Alle diese Menschen sind selbst mehr oder weniger überrascht von ihrem Tun, überrascht, sich in der Vorhut eines wiederauflebenden Traditionalismus oder überhaupt irgendeiner Bewegung zu befinden. Es handelt sich bei ihnen nicht um ehemalige Anhänger anderer politischer Bewegungen oder auf bestimmte Ziele ausgerichteter Gruppierungen. Für die meisten von ihnen hatte sich das Leben in der Gemeinschaft auf die Mitgliedschaft in der „Parent-Teacher's Association", einem gelegentlichen Wochenend-Ausflug mit den Boyscouts oder Losverkaufen und Kuchenbacken auf dem Kirchenbazar erschöpft. Es waren hart arbeitende Privatmenschen, die sich nur widerstrebend, aber dann aus altruistischen Gründen in Aktivisten verwandelt hatten. Im Unterschied zu den liberalen Aktivisten, die zum Schluß auf bezahlten Stellungen landen, von denen aus sie die selbst vorgeschlagenen und entwickelten Programme verwalten, haben Traditionalisten selten unmittelbaren oder persönlichen Nutzen aus den Vorhaben gezogen, für die sie sich eingesetzt haben. Sie sind also nicht mit der Menge mitmarschiert, sondern sind erst durch den seit den 60er Jahren außer Rand und Band geratenen Liberalismus hineingestoßen worden. Zu Anfang reagierten die Traditionalisten kaum. Erst allmählich wuchs in ihnen die Frustration, steigerte sich von der bloßen Verärgerung zur Empörung und schließlich zu der festen Entschlossenheit, Widerstand zu leisten. So drängten die Übergriffe des Liberalismus sie geradenwegs bis zum Äußersten.

In jedem Bereich, in jeder Gemeinschaft war dieser Punkt, an dem man nur noch „Jetzt ist es aber genug“ rufen konnte, auf andere Weise und zu anderer Zeit gekommen. In den meisten Fällen war es ein ganz allmählicher Vorgang, in anderen zeigte ein schlagartiges Ereignis oder eine urplötzliche Entwicklung an, daß der am Ruder befindliche Liberalismus den Bogen überspannt hatte.

Für manche Geschäftsleute war der Anstoß mit dem Versuch des Kongresses gegeben, eine Verbraucherschutzbehörde (Consumer Protection Agency) zu schaffen, die auf einem Markt, auf dem es schon von Einmischungen und Einmischern der Regierung wimmelte, zum Eingreifen berechtigt sein sollte. Für Eltern und Arbeitgeber war es der Zustand der öffentlichen Schulen, aus denen nur noch ein Art von Analphabeten hervorging. Für Hausfrauen war es die Tatsache, daß sich Extremistinnen der feministischen Bewegung bemächtigt hatten und mit der Behauptung, es entspreche den Wünschen aller amerikanischen Frauen, ein ultraradikales Programm durchpeitschten. Für fundamentalistische Prediger war es der Anlauf der Carter-Regierung, mit Hilfe des Finanzamtes die konfessionellen Schulen abzuwürgen. Für die Intellektuellen der Oberschicht war es die langsam dämmernde Erkenntnis, daß die liberale Politik und die liberalen Politiker die Wirtschaft der Nation zum Erliegen brachten und ihre militärischen Bedürfnisse verleugneten. Für Christen und Juden war es die aggressive laizistische Haltung aller für Schulen, Gerichte und andere wichtige Institutionen Verantwortlichen.

In allen diesen Fragen witterten traditionsbewußte Amerikaner

Unheil, und hier ließ sich eine große Zahl von ihnen zu ungewohnter Aktivität anstacheln. Ursprünglich schritten sie als deutlich getrennte Gruppen zur Tat und blieben auch weiterhin gänzlich unabhängig voneinander. Wer auf eine Umstellung der Lehrpläne in den Schulen drängte, hatte vermutlich keine Ahnung davon, daß ganz in der Nähe eine Gruppe von Frauen gegen die Ratifizierung des „Equal Rights Amendment“ kämpfte. Die neuen Evangelisten bemerkten vielleicht gar nicht, daß eine Bürgerinitiative gegen eine Klinik demonstrierte, die an fünfzehnjährigen Mädchen ohne Genehmigung und womöglich ohne Wissen der Eltern Abtreibungen vornahm. Und ganz sicherlich waren jene Intellektuellen, Universitätsprofessoren und Generaldirektoren, die in zunehmendem Maße für stärkere Verteidigungsanstrengungen und für ein freies Unternehmertum plädierten, völlig fremde Wesen für die kleinen Leute, die sich mit dem Schulunterricht, dem Familienrecht, der offen gezeigten Homosexualität und anderen Fragen beschäftigten. Diese beiden Schichten haben tatsächlich selten Gelegenheit, miteinander Kontakt aufzunehmen, und wenn sie es versuchen, haben beide Partner häufig Schwierigkeiten, die Sprache des anderen zu verstehen.

Was alle diese Gruppen gemeinsam haben und was ihren Einzelaktionen den Anstrich einer Bewegung gibt, ist die Tatsache, daß sie alle darauf reagiert haben, zum Äußersten getrieben worden zu sein. Sie reagierten darauf mit Reaktion, d. h. indem sie versuchten, eine kostbare Qualität zurückzuerobern, die ihrer Meinung nach verloren gegangen war. Damit standen sie nicht allein. „Die Geschichte der Menschheit,“ schreibt Irving Kristol, „ist, wenn man so will, reich an solchen kritischen Augenblicken, in denen menschliche Wesen ganz bewußt die Uhr zurückgestellt haben. So betrachtet war die Reformation ein solcher Augenblick, auch die schriftliche Fixierung des Talmud nach der Rückkehr der Juden aus der babylonischen Gefangenschaft.“ Oft ist das geistig oder geistlich als neu Erscheinende, fährt Kristol fort, „nichts weiter als eine neumodische Art, die Uhr zurückzustellen“.

Diese auf breiter Basis vorgenommene Neubekräftigung entschwindender oder ganz verschwundener Werte mit einem Etikett zu versehen, stellt ein Problem dar. In mancher Hinsicht ist es eine „rechte" Erscheinung. Doch für manche Mitglieder der Bewegung klingt die Bezeichnung ganz unangemessen politisch. Während die „Moral Majortiy" und andere Gruppen tatsächlich „rechts" im politischen Sinne stehen, tragen die Bewegung „Back to Basics" auf dem Gebiete der Erziehung, das Streben nach geistlicher Erneuerung in der Religion oder die Bewegung für das Erstarken der Familie eigentlich keine politischen Züge.

Als ein Etikett paßt „konservativ" also besser als „rechts gerichtet". Viele Bande, die die einzelnen Teile der Bewegung zusammenhalten, sind konservative Grundsätze, wie die Betonung von Autorität, Disziplin und einer Moral, in der eine ganze Hierarchie von Werten, Maßstäben und Pflichten des Einzelnen den individuellen Rechten gegenübersteht. Im Mittelpunkt der Bewegung steht noch ein anderer fundamentaler konservativer Grundsatz: die Ehrfurcht vor den organischen Institutionen der Familie, der Religion und der Gemeinschaft. Und ebenso zentral ist die Erkenntnis, daß die ungleichen Anlagen des Individuums unweigerlich auch zu ungleichen Leistungen führen müssen. In der traditionalistischen Bewegung ist man sich außerdem völlig über die konservative Lehre einig, wonach das Individuum ein Recht auf sein Eigentum und dessen ungehinderten Gebrauch hat, und über die Vorstellung, daß persönliche Freiheit und wirtschaftliche Freiheit miteinander verbunden sind. Die letztere Freiheit allerdings wird eingeschränkt durch die konservativen Tugenden der Arbeitsamkeit, Sparsamkeit und des Verzichts auf unmittelbare Vergnügen zugunsten künftiger Belohnungen – in einer Zukunft, heißt das, die nicht immer nach Begriffen der eigenen Lebensdauer oder auch des Lebens schlechthin gemessen wird.

Traditionalisten teilen im übrigen den Abscheu der Konservativen vor utopischen Ideen und vor dem annähernd totalen Vertrauen des Liberalismus auf die Fähigkeit der Vernunft, eine vollkommene Gesellschaft zu schaffen. Die Konservativen mißtrauen der menschlichen Natur und solchen Forderungen der Vernunft und wollen deshalb bestehende Institutionen nur in geringem Maße anpassen und neugestalten. Besonders widerstreben ihnen die breiten Schneisen, wie sie die Liberalen gern durch die gesellschaftliche Struktur legen. Die Historikerin Gertrude Himmelfarb sagt dazu: „Der Konservative ist in politischen und sozialen Dingen eher passiv, weil er die Übel, die er kennt, den unbekannten, aber leicht auszumalenden vorzieht. Er hat kein Vertrauen darauf, daß die Veränderung etwas Besseres bringt." Eine Veränderung zum Schlechten untergräbt das Vertrauen in das, was Edmund Burke die „Partnerschaft der Lebenden mit der vergangenen und der künftigen Generation" nannte. In den Augen der Konservativen bedeutete es, daß gesellschaftliche Institutionen einer jeden Generation nur als Treuhänder übergeben worden sind, um sie für die nächste aufzubewahren.

Obschon diese konservativen Grundsätze von traditionalistischen Gruppen weitgehend akzeptiert werden, ist der Begriff „konservativ" noch immer kein ausreichendes Dach, um die ganze Bewegung unter sich zu vereinigen. In den Reihen der Abtreibungs-Gegner z.B. befinden sich Persönlichkeiten des öffentlichen Lebens, die man auf anderen Gebieten eng mit liberalen Stellungnahmen identifiziert. Auch in der Besorgnis um nationale Sicherheit liegt nichts besonders Konservatives, denn auch Liberale haben sich ernsthaft darum bemüht (und tun dies im allgemeinen auch heute noch).

Die „Neue Rechte" wirkt bemerkenswert unkonservativ, wenn sie sich stolz dazu bekennt, die politischen Institutionen der Nation zu revolutionieren. Unterdessen beteuern einige Neokonservative lebhaft, sie seien überhaupt nicht konservativ, und einer unter ihnen, der Soziologe Richard Novak, möchte, wenn er überhaupt etikettiert werden soll, dann schon lieber „neoliberal" genannt werden. Wahrscheinlich kann keine bestimmte Bezeichnung haargenau auf jede Gruppe oder Persönlichkeit passen. Wenn man sie dennoch verwendet, frönt man nur der uralten Leidenschaft der Amerikaner für eine Verwirrung der Begriffe. Auf einer Versammlung von Konservativen in einem Bundesstaat hat einmal ein aufgebrachter Parteivorsitzender ausgerufen: „Ich bin ein Konservativer, aber ich weiß wirklich nicht mehr, was das ist. Ich bin total verwirrt. Heute behauptet jeder, ein Konservativer zu sein."

Andererseits wäre ein Begriff, der in knapper Form den wesentlichen Inhalt eines Phänomens umschreibt, von großem Wert. Und ein Begriff kommt ziemlich nah daran, die Besorgnisse, Motivationen und Absichten einzufangen, die diese zur Zeit durch ganz Amerika gehende Bewegung charakterisiert. Er ist obendrein ein Banner, um das sich ihre so verschiedenartigen Teile sammeln können. Denn was die Vereinigten Staaten jetzt miterleben, ist mehr als „rechts gerichtet" und mehr als „konservativ", es ist eine Erhebung des Traditionalismus. Wenn man die Beteiligten fragt, wonach sie suchen, so antworten sie oft, ohne daß man es ihnen soufflieren müßte: traditionelle Werte. Und auch wer zufällig nicht diesen Ausdruck gebraucht, ist mit der Formulierung einverstanden. Sie klingt nicht so politisch wie „rechts gerichtet" und nicht so ideologisch wie „konservativ". Sie widerspricht den beiden eng benachbarten Termini nicht, sondern umfaßt und übergreift sie eher; „traditionalistisch" enthält eine gewisse Wärme, ein Gefühl für das Vertraute und Erprobte, von gesichertem Reisen auf gewohnten Straßen, von Mitteln, die schon einmal gewirkt, von Prinzipien, die sich schon einmal bewährt haben, von Methoden, mit denen man die Nation schon durch frühere Krisen gesteuert hat.

Mit dem Wort „traditionell" schafft man es auch, über den Begriff „konservativ" hinaus noch etwas spezifisch Amerikanisches in den Griff zu bekommen: die Zuversicht, eine Grenze, „the Frontier", überschreiten und eine bessere Gesellschaft errichten zu können, den Glauben an eine politische Demokratie und den freien Markt, an ein föderatives System, das bestimmte Rechte der Bundesstaaten und Gemeinden respektiert, und an ein Ritual, in dem sich ein enthusiastischer Patriotismus ausleben kann. In dem Ringen um diesen Traditionalismus ergeben sich Querverbindungen zwischen in vieler Hinsicht ganz getrennten Phänomenen. Sie bilden beim Marschieren in der gleichen Richtung eine lockere, formlose Gemeinsamkeit, mit der sich eine Veränderung in der Art und Weise anbahnt, in der Amerika Fragen des öffentlichen Handelns stellt und beantwortet.

Wie stark ist dieses Wiederaufleben des Traditionalismus? Wenn es auch noch zu früh für eine Gewißheit ist, so beweisen die demoskopischen Zahlen doch schon, daß sie stark ist und ständig stärker wird. Es ist jedoch unwahrscheinlich, daß die traditionalistischen Gruppen je die Majorität erlangen, und das ist auch nicht notwendig. Die politische Tagesordnung wird nicht von Mehrheiten, sondern von deutlich vernehmlichen Minderheiten aufgestellt, die um das Verständnis, die Neigung, die Loyalität und die Unterstützung der großen, noch unentschlossenen Mehrheiten kämpfen. Jahrzehnte lang haben sich die Traditionalisten an diesem Wettbewerb nicht beteiligt. Der Grund dafür ist, daß der Traditionalist eine Herausforderung seiner Glaubenssätze gewöhnlich als einen Überraschungsangriff erlebt. Er findet es erstaunlich und schier unbegreiflich, daß jemand die Werte in Zweifel zieht, die für ihn so offensichtlich unbestreitbar sind. So neigt der Traditionalist, während der Liberale, das Megaphon zur Beeinflussung der Basis fest in der Hand, die öffentliche Meinung für sich monopolisiert hat, zu einer Mischung aus Passivität und Kritikastertum und wartet ab, daß jemand anders kommt, um die Barrikaden zu errichten und darauf zu klettern.

Was dann die zögernden Traditionalisten schließlich doch auf die Barrikaden gebracht hat, ist die Furcht, daß ihre Nation, ihre Gemeinschaft und ihre Familie ernsthafter bedroht sein könnten als je zuvor. Schuld daran sind teilweise äußere Fakten wie die Steigerung der Ölpreise durch die OPEC, die Aufrüstung von Moskau, die voraussehbaren Selbstzweifel nach dem Zusammenbruch der amerikanischen Strategie in Indochina und der relative Rückgang der weltweiten Wirtschaftskraft der USA, während anderswo die Wirtschaft expandiert hat. Hauptschuldig daran ist aber nach Meinung der Traditionalisten ein aus den Fugen geratener Liberalismus, der auf die entscheidendsten Bezirke des Lebens einwirkt.

Mit ihrem deutlich konservativen Einschlag sind die Traditionalisten natürlich schon immer Gegner des Liberalismus gewesen. In dessen rationalistischer Haltung ist wenig Platz für das Romantische und Mysteriöse, in seiner Diesseitigkeit scheint er alles Spirituelle abzulehnen, und sein beinahe arroganter Optimismus macht ihn nicht nur blind für alle menschlichen Schwächen und Unvollkommenheiten, sondern verleitet ihn auch dazu, der

Gesellschaft Heilverfahren zu empfehlen, deren Nebenwirkungen schlimmer als die Krankheit selbst sind.

Dem Liberalismus gegenüber haben sich die Traditionalisten angewöhnt, sich auf das Kritikastern zu beschränken. In den späten 60er Jahren scheinen dann irgendwelche Dämonen in den amerikanischen Liberalismus gefahren zu sein, die seine Urteilskraft verzerrt, seine Methoden und Ziele radikalisiert und ihn zu abscheulichen Exzessen angestiftet haben. Das ging nicht nur den Traditionalisten zu weit, sondern auch vielen Liberalen der alten Garde, die voller Schrecken darauf reagierten. „Rund um uns riß die Leinwand, und Kabel wurden zerfetzt“, jammerte Senator Maynihan. „Eine neue Abart des Liberalismus verbreitete sich in unserer Partei wie eine Seuche“, sagte die Politikwissenschaftlerin Jeane Kirkpatrick, eine Mitbegründerin der „Coalition for a Democratic Majority“ und später Präsident Reagans Botschafterin mit Kabinettsrang bei den Vereinten Nationen. Der Soziologe Daniel Bell sprach zur gleichen Zeit von einer tiefen Enttäuschung über einen Liberalismus, der Probleme wie Gleichheit, Rassismus, Imperialismus usw. höher veranschlage als Werte wie Freiheit oder freies Unternehmertum.

Weil der Liberalismus sich anzuerkennen weigert, daß die Natur, die Geschichte und das persönliche Schicksal Menschen hervorbringt, sie sich faktisch voneinander unterscheiden, drängt er mit zunehmender Aggressivität auf Gleichheit. Hatte das früher noch gleiche Ausgangschancen bedeutet, so heißt es jetzt, daß auch im Endeffekt alles gleich sein müsse. Amerikas einzigartiger Tradition einer „Meritocracy“, die seit Generationen die Leistung belohnt und die soziale Mobilität gefördert hat, wird nicht länger vertraut. Um die seiner Meinung nach bestehende Ungleichheit der Geschlechter zu bekämpfen, hat der Liberalismus die öffentlichen Schulen dazu gezwungen, den getrennten Turnunterricht für Knaben und Mädchen abzuschaffen, aber auch alle nur einem Geschlecht zugänglichen Freizeitgruppen wie Männerchöre. Im Namen der Gleichheit haben die ACLU und andere liberale Gruppierungen einen Feldzug gestartet, um zu verhindern, daß Intelligenztests als Aufnahmeprüfungen für ein College verwendet werden. Auf die perverse, aber logische Spitze hat ein Konsumenten-Berater in Connecticut diesen liberalen Begriff von der Gleichheit getrieben, indem er feststellte, daß Firmen oder auch Einzelpersonen, deren Namen mit A anfängt, einen ungerechtfertigten Vorteil genießen, weil sie dadurch in Adreß- und Telefonbüchern vor den Eintragungen mit anderen Anfangsbuchstaben rangieren. Er schlug deshalb vor, die Reihenfolge umschichtig zu ändern bzw. in jedem zweiten Jahr mit dem Buchstaben Z anzufangen.

Auf keinem anderen Gebiet hat sich dieser Liberalismus der Einmischung so unangenehm bemerkbar gemacht und soviel Kosten verursacht wie in der Wirtschaft. Seit den späten 60er Jahren klingt sein Ton in den Ohren des Kapitalismus immer feindseliger, aber auch in denen von Industrie und Technik. Das stolze Erbe des Liberalismus, der ideologische und politische Hort des freien Marktes und des wirtschaftlichen Wachstums zu sein, scheint völlig vergessen. Heute lautet die Losung offenbar eher: „Kein Wachstum!“ oder „Small is Beautiful!“, während der bürokratische Leviathan als allwissender Koordinator über alle wirtschaftlichen Tätigkeiten wacht. Die Folge ist, daß die Unternehmen unter einer enormen Last von amtlichen Vorschriften stöhnen. Statt Maßnahmen zur Schaffung neuen Wohlstandes zu entwickeln, vergnügt sich der Liberalismus damit, die vorhandenen Reichtümer durch breitangelegte Sozialprogramme umzuverteilen, die durch erhöhte Steuern, Inflation und eine steil ansteigende Staatsverschuldung finanziert werden. Die neuen Steuersätze sind so weit in die Höhe gegangen, daß sie bewußt darauf angelegt zu sein scheinen, Arbeitsleistung, Initiative und Risikobereitschaft unter Strafe zu stellen. Was den Wirtschaftswissenschaftler George Gilder in seinem Buch *Wealth and Poverty* zu der Schlußfolgerung veranlaßt hat, der Liberalismus gehe offenbar von der Annahme aus, daß „Reichtum eine Selbstverständlichkeit und nicht das Ergebnis von Arbeiten und Sparen“ sei; daß das Leben bequem und unkompliziert sein müsse und daß für die unvermeidlichen Mängel, Rückschläge und Frustrationen immer nur überwollende Mitmenschen verantwortlich seien.

Während der neue Liberalismus die Freiheit auf dem Markt einschränkte, hat er ebenso viel Energie aufgebracht, die sozialen

Hemmnisse abzubauen. Sein Angriff hat sich gegen die traditionellen Sitten und Gebräuche gerichtet, die das Verhalten des Einzelnen regulieren und seine Verfehlungen bestrafen. Liberale Erzieher haben in besonderen Kursen mit der Bezeichnung „Values Clarification", die sie in die Lehrpläne eingeschoben haben, die Kinder zum Schrecken ihrer Eltern in dem Fach „Situational Ethics" unterrichtet. Danach sind so ziemlich alle Werte einander gleichzusetzen und nur noch wenige Entscheidungen über Recht und Unrecht zu fällen. Außerhalb der Schule haben die Liberalen die Gerichte und die gesetzgebenden Instanzen benutzt, die Ansprüche des Individuums gegen die gesellschaftlichen Institutionen zu stützen. Es macht offenbar wenig aus, daß die neuentdeckten Rechte des Verbrechers zu Lasten des Schutzes der Gesellschaft vor Ungesetzlichkeiten gehen, daß die neuentdeckten Rechte der Kinder zu Lasten des Anspruchs der Eltern auf die Erziehung ihres Nachwuchses gehen und daß die neuentdeckten Rechte der Pornographen zu Lasten der Erwartung der Gesamtheit auf Anstand und Sitte gehen.

Die Bemühungen um die Rechte des Individuums sind dem Liberalismus freilich nicht fremd, sie haben schon immer an der Spitze seiner Anliegen gestanden. Schließlich ist er ja im späten 18. Jahrhundert im Kampf gegen die Autorität von Staat, Kirche und Tradition geboren worden. Doch haben die Liberalen immer eine Grenze für die Rechte des Individuums anerkannt. Der amerikanische Philosoph John Dewey und seine liberalen Kollegen im frühen 20. Jahrhundert haben niemals versucht, alle Hemmnisse zu beseitigen, sondern vielmehr darauf gebaut, daß „die Redefreiheit zu einer nüchternen Diskussion führen, aufgeklärte Scheidungsgesetze die Familienbande stärken und die Chancengleichheit die wahren Verdienste nach vorn bringen würde" (Oscar Handlin). Den Liberalen jener früheren Epoche wäre die unnachgiebige, absolutistische Interpretation der „Bill of Rights", wie sie der moderne Liberalismus in der Heiligung der Rechte des Individuums als oberstem, ja alleinigem Gegenstand des Schutzes durch politische Instanzen sieht, völlig fremd gewesen.

Eine solche Interpretation gestattet den Liberalen, das *First*

Amendment der amerikanischen Verfassung, das die Ausübung der Religion vor staatlichen Übergriffen bewahren sollte, in eine Waffe des militanten Laizismus umzugestalten. In den Händen von Liberalen werden z.B. auch die Vorschriften über das Verhältnis von Kirche und Staat aus dem *First Amendment* dazu benutzt, religiösen Studentenverbänden die Benutzung von Universitätsräumen zu verweigern oder Kinder daran gehindert, in Klassenzimmern Gebete zu sprechen, die Bibel zu lesen oder Weihnachtslieder zu singen. „Freedom of Speech" bedeutet in diesem Zusammenhang u. a., daß Bundesstaaten die Schüler nicht zum Eid auf die Fahne anhalten dürfen.

In Fragen der Außenpolitik und der nationalen Sicherheit ist der Liberalismus von einer verblüffenden Laxheit. Zwar hat es schon immer im Schoße der amerikanischen Liberalen eine kleine pazifistische, zum Appeasement bereite und sogar prosowjetische Gruppe gegeben, die sich weltanschaulich nicht weit von der marxistischen Linken unterschied. Außen- und wehrpolitisch war jedoch die Hauptrichtung des Liberalismus, namentlich in der Generation gleich nach dem Zweiten Weltkrieg, von eiserner Haltung. Doch das hat sich drastisch geändert. Ein knappes Jahrzehnt magerer Verteidigungsbudgets von liberaler Inspiration hat den Sowjets ermöglicht, die Vereinigten Staaten in den entscheidenden Kategorien einzuholen oder gar zu überholen. In einer eklatanten Schau des nationalen Masochismus, wie man es genannt hat, haben die Liberalen das FBI und die CIA kastriert, besonders insoweit sie in der Lage waren, der sowjetischen Spionage entgegenzutreten. Der amerikanische Geheimdienst ist effektiv so unzuverlässig geworden, daß einige Verbündete vor einer Zusammenarbeit und dem Austausch von Informationen zurückscheuen.

Indem sie die Augen vor dem anhaltenden Aufrüsten des Kreml verschlossen, scheinen die Liberalen ganz und gar die zunehmende Bedrohung durch die Sowjets zu vergessen. Typisch war das primitive Vertrauen, mit dem Jimmy Carter und seine engsten Mitarbeiter Cyrus Vance und Andrew Young nach Moskau blickten. Sie verhielten sich als Lenker der amerikanischen Außenpolitik, als hätten sie noch nie etwas von Geschichte gehört oder gleich aufgegeben, etwas daraus zu lernen. An die Stelle der unbeirrten Einschätzung der weltpolitischen Realität, mit der eine Generation früher der Liberalismus noch auf die sowjetische Herausforderung in Berlin, Südkorea, Kuba und Indochina reagiert hatte, war ein naiver Idealismus getreten.

Die Ursache für den massiven Rückzug der Liberalen an der außenpolitischen Front ist teilweise in der Flut von Publikationen linksradikaler Professoren zu suchen, die auf phantasievolle Weise die Geschichte der Epoche nach dem Zweiten Weltkrieg umgeschrieben haben. Mit Hilfe einer Art Alchemie haben diese sogenannten Revisionisten die Sowjetunion vom Angreifer, der die Ostseestaaten, Osteuropa und den größeren Teil von Mitteleuropa geschluckt hat, in ein harmloses, mißverstandenes und ungerecht behandeltes Opfer verwandelt. Gegen das Unschuldsweiß der Sowjets stechen die düsteren Farben ab, in denen die Revisionisten die Vereinigten Staaten gemalt haben; nicht länger mehr sind sie eine Rüstkammer der Demokratie, die bereit ist, ihre Jugend und alles, was sie besitzt, zu opfern, um der totalitären Aggression Einhalt zu gebieten. Stattdessen erscheint Washington als eine böse imperialistische Macht, die für viel Elend auf der Welt verantwortlich zu machen sei. Und indem sie von der unmittelbaren Gegenwart immer weiter rückwärts schritten, waren die Revisionisten offenbar entschlossen, die USA seit ihren frühesten Tagen als eine dämonische Kraft hinzustellen. In ihren Schriften wurden die Pilgerväter zu Rassisten, und die heroische Eroberung des Westens, die Öffnung der „Frontier" wurde als Völkermord entlarvt, der womöglich in einem Atem mit der „Endlösung" der Nazis zu nennen sei.

Angesichts eines solchen Neuschreibens der Geschichte à la Orwell sind die Liberalen im großen Ganzen unbegreiflicherweise lange stumm geblieben oder sind ausgewichen, indem sie ihre frühere festere Politik verleugnet haben. Sie haben auch mit einer perfiden doppelten Moral operiert, die den kommunistischen Staaten eine Sonderbehandlung zubilligt. So hat z.B. die von Liberalen beherrschte *American Political Science Association* eine Tagung in Chicago abgesagt, weil der Staat Illinois das *Equal Rights Amendment* nicht ratifiziert habe, dafür aber nicht gezögert, eine Delegation zu einem Kongreß nach Moskau zu schikken, wo es bestimmt weniger Gleichheit und weniger Rechte als in Illinois gibt. Diese doppelte Moral erlaubt dem Liberalismus auch Unterdrückung und Brutalität in der Volksrepublik China, in Libyen, Irak, Nicaragua und bei anderen linksgerichteten Regimen zu übersehen, während man entrüstet gegen die Verletzung der Menschenrechte in rechtsgerichteten Ländern wie in Persien zur Zeit des Schahs, in Südafrika, Taiwan oder El Salvador protestiert.

Allein diese Übergriffe des Liberalismus würden wahrscheinlich den gelassensten Traditionalisten schon in Wallung gebracht und auf die Barrikaden geschickt haben. Mit Sicherheit mußte das aber Mitte bis Ende der 60er Jahre beim Anbruch der „Gegenkultur" geschehen, einer kurzlebigen, aber ungeheuer einflußreichen Bewegung, deren krasser Radikalismus, obwohl er sich nicht weniger gegen Liberale als gegen Traditionalisten wandte, eine riesige Wirkung auf den Liberalismus ausgeübt hat und viele seiner anti-traditionalistischen Ideen erst hervorgerufen hat. Hauptsächlich aus jungen Leuten bestehend, war die Gegenkultur eine geradezu klassische Jugendbewegung in ihrem Aufstand gegen die Welt der Erwachsenen, obwohl sie auch ältere Anhänger an sich zog, vor allem in solchen Enklaven wie Manhattan, Georgetown, Beverly Hills und den Universitätsstädten, wo der Liberalismus eine Modeerscheinung ist. Was genau die Ursache für das Entstehen der Gegenkultur war, verdient eine eigene Untersuchung. Doch ein wesentlicher Faktor war sicherlich, daß die Rekord-Geburtenziffer vor dem Pillenknick eine große Schar unruhiger und rebellischer Heranwachsender aus dem Bürgertum produziert hatte. Und damit nicht genug: Diese Schar trat genau in dem Zeitpunkt herausfordernd vor die Erwachsenen hin, als diese halb gelähmt von quälenden Zweifeln über den militärischen Einsatz der USA in Südostasien selber kaum imstande waren, ihren eigenen Maßstäben zu genügen.

Da der Gegenkultur so etwas wie ein positives Programm fehlt, über kurzfristige Ziele hinaus, läßt sie sich am besten durch das definieren, wogegen sie ist: Tradition, Geschichte, Technik, die moderne Welt, Amerika, Patriotismus, Ehrgeiz, Karriere, Rationalismus und sexuelle Disziplin. Wie alle Heranwachsenden rebellieren die Gegenkulturisten in erster Linie gegen die Autorität und alle Regeln, speziell solche, die den Übergang ins Erwachsenenalter durch irgendwelche Sitten und Gebräuche markieren. Daraus resultiert mit einiger Sicherheit die Heftigkeit, mit der die Gegenkultur die „repressive" Familie, die autoritäre, auf Leistung ausgerichtete und Noten austeilende Erziehung und die „unmoralische" allgemeine Wehrpflicht anprangert.

Im Rückblick auf diese Epoche schreibt Robert Nisbet: „Meiner Meinung nach dürfte es schwerfallen, ein zweites Jahrzehnt in der Geschichte der westlichen Zivilisation zu benennen, in dem soviel bewußte Angriffe auf Kultur und Konventionen, soviel Erniedrigungen sowohl am Ganzen der Kultur wie am Individuum in das Medium des gedruckten Wortes, der Musik und der Bildenden Kunst eingegangen sind wie in den 60er Jahren dieses Jahrhunderts. Was sich da vollzog, war uneingeschränkter Nihilismus."

Von diesem Nihilismus ist der Liberalismus noch heute angekränkelt, und große Teile der liberalen Bewegung sind von der Gegenkultur, der „Neuen Linken" und der „Neuen Politik" mit Beschlag belegt worden. Wenn die klassischen Liberalen der Hauptströmung auch immer wieder beteuert haben, daß sie die authentische Verkörperung der liberalen Idee darstellen, überwiegen doch deutlich die Radikalen. Eine bedeutende Gruppe von Intellektuellen hat deshalb fluchtartig den Liberalismus verlassen, sich nach rechts abgesetzt und als die „Neokonservativen" bezeichnet. Andere Liberale aus der Hauptströmung ringen weiter darum, die Herrschaft über die politischen und ideologischen Richtlinien des Liberalismus von den Radikalen zurückzugewinnen. Ob sie damit in letzter Instanz Erfolg haben werden, bleibt eine offene Frage. Einstweilen aber hat das bis zur Perversion verunstaltete Gesicht, das der Liberalismus angenommen hat, und der Einfluß, den es damit auf das Leben in Amerika gewonnen hat, die Traditionalisten aller Färbungen und in allen Bereichen so erschreckt, daß sie die Sturmglocke läuten, die Barrikaden bemannen und den Kampf aufzunehmen wagen.

Robert Elegant

Wird China konservativ?

Von der Sehnsucht der Chinesen nach Beständigkeit

Das sind gar keine richtigen Kommunisten", pflegten liberale Enthusiasten in den 30er und 40er Jahren zu sagen. „Es sind chinesische Agrarreformer."

Die verharmlosende Bezeichnung, teilweise eine Reaktion auf die korrupte Untüchtigkeit der chinesischen Nationalisten, wurde sicherlich von den fanatischen Totalitären unter Führung von Mao Zedong (Mao Tse-tung) übel aufgenommen. Aber es war eine höchst wirksame Propaganda, die ihnen die Zustimmung und Unterstützung von Außenseitern im Ausland wie in China eintrug. Die Kommunistische Partei Chinas gab sich infolgedessen keine Mühe, diese irrige Einschätzung ihrer Natur zu berichtigen. Im übrigen wußten ihre Anhänger nur zu genau, daß sie ergebene Marxisten-Leninisten waren, die sich der Revolution geweiht hatten.

Angesichts dieses historischen Präzedenzfalles mag es naiv, ja geradezu böswillig anmuten, wenn man heute behauptet, daß eben diese Partei „nicht länger kommunistisch" im klassischen Sinne und daß auch die Volksrepublik China nicht mehr als kommunistisch zu betrachten sei. Und doch stimmt es, daß man die Regierung dieses Landes sehr viel treffender als ein quasikapitalistisches, neokonfuzianistisches autoritäres Regime bezeichnet. Wenn die volkreichste Nation der Welt den bürokratischen marxistischen Totalitarismus ablehnt, ist das ein Ereignis von herausragender Bedeutung.

Kommunismus ist allerdings mit der Zeit ein so vager und verwirrender Begriff geworden, daß man sich erst einmal um seine genauere Definition umtun muß, ehe man an die eigentliche Frage mit einiger Klarheit herangehen kann. In abstrakter Hinsicht ist die Begriffsbestimmung verhältnismäßig einfach. Im klassischen Sinne ist ein Kommunist jemand, der uneingeschränkt für die Verwirklichung des idealen, von Karl Marx vorausgesagten reinen Kommunismus eintritt und unermüdlich darum bemüht ist, für das Absterben des Staates mit allen seinen Zwangs- und Unterdrückungsorganen wie der Polizei, der Armee, den Gerichten und Behörden zu sorgen, auf daß alle Menschen in vollkommener Gleichheit, in Frieden, Überfluß und Glück leben können, in einer Welt, aus der alle Konflikte verschwunden sind, weil man die wirtschaftliche Ausbeutung aller abgeschafft hat. Leider ist diese bequeme und verführerische Definition in der rauhen Welt, in der wir leben, so gut wie wertlos geworden, so daß es heute fast noch schwieriger geworden sein dürfte, unter den Führern und den Untertanen eines kommunistisch regierten Landes noch jemanden aufzutreiben, der an die Erreichbarkeit dieses irdischen Paradieses glaubt, als unter ihnen einen zu finden, der dies öffentlich als eine unsinnige Illusion bezeichnet. Es ist darum sehr wesentlich, eine genauere Definition zu finden, und erfreulicherweise gibt es sie auch.

Der verstorbene Große Vorsitzende Mao, der tatsächlich den reinsten Zustand des Kommunismus für erreichbar hielt, bezeichnete sich selbst als Marxist-Leninist. Auch die nicht-chinesischen Splitterparteien, die sich nach der großen chinesisch-sowjetischen Spaltung der Mao-Doktrin anschlossen, verfehlten nicht, die Worte „marxistisch-leninistisch" hinter ihren Namen zu setzen, um sich von den Anhängern der kommunistischen Parteien zu unterscheiden, die weiterhin dem „revisionistischen" Kurs der Sowjets anhingen. Indem er sich als Marxist-Leninist bezeichnete, bestätigte Mao nicht nur, daß er Marx' Analyse der Gesellschaft anerkannte, sondern auch, daß er kämpferisch für einen idealen und endgültigen Kommunismus eintrat, der, wie er einmal versicherte, innerhalb einer Generation erreicht werden würde. Als Leninist hatte er sich auf die zerstörerische Strategie Lenins festgelegt: eine sklavisch gehorsame, in hohem Maße zentralisierte Partei, die einen totalitären Staat verwaltet, dazu einen unerbittlichen militärischen und politischen Feldzug gegen die Bourgeoisie, die in letzter Instanz durch gewaltsame Revolutionen zerstört werden würde – Revolutionen, die von dem alleinigen Mittelpunkt der offenbarten historischen Wahrheit getragen, bewaffnet und gelenkt wären.

Paradoxerweise rebellierte Mao heftig gegen den ersten Glaubenssatz Lenins. Er begann die Große Proletarische Kulturrevolution von 1965, weil er der Meinung war, daß die monolithische Kommunistische Partei Chinas eine starre Bürokratie geworden sei, die China zu ihrem eigenen Vorteil regiere und den Weg zum reinen Kommunismus durch ihr Verhalten vergessen, mit anderen Worten: sich wie Djilas' „Neue Klasse" verhalten habe. Maos Nachfolger sind nun mit einigem Erfolg bemüht, den Charakter der Parteimaschinerie nach ihren eigenen, weniger radikalen Ideen zu verändern, eher im Geiste einer konservativen Reform und nach dem Motto: soviel vom alten System erhalten wie möglich und so viel Neues wie unbedingt nötig ...

Auch der zweite Hauptsatz Lenins ist fast ebenso gründlich von diesen Nachfolgern verworfen worden, am energischsten von dem jetzt herausragenden Stellvertretenden Vorsitzenden der Kommunistischen Partei Chinas, Deng Xiaoping (Teng Hsiao-ping). China ist nicht länger mehr im dauernden Kriegszustand mit den bürgerlichen Nationen, die nach Maos Ankündigung durch befreiende Volkskriege zerschmettert werden sollten. Stattdessen sucht die Volksrepublik China immer mehr diplomatische, wirtschaftliche und kulturelle Beziehungen im alten konservativen Stil mit dem größten Teil der Welt aufzunehmen, während sie ganz im revolutionären Stil einen heftigen Streit mit ihrem doch wohl als kommunistisch zu bezeichnenden Nachbarn Vietnam ausficht.

Worin besteht nun aber, wenn die Kampagnen im Innern wie im Ausland abgesagt worden sind, das Wesen des kommunistischen China von heute? Ich habe die Volksrepublik als quasikapitalistisch, neokonfuzionistisch und autoritär beschrieben, doch bin ich mir im klaren, daß diese knappe Einordnung einer weiteren Erläuterung bedarf. Es ist schließlich nicht so einfach, in drei Worten mit noch so vielen Silben Chinas gegenwärtigen wirtschaftlichen, ideologischen und politischen Charakter, seine neue neokonservative Wende zu schildern.

Zunächst einmal bietet sich der Terminus „quasi-kapitalistisch" so bequem an, daß er praktisch unvermeidlich ist. Doch ist er deswegen noch keineswegs genau treffend. Eine bessere, wenn auch etwas umständlichere Beschreibung wäre: eine auf den freien Markt gestützte, halb zentralistische, vom Anreiz des Gewinns ausgehende Wirtschaft, die in bedeutendem Umfang der Einmischung der Regierung unterworfen ist. Eine solche Beschreibung würde natürlich auf eine ganze Anzahl von Ländern außerhalb der kommunistischen Welt zutreffen, ebenso wie auf die Wirtschaft des alten kaiserlichen China im Zeichen der konfuzianischen Staatsphilosophie, die dort zwei Jahrtausende lang geherrscht hat. Und das ist leider vollkommen richtig.

Tatsächlich mischt sich Beijing (Peking) heute noch mehr und noch intensiver ein als die gar nicht so weit zurückliegenden Tschin- und Ming-Dynastien (von 1644 bis 1911 und von 1368 bis 1644), doch die Sui-Dynastie (von 549 bis 618) war mindestens ebenso aufdringlich, wenn nicht mehr. Sogar die gemischt militärisch-landwirtschaftlichen Kolonien, die in der Ming-Zeit in den Grenzbezirken errichtet wurden, waren fast so streng reguliert wie Maos „Große Volkskommunen", die gerade in aller Form bis auf ihren Namen abgeschafft worden sind.

Der Wandel weg vom orthodoxen Marxismus ist am auffallendsten in der Landwirtschaft, dem traditionellen Unterbau der chinesischen Ökonomie, über dem sich die schüttere Suprastruktur der Industrie erhebt. Zwar haben die Kommunisten, als sie vor mehr als 30 Jahren an die Macht kamen, das Land wie versprochen an die kleinen Bauern verteilt, es dann aber kollektiviert und schließlich in den Großen Volkskommunen zusammengefaßt, die darauf angelegt waren, dem einzelnen jedes Privateigentum bis auf Kleidung und Toilettenartikel abzusprechen und außerdem den Familienzusammenhang zu zerstören. Jetzt verteilen die Kommunisten von neuem das Anrecht auf das zu bebauende Land an ganze Familien und kehren damit zu ihrem ursprünglichen Versprechen zurück.

Natürlich geht dieser Vorgang in dem riesigen Land keineswegs gleichförmig vonstatten. Nichtsdestoweniger ist er doch relativ konsequent und erstreckt sich immer weiter, ebenso wie vergleichbare Maßnahmen in der Industrie, im Handel und im Bereich der Dienstleistungen. Viele Fabriken sind heute unmittelbar für ihre eigene Vorausplanung verantwortlich und hängen nicht mehr ganz und gar von den Provinzbehörden ab, die nicht mehr bis in alle Einzelheiten hinein von den Zentralbehörden gesteuert werden. Unternehmer beschaffen sich jetzt Kredite bei der Bank, statt Subventionen vom Staat zu erwarten. Ein weiterer Ausbau wird durch Reinvestierung der eigenen Gewinne finanziert, die als zusätzliches Einkommen betrachtet werden können. Außerdem erhalten Arbeiter und Angestellte eine Gewinnbeteiligung – eine Art des Ansporns, die nach Auffassung des orthodoxen Marxismus-Leninismus völlig verwerflich ist.

Landwirtschaftliche Produkte werden von den Bauern auf dem freien Markt verkauft, wo natürlich die beste Ware angeboten wird, angeblich nur die Überschüsse nach Ablieferung der kontraktgemäß dem Staat zustehenden Ernte. Private Unternehmungen aller Art, angefangen bei Verkaufsständen mit Nudeln über Geschäfte mit Geschenkartikeln bis zu Schweißerei-Werkstätten arbeiten ganz für ihren eigenen Profit. Neulich stand in der offiziellen englischsprachigen Zeitung *China Daily* ein lobender Artikel über einen Verfertiger von Teig-Skulpturen (in China eine seit langem verbreitete Spezialität), der monatlich 2000 Yuan verdient – in einem Land, in dem das Durchschnitts-Monatseinkommen 160 Yuan (etwa 200 DM) beträgt, eine ganz erkleckliche Summe.

Um ausländische Anleihen und Handelsbeziehungen wird mit Leidenschaft gerungen, speziell in den „ökonomischen Sondergebieten“, in denen Unternehmern freisteht, selbst ihre Arbeitskräfte einzustellen und sich nach besten Kräften mit der wiedererstarkenden amtlichen Korruption herumzuschlagen. Hier in Guangschu (Canton) habe ich neulich einen Kuli gesehen, der auf seinem Handkarren unbekümmert einen Eisschrank vor sich herschob, auf dem deutlich die englische und chinesische Aufschrift „Product of Taiwan, Republic of China“ prangte. Theoretisch wird natürlich der Handel mit den Nationalchinesen auf Formosa scheel angesehen.

Die Intensität der heute vorhandenen Regierungsaufsicht würde einen an den freien Markt gewöhnten Unternehmer im Westen sicherlich in Schrecken versetzen. Doch die wirtschaftliche Liberalisierung schreitet voran, ungeachtet der bürokratischen Schikanen und der nur der Untüchtigkeit zu verdankenden Hürden, die hier nicht im einzelnen geschildert werden können. Das Hauptziel des Regimes heißt wirtschaftliche Entwicklung und höhere Produktivität und nicht länger „social engineering", will sagen: Manipulierung von Menschen im Dienste der Produktion.

Was ist denn nun aus Verwaltung und Ideologie geworden? Die Regierung mischt sich noch immer ein, mehr als einst unter den kaiserlichen Dynastien, zu deren Zeit man voller Genugtuung sagte: „Der Himmel ist hoch, und der Kaiser ist weit weg." Doch unter jenen theoretisch – wenn man den modernen Ausdruck gebrauchen will – totalitären Dynastien erlaubte eine pragmatische Differenzierung zwischen starrem Dogma und flexibler Wirklichkeit sowohl den Untertanen wie den Beamten viel lokale Freizügigkeit. Und heute bewegt sich die Volksrepublik, wenngleich ihre Führer noch hauptsächlich in einem leninistischen Absolutismus aufgewachsen sind, auf einen ähnlichen Kompromiß zu – eine Mischung u. a. aus traditionellem Konservatismus und modernem Radikalismus.

Trotz des Widerstandes der alteingesessenen Bürokratie wird in der Hauptstadt wie in den Provinzen der schwere Druck der Gerontokratie allmählich leichter, weil man die Pensionierung aller Minister, Stellvertretender Minister, Gouverneure und Vizegouverneure, Parteisekretäre und aller kleineren Beamten über 65 Jahre angeordnet hat. In der Zentralregierung wurden neulich etwa 4000 Bürokraten in einer durchgreifenden Reorganisation entlassen, bei der auch die Anzahl der Ministerien und sonstigen Ämter in der angeschwollenen Hauptverwaltung reduziert wurde. Viele jüngere Beamte, die nun plötzlich Verantwortung auf ihren Schultern tragen, die sie erst in etwa zehn Jahren zu übernehmen erwartet hatten, finden sich mit dem Übergang nur schwer ab. Aber für die Bevölkerung, die feststellen kann, daß die Regierung weniger brutal und aufdringlich handelt als zuvor, ist das nicht schlecht. Außerdem wird ein größeres Maß an örtlicher Initiative nicht nur geduldet, sondern geradezu gefordert.

Diese grundlegenden Veränderungen erfolgen in immer schnellerem Tempo. Deshalb bedeutet die autoritär, statt totalitär gewordene Verwaltung immens viel für die Chinesen und die übrige Welt. Selbstverständlich wird China keine liberale Demokratie werden, das ist ein westliches Ideal, das es nie gekannt hat und für das es wahrscheinlich auch ungeeignet ist, sowohl verwaltungstechnisch wie psychologisch.

Das Wort „neo-konfuzianistisch" habe ich gebraucht, weil in China wie in vielen andern Ländern die Regierung in einem inneren Zusammenhang mit der Vergangenheit des Landes steht. Der Konfuzianismus war in Theorie und Praxis schon immer autoritär. Die sich ewig wiederholende Geschichte weiß auch alte Bräuche und übernommene Haltungen zu bewahren. Heute sind die Parolen, mit denen die Kommunisten genau wie einst ihre kaiserlichen Vorgänger das Volk zu ordentlichem Betragen anhalten, ihrem ganzen Wesen nach konfuzianisch. Nicht länger fordern in Städten wie Guangschu, von wo ich diesen Bericht schicke, riesige Plakatwände zum Klassenkampf auf oder verherrlichen die Kommunistische Partei.

Vielmehr mahnen sie zu zivilisiertem und höflichem Verhalten und zu Rücksichtnahme auf die Umgebung, zu Moral, Hygiene, Disziplin und guten Manieren. Nichtsdestoweniger ist das Hauptproblem, mit dem sich die chinesischen Führer zu beschäftigen haben – nachdem sie vor ein paar Jahrzehnten den Konfuzianismus abgeschafft haben und nun auch praktisch den Marxismus-Leninismus der letzten Jahre verleugnen –, das Fehlen einer einigenden Ideologie. Seit dem dritten vorchristlichen Jahrhundert haben chinesische Regime nach festgelegten Dogmen regiert, haben sich chinesische Denker, mehr noch als die alten Griechen, vor allen Dingen mit politischer Philosophie beschäftigt. Der Konfuzianismus beruht auf jahrhundertealten Texten, die nicht nur die Verwaltungsvorschriften erhabener Mandarine festhielten, sondern auch nach mehr oder minder geheiligtem Moralkodex die kleinsten Einzelheiten des Alltagslebens regelten.

Der Pragmatismus oder das *laissez faire* sind nicht hinreichend konkret, um den buchstabenfrommen Verstand der Chinesen zu lenken. Auf der anderen Seite ist der Konfuzianismus offensichtlich zu starr und zu simpel für die komplexe Gegenwart. Angesichts des gerade überstandenen Chaos ständiger radikaler Veränderung (Mao hatte den Hang zur permanenten Revolution) sehen sich die Chinesen nach ihrer konservativen, auf das Bewahren ausgerichteten Tradition. Doch vor den Problemen einer Ära der Modernisierung müssen sie sowohl ihr altes wie ihr neues Verhalten gegenüber den Tatsachen verändern und lernen, wie man Neues erfindet und das Alte wiederentdeckt. Die entscheidende Frage aber bleibt: Welche spezifische Ideologie wird dem neuen China als Leitstern dienen?

Viola Roggenkamp

Von Traditionen beherrscht: Indiens Frauen

Konservativismus in der Dritten Welt

Indien, das Land so groß wie Westeuropa, mit seinen 730 Millionen Menschen und den verschiedenen Kulturen, Sprachen, Schriften, reizvoll in des Wortes doppelter Bedeutung, attraktiv wie aggressiv, ist auf der Welt der Teil des Patriarchats, in dem die Konturen besonders scharf gezeichnet sind: Überbevölkerung und Armut, Kastensystem und Korruption, Ausbeutung und vereinzelt märchenhafter Reichtum, in der Religion Absolutismus, in der Politik Parlamentarismus, dessen demokratische Fortsetzung und Zukunft Ministerpräsidentin Indira Gandhi monarchistisch begreift:

Nachdem der von ihr als möglicher Nachfolger aufgebaute Sohn Sanjay 1980 tödlich verunglückte, mußte dessen älterer Bruder Rajiv die Rolle des Thronfolgers übernehmen. Ein freundlicher, beleibter Familienvater und guter Indian Airlines-Pilot, aber als Politiker leidenschaftslos und bloß ein folgsamer Sohn.

Autoritätsgläubigkeit liegt über allem, dem Guru gegenüber wie dem Bürokraten. Das bedeutet aber auch ein sich nach unten stufenartig fortsetzendes System von Machtanspruch. In Indien findet sich nicht immer einer, der noch mehr, sondern stets einer, der noch weniger zu sagen hat. Am Ende dieser Hackordnung haben die Frauen und Mädchen ihren Platz.

Die Frau, lehrt der Hinduismus, ist als Kind ihrem Vater, in der

Jugend und als Erwachsene ihrem Ehemann untertan und als Witwe ihren Söhnen. Sie darf niemals Unabhängigkeit genießen. Ihr Ehemann ist ihr Gott. Hingabe an ihn, heißt Hingabe an Gott. Die Frau, lehrt der Hinduismus, ist ein von Natur aus geistig armes, wollüstiges, triebhaftes Wesen, das ohne Ehrgefühl mit angeborenem Verführungstrieb ist.

Das alles würde selbstverständlich niemand von Indira Gandhi behaupten, obwohl auch sie dieser Religion angehört wie über 80 Prozent aller Inder. Nicht etwa, weil sie Mitglied der höchsten Kaste ist – eine Brahmanin, dazu noch aus Kashmir –, sondern die Ministerpräsidentin und Nehru-Tochter ist „accepted as Sir".

Mehr als zehn Prozent sind Moslems, und Übertritte vom Hinduismus zum Islam finden vor allem bei den Kastenlosen, den Unberührbaren, den Parias statt, die dadurch dem für sie perspektivlosen Leben zu entgehen versuchen. Für ihre Frauen indessen ändert sich durch den Religionswechsel nichts in ihrer Abhängigkeit gegenüber dem Mann.

Etwa zwei Prozent sind Sikhs, eine im 15. Jahrhundert nach Christi Geburt von Guru Nanak gestiftete Religion als Abkehr vom Kastensystem, deren Anhänger überwiegend im Norden Indiens, im Punjab leben. Der Rest verteilt sich auf Parsen, Christen, Jains, Buddhisten und Juden, die alle – auch die Sikhs – als indische Menschen, selbst als Christen, längst wieder im Kastensystem leben.

Das Nebeneinander von Politik und Religion hat seinen Schwerpunkt vor allem für die 85 Prozent der auf dem Lande lebenden indischen Menschen im Glauben und nicht in der Gesetzgebung oder im politischen Alltag. Von den 670000 Dörfern des Landes ist gerade ein Fünftel mit Strom versorgt. Wie sollte die Mehrzahl der Menschen erreichen, was zu ihren Gunsten beschlossen wurde und inkraft getreten ist. Die fast tausend indischen Tageszeitungen können von über 80 Prozent aller Frauen und knapp 60 Prozent der Männer nicht gelesen werden; sie sind Analphabeten.

Ihr Leben wird bestimmt von dem, was seit über zweitausend Jahren durch den Hinduismus überliefert ist – und von der jeden Morgen wiederkehrenden Frage, wie der Reis für die eine Mahlzeit pro Tag und für zwei Erwachsene und vier bis acht Kinder zusammenkommt.

Im Hinduismus ist alles im Wandel, eine pausenlose Erneuerung durch die Wiedergeburt. Aus dem Kreislauf der Seelen kann nur aussteigen, wer seinem Handeln ein Ende setzt als Yogin oder Mönch, wer durch Wissen, Erkenntnis und Askese zur Erleuchtung kommt, durch weltabgewandte Meditation ins Nirwana findet, ins Nichts, und das Nichts ist Alles.

Der Hinduismus, dessen Kastensystem um die zweite Hälfte des zweiten Jahrtausends vor Christi Geburt durch eingewanderte Indoeuropäer eingeführt wurde, dessen eigentliche Ursprünge aber noch viel weiter zurückliegen und nicht datiert werden können, weiß von vielen Göttinnen und Göttern, die aber auch alle nur die Inkarnation des einen sein können. Es ist alles im Fluß, im Entstehen und Vergehen und mit westlichem Verständnis dem religions-philosophischen Ansatz kaum beizukommen.

Als Versinnbildlichung und Verkörperung des Universums gilt die Dreigestalt (Trimurti) Brahma, der Schöpfer, Vishnu, der Erhalter, Shiva, der Zerstörer, der übrigens meist mit aufgerichtetem Phallus dargestellt wird. Hindus sind nie eifernde, die Religion anderer Völker verachtende Missionare gewesen: Stattdessen Respekt bis hin zum Gebet vor den fremden Göttern.

In eine der fünf Hauptkasten und über 3000 Unterkasten wird man hineingeboren. Beruf und gesellschaftliche Position werden durch sie festgelegt. Einerseits eine Sicherheit durch Zugehörigkeit, andererseits eine menschliche Katastrophe, denn wer zum Beispiel als Kastenangehöriger der Kloakenreiniger auf die Welt kommt, kann diesem Schicksal durch Bildung oder Fleiß nicht entkommen, nur durch Wiedergeburt in eine höhere Kaste. Wer im Elend lebt, an Lepra erkrankt oder sonstwie vom Unglück verfolgt ist, hat ganz gewiß in seinem Vorleben Böses auf sich geladen. Die Degradierung durch Wiedergeburt geht womöglich bis zum Dasein als Kakerlake.

Zwar gibt es per Gesetz längst das Verbot, Unberührbare, also Angehörige der niedrigsten Kaste, eigentlich Kastenlose, zu diskriminieren. In Parlamenten und Universitäten sind Quoten eingerichtet worden, die aber so gut wie nicht erfüllt werden.

Geschrieben steht es nirgendwo, und doch gehen viele Hindus davon aus, daß eine Frau erst als Mann wiedergeboren werden muß, wenn sie über weite, weite Wege der Läuterung ins Nirwana kommen will. So gilt zum Beispiel bei den Digambaras, den luftgekleideten Jains, deren Mönche im Stadium der Vorstufe zum Nirwana völlig nackt durch Indien wandern, die Frau als nicht erlösungsfähig. Im Kreislauf der Wiedergeburt jedoch ist als Bestrafung wie als Möglichkeit zur Besserung die Wiedergeburt des Mannes als Frau nicht vorgesehen, überhaupt nicht gedacht worden. So tief kann einer gar nicht fallen; eher wird er zur Ameise.

Im indischen Alltag, der für die meisten Menschen auf dem Lande oder in den Slums der großen Städte stattfindet, wird klar, warum nicht: Jeder Mann, auch der Unberührbare, hat immer noch eine Dienerin – seine Frau. Nicht als Ameise, aber als männlicher Mensch ist dieser Luxus selbst im größten Elend unverzichtbare Selbstverständlichkeit.

Vom ersten Augenblick ihres Lebens ist das hinduistische Mädchen – egal welcher Kaste – ein Mensch zweiter Klasse. Sie ist die Tochter, die Schwester, die Mutter, die Frau eines Mannes, aber niemals eine individuelle Persönlichkeit. Sie muß das nicht für sich leidvoll herausfinden aus doppelbödigen Unterdrückungsmechanismen. Es wird ihr deutlich gesagt und spürbar zu verstehen gegeben, sie erlebt es unablässig. Ihre Erwartungen an ihr Leben beschränken sich darauf, ihrem Vater, Bruder, Mann und Sohn eine hingebungsvolle Dienerin zu sein. Zu der Familie, in die sie hineingeboren wurde, gehört sie nach hinduistischer Denkungsart in Wahrheit nicht. Sie ist Eigentum der Familie ihres künftigen Ehemannes.

Um dem Bräutigam und seinen Verwandten die Aufnahme und Übernahme der eigenen Tochter – eben nur ein weibliches Wesen – zu danken und schmackhaft zu machen, müssen die Eltern eine Mitgift geben, für die sie sich nicht selten bis in die nächste Generation verschulden. Eine unverheiratete Tochter ist ein Stigma. Der Bräutigam und seine Familie nutzen das nicht selten zu Erpressungen. Den Eltern der Frau wird zu verstehen gegeben, falls sie nicht mehr Geld oder Geschenke aufbringen können, daß ihrer Tochter andernfalls Gewalt, ja vielleicht sogar der Tod droht.

Jeden Tag werden in Indien verheiratete Frauen in den Selbstmord getrieben oder bei lebendigem Leibe verbrannt. Ihr Sari ging beim Kochen mit Kerosin in Flammen auf, heißt es dann in der offiziellen Polizeimeldung. Etwa 800 auf diese grausame Weise ums Leben gekommene junge Frauen wurden 1980 allein in Indiens Hauptstadt Neu Delhi gezählt. Die Dunkelziffer im ganzen Land ist nicht einmal zu schätzen.

Wenn morgens, noch vor Sonnenaufgang über Neu Delhi eine dichte, grauweiße Nebelwolke aufsteigt, dann ist das der gesammelte Qualm unzähliger offener Feuerchen, auf denen die Frauen in den Slums und entlang der Straßen Reis für ihre Männer und Söhne kochen. Sie selbst und ihre Töchter essen, was übrig bleibt – wenn etwas übrigbleibt.

Wenn durch die breiten Straßen der Hauptstadt Polizisten zu Pferde und zu Fuß, bewaffnet mit Schlagstöcken, zu dieser frühen Morgenstunde Demonstrationszüge in Richtung Safdarjung Road No. 1 begleiten, dann sind das immer öfter protestierende Frauen, die Indira Gandhi heimsuchen: „Indira! – Schwiegertöchter werden verbrannt unter deiner Regierung!" Zu den inzwischen auch im Ausland bekannt gewordenen Mitgift-Morden (dowry death) hat sich die Regierungschefin noch nicht einmal öffentlich geäußert.

Die Frauenbewegung in Indien hat eine andere Geschichte als die „in Übersee", wie man hier sagt. Es gibt Frauengruppen im ganzen Land, doch sehr oft wissen sie gar nichts voneinander. Die indische Feministin, Nandita Gandhi, spricht darum auch nicht von einer Frauenbewegung, sondern von einer Bewegung wachsenden, feministischen Bewußtseins. „Ironischerweise ist die Emanzipation der Frau bei uns durch Männer eingeleitet worden", obendrein durch dic Kolonialherren in der Mitte des 19. Jahrhunderts.

Sie verboten die Witwen-Verbrennung (sati), sie verboten die Kinderehen, sie setzten sich für die Wiederverheiratung von Witwen ein. Erfolgreich waren sie nicht. Weder Bildung noch

Aufklärung oder Entwicklungshilfe haben an der Stellung der Inderin wirklich etwas verändern können, denn der „Sahib Sir" hat an der traditionellen Rolle der Hindu-Frau nie Anstoß genommen. Er hat nur dafür gesorgt, daß unter dem Sari ein Leibchen getragen werden mußte. Von der Kinderehe bis zur Witwenverbrennung stellte die männliche Wissenschaft der westlichen Welt jede brutale Verfügbarkeit über Frauen als „Bräuche" dar. Oft sogar mit dem Zusatz der Verherrlichung:

Frauen, die auf dem Scheiterhaufen ihres toten Mannes bei lebendigem Leibe verbrannt wurden, erfüllten mit Stolz und aus freiem Entschluß den altehrwürdigen Brauch des Menschenopfers, aus selbstloser Hingabe an den Mann. Erst heute, und zwar nur aus Angst vor der Überbevölkerung, kommen die Entwicklungspolitiker darauf, sich mit ihren Ernährungsprogrammen sowie medizinischen und hygienischen Aktionen auf die Frauen zu konzentrieren. Bislang ließen Männer nur Männern etwas zukommen, in der dreisten Annahme, wenn es dem Mann besser geht, profitiert die Frau automatisch davon.

1849 wurde die erste staatliche Schule für Mädchen in Kalkutta, damals Indiens Hauptstadt, eröffnet. Bis 1858 folgten 40 weitere in Bengal. Längst gibt es die allgemeine Schulpflicht. Doch bis auf den heutigen Tag werden weit weniger Mädchen als Jungen zum Unterricht geschickt.

Über 20000 Frauen marschierten mit Mahatma Gandhi in der nationalen Bewegung für die Unabhängigkeit. Zwar entstanden durch ihn und seine Frau Kasturba zahlreiche Frauenorganisationen und -vereine – die All India Women's Conference von 1927, die Frauenorganisation der heutigen Congress Party Indira Gandhis, ist eine davon –, doch sie alle waren und sind Anhängsel politischer Gruppen und Parteien, vergleichbar also unseren etablierten Frauenverbänden. Wohl nicht unbedingt ihre Möglichkeiten, aber ihr Tun und Wirken ist gleich null; Beschäftigungstherapie für die Ehefrauen und Schwestern maßgebender Herren.

An Gandhi übt die indische Frauenbewegung zu Recht Kritik, und sie tut das mutig und rechtzeitig zu einem Augenblick, da der Mahatma (die große Seele), zumal durch den weltweit viel beachteten Gandhi-Film Richard Attenboroughs, Thema der Friedensbewegung wurde.

Gandhis Frauenideal war die am Spinnrad sitzende Sita, die englische Admiralstochter Madeleine Slate, gescheit, aber schweigsam. Er glorifizierte die Mutterschaft, war ungebrochen für die Entscheidung der Frau zwischen Ehe oder Politik oder Sozialarbeit. Er verherrlichte die „weibliche Fähigkeit zur Ausdauer“ und vor allem „ihr Desinteresse an der Sexualität“. Über Sexualität wird in der Öffentlichkeit Indiens auch heute nicht gesprochen. Zumal nicht über die Sexualität von Frauen.

Die Barrieren, die von der feministischen Bewegung überwunden werden müssen, um Frauen in Indien zu erreichen, sind um vieles höher, und jede von ihnen muß von jeder in sich selbst genommen werden. Die Unfreiheit der Frau, gebunden an die hohen Werte alles Männlichen, hat zu Unterdrückungsmechanismen und zu einer Verachtung gegenüber Frauen geführt, die für jede einzelne lebensbedrohlich sein kann. Zwar gibt es aus dieser kollektiv erfahrenen Diskriminierung heraus auch Solidarität unter Frauen, doch sie hält aus dem Bewußtsein der eigenen Ohnmacht gegenüber Gewalt in der Familie, im Clan, im Dorf nicht stand.

Im Widerspruch zu der gesellschaftlich-religiös festgelegten Position der Frau scheint die politische Entwicklung Indiens zu stehen: 1918 gaben der Indian National Congress und die Muslim Liga den Frauen das Wahlrecht. 1937 lag Indien mit seiner Zahl aktiver Politikerinnen an dritter Stelle in der Welt. Soweit es damals eine beginnende Frauenbewegung gab, sah sie sich ihrer ganzen Dynamik beraubt, denn die Regierung des unabhängig gewordenen Indiens übernahm ihr ganzes progressives Denken.

Alle Forderungen wurden 1950 in die erste indische Verfassung aufgenommen, aber eben diskussionslos. Eine Veränderung innerhalb der Gesellschaft haben diese Gesetze darum bis heute nicht bewirken können. Von 794 Parlaments-Mitgliedern sind elf Prozent Frauen (in der Bundesrepublik Deutschland 9,8 Prozent), darunter eine Ministerin und einige stellvertretende Ministerinnen. Außerdem sitzen Politikerinnen in den Kabinetten und Parlamenten der 22 Unionsstaaten. Indiens Krankenhäuser werden überwiegend von Frauen geleitet. Frauen stehen teilweise mit an der Spitze großer Unternehmen und wirtschaftspolitischer Interessenverbände. Frauen lehren als Dozentinnen und Professorinnen an den Universitäten des Landes.

Das ist nicht etwa das Ergebnis von Aufklärung und Fortschritt. Wegen der immer noch sehr hohen Analphabetenrate in den Ländern Asiens und Afrikas werden Frauen aus der Oberschicht dort eingesetzt, wo mit fortschreitender Entwicklung Männer nachrücken und Frauen verdrängen werden.

Auf dem Papier gehört die Inderin zwar zu den gleichberechtigsten Frauen der Welt. Doch verändert hat sich dadurch für sie nichts an ihrer traditionell mit Moral, Tabus, Sitte, Mystik, Überlieferung begründeten und von Männern wie auch von Frauen ausgeübten, ausgenutzten und bewahrten Diskriminierung.

Wo wie in den Slums zu viele Menschen auf einem Fleck leben und sich gegenseitig Wasser, Tageslicht und auch die Luft nehmen, oder wo andererseits die nächste menschliche Gemeinschaft zu weit entfernt ist, wo es nur den Trampelpfad Richtung Horizont zum nächsten, meilenweit entfernten Brunnen gibt, da bedeuten selbst unmenschlichste Regeln und Gesetze für das menschliche Zusammenleben eine Sicherheit. Und je schlechter einer dran ist, und das sind ausnahmslos in der Hierarchie Frauen und Mädchen, desto williger – man kann auch sagen unfrei-williger – wird daran festgehalten.

Die acht Gesetze, die bereits zwischen 1951 und 1961 verabschiedet wurden, um die Gleichberechtigung der Frau zu sichern und sie im Familien-, Ehe- und Berufsleben vor Diskriminierung zu schützen, lesen sich – gemessen an der Realität – wie eine grausame Verhöhnung.

1955 wurde das Hindu-Eheschließungsgesetz (Hindu Marriage Act) verabschiedet. Darin wurde die Ehemündigkeit der Frau auf 15, die des Mannes auf 18 Jahre festgelegt, um Kinderehen zu verhindern. Inzwischen wurde auch das Heiratsalter der Frau auf 18 Jahre angehoben. Es schreibt die Einehe vor und erlaubt die Ehescheidung; außerdem die Eheschließung zwischen Angehörigen verschiedener Kasten.

1956 trat das Hindu-Erbrecht (Hindu Succession Act) in Kraft. Erbschaft nach Reihenfolge der Blutsverwandtschaft ohne Benachteiligung der Frau. Nach diesem Gesetz können die Witwe, die Tochter und die Mutter des Verstorbenen unter gleichen Bedingungen erben wie die Söhne und Brüder. Außerdem gibt das Gesetz der Hindu-Frau volles Eigentumsrecht über allen wie auch immer erworbenen Besitz. Sie ist danach also Eigentümerin ihrer Mitgift und kann sie an ihre Töchter vererben.

Im selben Jahr wurde das Hindu-Minoritäten- und Pflegschaftsgesetz erlassen (Hindu Minority and Guardianship Act). Danach muß der Ehemann für den Unterhalt der Ehefrau aufkommen, selbst wenn sie von ihm getrennt lebt, was häufig vorkommt, weil er ohne vorausgegangene Scheidung mit einer anderen Frau zusammenlebt. Für den Unterhalt der Kinder – ehelicher wie unehelicher – sind die Eltern verantwortlich. Das Gesetz ist gegen diejenigen anwendbar, die den Gesamtbesitz des Verstorbenen erben.

1955 wurde das Sonder-Eheschließungsgesetz erlassen (Special Marriage Act), durch das Ehen zwischen allen Religionen möglich wurden.

1958 kam das Gesetz über Prostitution und Menschenhandel zu unsittlichen Zwecken (Prostitution and Immoral Traffic Act), mit dem die Abschaffung der Prostitution, nicht deren Regelung vorgesehen ist. 1923 bereits, nach Unterzeichnung der Internationalen Genfer Konvention, erklärte Indien den (käuflichen) Erwerb eines Mädchens unter 18 Jahren (zu unsittlichen Zwekken) zu einer Straftat.

1961 trat das Mutterschutzgesetz (Maternity Benefit Act) in Kraft, das Schwangeren erlaubt, Mutterschaftsurlaub bei voller Lohnfortzahlung zu nehmen. 1972 wurde der legale Schwangerschaftsabbruch für verheiratete und unverheiratete Frauen eingeführt, offiziell als medizinische Indikation, im Alltag gehandhabt auch als soziale Indikation. Abtreibung ist in staatlichen Krankenhäusern kostenlos und wird längst auch als Korrektiv gegen die Überbevölkerung eingesetzt.

Ebenfalls 1961 gab es das Gesetz zur Abschaffung der Mitgift

(Dowry Prohibition Act). Sie ist also bei Strafe verboten. Gegen „Geschenke" freilich sind keine Paragraphen anzuwenden.

Bereits 1958 verabschiedete Indien das Arbeiterschutzgesetz (Factory Act) und schon 1951 das Landarbeiterschutzgesetz (Plantation Labour Act). Darin sind auch Bestimmungen enthalten über „Gesundheit, Sicherheit und Wohlfahrt" von Arbeiterinnen in Bergwerken und landwirtschaftlichen Betrieben. Die Einstellung von Frauen für solche Arbeiten beschränkt das Gesetz nicht, aber die Zeit der Arbeit zwischen 19 und 6 Uhr. Die maximale Arbeitszeit ist auf neun Stunden festgesetzt. Der Einsatz von Frauen unter Tage ist verboten sowie bei „gefährlichen Arbeiten". Außerdem verlangt das Gesetz Kinderhorte für Kinder unter sechs Jahren in allen Fabriken.

Schwerarbeit wird in Indien vorwiegend von Frauen geleistet. Unterernährt und ob schwanger oder nicht bauen sie Straßen, Häuser und Wolkenkratzer oft mit primitivsten Hilfsmitteln. Frauen auf dem Lande arbeiten auch dann noch im Reisfeld oder eben an der Kochstelle in glühender Hitze, wenn Männer Mittagspause machen. Unter den Ärmsten ist ihre Arbeitskraft seine Mitgift. Und dort, wo Frauen ihre Rechte einklagen könnten, sitzen Männer, die nicht erst bestochen werden müssen, um gegen Frauen das Gesetz zu beugen.

Daß Töchter getötet und Frauen, die statt des gewünschten Sohnes ein Mädchen zur Welt bringen, von ihren Ehemännern mißhandelt, verstoßen oder umgebracht werden, war bislang die brutalste Form der allgemeinen Diskriminierung und Frauen-Verachtung. Sie ist Teil einer langen, jahrhundertealten Unterdrückung, zu der das verweigerte Wahlrecht genauso gehörte wie heute die Klitorisbeschneidung, die Vergewaltigung oder die geschlechtsspezifische Unterbezahlung.

Anjali Deshpande, indische Feministin: „In der guten alten Zeit fesselte man die Frauen an Händen und Füßen und warf sie in die offenen Gräber ihrer toten Ehemänner. Heutzutage scheinen die Leute in größerer Eile zu sein. Sie verbrennen ihre Frauen, ermorden sie, treiben sie in den Selbstmord – während die Ehemänner sich ungestraft ihres Lebens freuen dürfen. Jetzt aber kommt dank modernster Technik eine schnellere und weniger lästige Methode: Der Geschlechtstest (amniocentesis) vor der Geburt."

Privatkliniken werben in Indien per Flugblatt, auf öffentlichen Verkehrsmitteln, durch Mundpropaganda. Und die Frauen gehen hin und lassen ihr Geschlecht systematisch abtreiben. „Vernünftige Eltern", hieß es in dem Rundbrief eines Arztehepaars aus der heiligen Stadt Amritsar, „die sich ein männliches Kind wünschen, weil der soziale Aufbau Indiens es so verlangt, bekommen wieder und wieder Mädchen, was nicht nur die ständig steigende Überbevölkerung wachsen läßt, sondern auch soziale, wirtschaftliche und psychische Belastungen für die Familie mit sich bringt. Zu unserer Rettung ist uns die vorgeburtliche Geschlechtsbestimmung an die Hand gegeben worden, die uns sowohl helfen kann, die Bevölkerung zu kontrollieren als auch den Ehepaaren Trost bringt, die ein männliches Kind wollen." 500 Rupien kostet der Test, das Durchschnittsgehalt eines Lehrers.

Sushila Gopalan, indische Parlamentsabgeordnete: „In Uttar Pradesh, in Bihar und Rajasthan (indische Unionsstaaten mit zusammen rund 200 Millionen Einwohnern) werden Mädchen weiterhin nach der Geburt getötet. Viel mehr Frauen und Mädchen als Männer und Jungen sterben an Unterernährung und mangels medizinischer Versorgung. Und jetzt wird das Töten weiblicher Föten zum big business."

Die indische Gewerkschafterin Vimala Ranadive vergleicht diesen planmäßigen Mord an ungeborenen Frauen mit der „Endlösung der Nazis zur Ausrottung der Juden." Und die Mütter selbst: „Es ist besser, jetzt 500 Rupien für den Geschlechtstest auszugeben als später Hunderttausende für die Mitgift der Mädchen." – „Seit sieben Jahren werde ich von meinem Mann und seiner Familie verachtet, weil ich nur Mädchen bekomme. Immer wieder ist es ein Mädchen. Neun Monate trage ich daran. Die Familie betet zu Gott. Der Priester kommt. Die Familie macht puja (religiöses Zeremoniell). Dann kommt der Tag, wo die Schmerzen beginnen. Dann endlich die Geburt. Und dann ist es wieder nichts. Bei der zweiten und dritten Entbindung haben sie nur noch meinen kleinen Schwager ins Krankenhaus geschickt, der ihnen dann die schlechte Nachricht brachte. Mit einem Sohn wäre es besser für mich. Mein Mann und seine Familie würden mich achten. Und er hat doch Anspruch auf Söhne."

Dagegen erklärte ein Arzt in verächtlich mitleidigem Zynismus: „Es ist doch so, sie sind in jedem Fall die Diskriminierten. Der Unterschied ist bloß, ob sie im Leib der Mutter getötet oder von ihren angeheirateten Verwandten verbrannt werden." – Am 1. Oktober 1983 wurde Indien der United-Nation-Preis für Familienplanung verliehen.

Wann in Indien geheiratet wird, bestimmen die Astrologen. Wie in Indien geheiratet wird, bestimmen Religion und Tradition. Wer in Indien wen heiratet, bestimmen die Eltern. Nahezu jede Ehe ist arrangiert, ob bei Maharajas oder Schuhputzern, ob auf dem Dorf oder in der Stadt. Dort allerdings haben die Rolle des Heiratsvermittlers die Tageszeitungen übernommen.

Heiratsanzeigen in der *Times of India*, dem *Indian Express* oder der *Hindusthan Times* füllen Seiten, und hier präsentiert sich Indiens Mittelschicht. Weil wegen des unendlich langsam steigenden Lebensstandards zunehmend mehr Eltern ihre Söhne als Gastarbeiter in die Golfstaaten zum Geldverdienen oder gar nach Übersee zur Ausbildung schicken, und weil in diesem Lande männliche Kinder besser überleben können als die vernachlässigten Töchter, füllen auch die Heiratsannoncen der Männer erheblich mehr Spalten als die der Frauen. Auf 1000 Männer kommen statistisch gesehen 950 Frauen. Demnach hätten also die Frauen die Wahl, und doch sind es Männer, die Bedingungen stellen:

Für ihren 28jährigen, 160 Zentimeter großen Sohn „erwarten die bengalischen Eltern Angebote von Eltern wirklich schöner, gut erzogener Mädchen, Familie besitzt Maschinenfabrik, vollständige Angaben über das Mädchen und den familiären Hintergrund, Horoskope und Photos erforderlich." Der Sohn, heißt es am Ende der Anzeige, „kommt zwecks Heirat für vier Wochen aus England nach Indien". Vorher darf er einen Blick auf sie werfen, darf er im Kreise der Familie ein wenig verlegen Konversation mit ihr machen. Sie dagegen wird kaum die Augen aufschlagen. Am Ende der vielleicht 20 langen, peinlichen Minuten werden seine Eltern ihn beiseite nehmen, um seine Meinung zu hören. Sagt er ja – entscheidend dafür ist auch die bereits unter den Eltern ausgehandelte Mitgift des Mädchens –, ist die Ehe perfekt. Sie wird nicht gefragt.

Drei Zahlen setzen auch auf dem indischen Heiratsmarkt die Maße der Frau. Es geht dabei aber nicht um Busen, Taille, Hüften, sondern um Alter, Größe, Gehalt: „Suche für meine Schwester 26/155/1100, Krankenpflegerin bei der Armee, einen Ehemann, Armee-Angehörige bevorzugt, Zuschrift an Capt. S. Choudbury."

Schwer unter den Schleier zu bringen sind gebildete Frauen, wie zum Beispiel die „33jährige doppelt graduierte Brahmanin", weshalb die Eltern – Angehörige immerhin der höchsten Kaste – in ihrer Anzeige noch hinzufügen, daß für die „weatish virgin" (hellhäutige Jungfrau) ein Ehemann jeder Kast recht wäre.

Jede Ehefrau lebt in und für die Familie ihres Mannes. Sie hat alle Familienmitglieder zu bedienen (artha), nicht nur die Brüder und seine Eltern, sondern auch ihre unverheirateten, noch im Elternhaus lebenden Schwägerinnen, die – vernachlässigt wie alle weiblichen Wesen – das selbstverständlich genießen und unter Umständen auch ausnutzen. Erst wenn sie einen Sohn geboren hat, steigt sie im Ansehen. Sehr viel später erst werden ihr von der Schwiegermutter die Schlüssel des Hauses überreicht, hat sie die Schlüsselgewalt, trägt sie das schwere und stets leise klirrende Bund zum Zeichen ihrer Position an der Hüfte.

Im Beisein von älteren Familienmitgliedern muß sie Kopf und Gesicht mit ihrem Sari verdecken. Sie darf gesehen, aber nicht gehört werden, während sie die Hütte oder das Haus versorgt, die Wäsche wäscht, das Essen kocht, das Wasser heranschleppt – oder aber auch die Dienerinnen und Diener beaufsichtigt. Sie darf gesehen, aber nicht gehört werden, während sie der Familie das Essen serviert, Reis mit Curry, Chapatis (Fladenbrot) und Dal (Linsen). Sie darf niemals murren und ihre Stimme erheben, sie muß alles ertragen, und zwar stumm – seien es schlechte Witze, die über sie gemacht werden, seien es Beleidigungen, Bestrafungen oder Gewalt.

Verbunden mit ihrer Kharma-Rolle soll sie zu ihrem Mann nicht in aller Öffentlichkeit zärtlich sein, sondern nur in privater, abgeschlossener Atmosphäre, wenn er es will. Sie sei angenehm unauffällig und unauffällig angenehm. Als Ehefrau hat sie spezielle Riten auszuüben, die ihrem Mann und ihren Söhnen ein langes Leben garantieren sollen (vratas). So wird sie, wann immer es geboten ist, für ihn fasten und stundenlang beten.

Kharma ist nach unserem Verständnis das Schicksal. Was immer ihrem Mann widerfährt, ihr Kharma ist schuld, das schlecht geworden ist durch böses Tun in ihrem jetzigen oder in einem ihrer früheren Leben. Auch an dem Tod ihres Mannes – und sei er an Altersschwäche gestorben – trägt sie mit ihrem Kharma die Schuld. Darum mußten viele Witwen früher und müssen Frauen teilweise auch heute noch sati machen: Den Kopf ihres toten Mannes im Schoß, sitzen sie auf dem Scheiterhaufen und verbrennen bei lebendigem Leibe. Das Haus ihrer Familie wird danach zur Pilgerstätte.

Als Witwe dagegen führt sie ein unscheinbares Dasein, geduldet in der Familie ihres toten Mannes, der sie weiterhin Dienerin ist, zumal dann, wenn sie zu wenig Söhne geboren hat. Sie darf keinen Schmuck tragen und keine farbigen Saris. Sie muß das Haar auf bestimmte Weise binden, offen tragen oder gar scheren, je nach regionaler Sitte. Eine Wiederverheiratung ist unmöglich. Am sozialen Leben nimmt sie nicht mehr teil, denn Witwen bringen Unglück.

In der indischen Stadt Brindaban vegetieren etwa 7000 Witwen, die jeden Morgen vier Stunden lang Lob singen (Hare Rama, Hare Rama, Rama Rama, Hare Hare, Hare Krishna und so fort) um ein kleines Schüsselchen Reis. Nachmittags nochmals vier Stunden für ein Glas Tee. Sie sind kahl geschoren und tragen um ihren nackten, ausgemergelten Leib ein weißes Tuch. Das Wort Witwe kommt aus dem Sanskrit und bedeutet: leer.

Indira Gandhi, die selbst Witwe ist, durfte darum das höchste Religionsfest der Jains nicht persönlich eröffnen. Die Ministerpräsidentin, die gerade im Wahlkampf war und immer im Wahlkampf ist, hatte es sich dagegen so nett gedacht. Teilnehmen aber durfte sie dann nur aus der Luft, vom Helikopter aus.

Indira Gandhi („tatsächlich habe ich ja noch nie etwas für Frauen getan") eröffnete im März 1983 den Gipfel der Blockfreien – ein Zusammenschluß von 101 Ländern vor allem aus der sogenannten Dritten Welt – als neu gewählte Präsidentin unter anderem mit den Worten: „In einer Welt, von Männern dominiert, bekenne ich mich dazu, eine Frau zu sein." Sie war die einzige Frau unter hundert männlichen Regierungschefs. Das Bekenntnis einer Frau, die in ihren Überzeugungen gewiß nicht emanzipiert im Sinne der indischen Frauenbewegung, aber ganz einfach der mächtigste Mensch in Indien ist.

Ausgerechnet eine Frau, ausgerechnet in Indien, ausgerechnet eine Witwe; und ausgerechnet ihre Schwiegertochter, Maneka Gandhi, die gleichfalls Witwe ist, nämlich die Frau des verunglückten Gandhi-Sohnes Sanjay, macht ihr politisch Konkurrenz.

Um die 27jährige Maneka schart sich zunehmend mehr die junge Generation. Ihr politisches Programm wird getragen von einem neuen Nationalbewußtsein, und das bedeutet vor allem die endgültige Abkehr von England. Englisch ist immer noch in Indien Amtssprache, die bedeutendsten Zeitungen und Zeitschriften erscheinen in der Sprache der ehemaligen Kolonialherren, ja selbst neue indische Literatur und Lyrik wurde überwiegend geschrieben in der Wortkunst der einstigen Unterdrücker.

Das verändert sich langsam, aber zunehmend. Selbst in der indischen Oberschicht ist britischer Lebensstil und britisches Gehabe nicht mehr ausschließlich erstrebenswert. Indien hat England gegenüber immer eine Haß-Liebe gepflegt. Britisches Club-Leben mit Whisky, Golf, Tennis und Cricket, als gesellschaftliches Ereignis zelebrierte Pferderennen, Parties werden von denselben Menschen der indischen High-Society absolviert, die über Tage und Wochen inmitten der breiten Masse an indischen Religionsfesten teilnehmen.

Das spröde und gebrochene Verhältnis zu England wird nun in Literatur und Film gleich einer unglücklichen Liebe allmählich aufgearbeitet. Zwar produziert gerade Indiens Filmindustrie – neben Chinas die größte der Welt – unablässig schlimmsten, prüden wie brutalen Kitsch – im vergangenen Jahr ging zum erstenmal ein von der Zensur genehmigter Filmkuß über die Leinwand –, aber es gibt auch Filme, vorwiegend von Regisseurinnen, in denen etwa am Beispiel von angloindischen Menschen die gemeinsame Geschichte in subtiler Weise interpretiert wird.

Indien – das bedeutet auf allen Ebenen Gegensätzlichkeit: Das typischste Charakteristikum, non-violence, trägt diesen Dualismus in sich: Nicht Gewaltlosigkeit im Sinne von Sanftmut, sondern passive Sturheit – nervenzermürbend für den anderen. Aus der englischen Sprache sind in den indischen Alltag unwiderruflich aufgenommen die zwei Formulierungen: „no problem“ und „it's up to you“. In indischen Sprachzusammenhängen würden diese Worte in ihrer Aussage eher bedeuten: was man tut und was man läßt, was sich schickt und was auf höheren Befehl geschieht; das Schrecklichste als ein Gebot der Religion eingeschlossen.

So ist denn die Religion, der Hinduismus, auch Handlanger der Prostitution: Jedes Jahr im Februar findet in dem Dorf Saundatti bei Belgaum ein Tempelfest zur Vollmondnacht statt. Dann werden nach altem Ritual kleine Mädchen dem Gott Yellama angetraut. Diese Zeremonie erleben sie mit viel Stolz und Würde, denn erst nach und nach erfahren sie, was es bedeutet, eine devadasi zu sein: Bis an ihr Lebensende darf jeder Mann, dem danach ist, mit ihnen Geschlechtsverkehr haben. Sie bekommen dafür höchstens zehn Rupien (2,50 DM). Zu erkennen sind sie an ihrem gelben sari und der Halskette aus blauen und roten Glasperlen. Um sich am Leben zu erhalten, müssen sie betteln. Andere werden während des Vollmond-Festes von ihrem Vater oder Bruder an Bordellbesitzer aus Bombay, Delhi, Kalkutta oder Poona verkauft. In *India Today*, einem politischen Magazin, vergleichbar dem *Spiegel*, erklärte eine zwölfjährige devadasi: „Wir wollen nicht heiraten. In der Ehe gibt es keine Sicherheit für Frauen. Der Mann, der uns heiratet, kann uns jederzeit verlassen. Außerdem – wir sind mit Yellama verheiratet und können nicht wiederheiraten.“ Sie glauben, eine religiöse Bestimmung zu erfüllen, die für sie im nächsten Leben eine bessere Wiedergeburt bedeutet. Denn selbstverständlich sind alle diese Mädchen, die von jedem Mann berührt werden können, ausschließlich Unberührbare, Harijans. Das Wort heißt „Kinder Gottes“ und stammt von Mahatma Gandhi. Im indischen Sprachgebrauch erinnert sich niemand mehr an diese Bedeutung. Es wird benutzt als hieße es: kastenlos.

Timothy Garton Ash

Polens Konservative

oder Warum dieses Etikett so wenig stimmt

Wer durch Polen oder auch ein anderes Land in der sozialistischen Hälfte Europas reist, entdeckt dort lauter altmodische Annehmlichkeiten: die Schönheit alter Städte mit stillen, kopfsteingepflasterten Straßen, ein intensives Familienleben, Kammermusik und gute Gespräche – Dinge, die man in den „höherentwickelten" Verbrauchergesellschaften Westeuropas vergebens sucht. Er stößt auf ein „altes Europa". In diesem ersten, augenscheinlichsten und paradoxalsten Sinne kann man davon sprechen, daß die sozialistischen Regime Osteuropas, und speziell Polen, konservative Züge traten. Natürlich war es keineswegs beabsichtigt, daß polnische Bauern nach 40 Jahren Sozialismus noch immer mit Pferden pflügen. Und noch bis vor kurzem waren die Leute tief gekränkt, wenn westliche Besucher sie wegen solcher konservativer Einzelheiten lobten – bis man nämlich darauf verfiel, die Vorzüge des Zurückgebliebenseins touristisch auszuwerten. So ist die Planwirtschaft durch ihre Mängel nolens volens zu einem Werkzeug des Konservatismus geworden. Dieser unfreiwillige, unerwünschte Konservatismus der sozialistischen Regime bezieht sich aber nicht nur auf den physischen und materiellen Aspekt. Es fragt sich ernstlich, ob die katholische Kirche in Polen eine so treue und gläubige Gefolgschaft hätte, wenn der kommunistische Staat sie nicht so systematisch verfolgt hätte. (Im freien Polen zwischen den beiden Weltkriegen war die Position der Kirche eher etwas geschwächt.) Aber natürlich kann man daraus nicht schließen, die polnischen Kommunisten seien konservativ gewesen, so wenig man von „jener Kraft, die stets das Böse will und stets das Gute schafft“ aus dem „Faust“ behaupten könnte, sie sei im Grunde christlich gewesen. Wenn wir politische Benennungen aussprechen, müssen wir nach den Absichten gehen, den Zielen, den Wertsetzungen, den Programmen. Danach gibt es für die Bezeichnung „konservativ“ im heutigen Volkspolen drei Hauptkandidaten: Mitglieder der herrschenden Partei (genauer der Polnischen Vereinigten Arbeiter-Partei, kurz „die Partei“ genannt); Mitglieder der polnischen katholischen Kirche; und Angehörige der politischen Opposition. In den westlichen Medien wird das Etikett „konservativ“ willkürlich auf alle drei Gruppen angewandt.

Innerhalb der Partei sind die „Konservativen“ diejenigen, die sich allen Reformen des vorhandenen Systems widersetzen, das sie der Substanz nach möglichst genau, wie es ist, zu erhalten wünschen. Es kann nicht überraschen, daß am meisten um die Erhaltung eines unreformierten gegenwärtigen Systems besorgt ist, wer sich dabei am besten befindet, mithin die Mitglieder der Nomenklatura und insbesondere des zentralen Apparats. Diese fürchten mit Recht, daß jede Veränderung, durch die sich die Partei weniger unpopulär machen oder der Parteistaat funktionsfähiger werden könnte, von ihrer Seite ein Opfer an Macht oder Privilegien fordern würde. Mit einer gewissen Berechtigung weisen sie darauf hin, daß die praktische Konzentration aller politischen und wirtschaftlichen Kräfte in den Händen der Zentrale genau den Absichten Lenins entspricht, und verteidigen somit das eigene Klassen-Interesse mit Hilfe der ideologischen Orthodoxie. Insofern aber dieser Konservatismus dogmatisch und ideologisch ist, bildet er genau den Widerspruch zu allem, wofür der traditionelle angelsächsische Konservatismus eingetreten ist. Burkes Konservatismus war in erster Linie pragmatisch und anti-ideologisch. Wenn man aber unter Konservatismus den Wunsch nach Erhaltung des status quo und ein Mißtrauen gegenüber jeder Veränderung versteht, dann ist die überwiegende Mehrheit von Polens kommunistischer herrschender Klasse in der Tat „konservativ“. In gewissem Maße kann man auf sie mit umgekehrtem Vorzeichen die marxistische Begriffsbestimmung des Konservatismus anwenden: Danach wäre die „revolutionäre" Ideologie eines Bemäntelung des Klassen-Interesses, genau wie ein Marxist die Schriften eines Burke oder Oakeshott als die ideologische Bemäntelung der Interessen der herrschenden kapitalistischen Klasse verstehen würde.

Allerdings ist die „revolutionäre" Ideologie ein sehr unzulänglicher Mantel für die kommunistische herrschende Klasse, wie die polnische Nomenklatura zu ihrem äußersten Unbehagen während der vier Jahre seit dem „Polnischen August" von 1980 feststellen mußte. Es stimmt schon einigermaßen, daß die Erhebung der *Solidarność* teilweise darin bestand, daß eine Generation junger Polen ihre sozialistischen Führer an den Maßstäben gemessen hat, die diese selbst gepredigt, aber nicht eingehalten hatten. Es kann deshalb nicht überraschen, daß die polnischen Kommunisten genau wie ihre Genossen in der DDR, in Ungarn und Rumänien die Legitimierung neuerdings nicht im Gegensatz zu der vorrevolutionären Epoche, sondern im Hinweis auf die vorhandene Kontinuität herzustellen suchen. Diesen zweifelhaften Versuch hat Edward Gierek lebhaft vorangetrieben, mit dem symbolischen Wiederaufbau des Warschauer Königsschlosses und mit immer häufigeren Appellen zum Patriotismus in seiner späteren Amtszeit. Noch intensiver ist das Ziel von General Jaruselski verfolgt worden, der bei seiner Ausrufung des Kriegszustands am 13. Dezember 1981 die Partei kaum erwähnte, dafür aber die viereckige Mütze bei der Armee wiedereinführte, die gerade bei der „Selbstbesetzung" der Nation eingesetzt worden war, und sogar so weit ging, die Errichtung eines Ehrenmals für die Opfer von Katyn auf dem Warschauer Militärfriedhof zu genehmigen (ein Datum wird dieses Denkmal offenbar nicht tragen)!

Manche Beobachter haben diese rhetorischen Anzeichen als Beweis für die tatsächliche Rückkehr zu einer traditionelleren Form der Militärdiktatur einer autoritären und nicht totalitären Form aufgefaßt, und Jaruselski hat nichts dagegen gehabt, den Vergleich mit der Pilsudski-Ära zu pflegen, vor polnischen und westlichen (aber natürlich nicht vor sowjetischen) Ohren. Die Ereignisse von 1983 und der ersten Monate von 1984 haben zu einer solchen Hoffnung nichts beigetragen – im Gegenteil, es entspricht eher einem totalitären als einem autoritären Stil, wenn das Regime keine Unabhängigkeit bei Kulturschaffenden dulden kann (und deshalb ihre Organisationen auflöst) oder eine Kampagne zur Entfernung von Kruzifixen in Schulen und Werkstätten startet. Im wesentlichen vollzieht sich, daß die Armee- und Sicherheitszweige der politbürokratischen Diktatur – um Bahros treffenden Ausdruck zu gebrauchen – relativ stärker gegenüber dem parteipolitischen Zweig hervortreten, doch das hat an der Substanz des Regimes nichts geändert. Natürlich wollen Jaruselski und seine Berater die Wirtschaft reformieren, denn davon hängt ihr politisches Überleben ab, doch nichts, was sie bisher getan haben, deutet auf eine erkennbare Verminderung ihrer politischen Macht hin.

So ist der in ihrer Rhetorik enthaltene nationalistische Konservatismus in erster Linie eine für die Polen und den Westen bestimmte Propaganda und in zweiter, einigermaßen paradoxer Hinsicht die Verschleierung einer Partei-Reform, wie sie seit langem Mieczyslaw Rakowski befürwortet hat, eine Art polnischer Kadarismus. Demgegenüber ist das „revolutionäre“, orthodox marxistisch-leninistische Pathos ihrer Gegner im Partei-Apparat die vertrautere Form der Bemäntelung der rein materiellen Eigeninteressen. Die Verbindung dieser beiden Tendenzen aber ergibt noch keine Regierung, die man als „konservativ“ bezeichnen könnte, sondern ein heilloses Durcheinander von halben Maßnahmen, von Inkonsequenz und Lähmung.

Der zweite große politische Faktor in Polen, die Kirche, ist häufig und mit besserer Begründung als konservativ bezeichnet worden. Offensichtlich ist in Fragen wie beispielsweise der Sexualmoral die Haltung der polnischen katholischen Kirche konservativ. Darüber hinaus pflegt sie auf eine Art und Weise, die in den meisten westlichen Augen als positiv betrachtet werden dürfte, bestimmte traditionelle Werte wie Ehrlichkeit, Treue, die Geschichte Polens. Diese konservativen Bemühungen wurden auch vom Programm der *Solidarność* ausdrücklich anerkannt, das die Forderung erhob, diesen traditionellen Werten wieder ihren angemessenen Platz in den Medien und in der Erziehung einzuräumen. Jedoch wäre die Vorstellung ganz falsch, daß die polnische Kirche durch ihre Erfahrungen mit dem Kommunismus einfach in ihrer traditionellen Haltung bestätigt und gefestigt worden sei. Ganz im Gegenteil: In ihrer Soziallehre hat sich durch die unmittelbare Konfrontation und die geistige Auseinandersetzung mit dem Sozialismus manches drastisch geändert. Es war ein polnischer Theologe, Pater Josef Tischner, der den Begriff der Ausbeutung in den Mittelpunkt seines sozialen Denkens gestellt hat, und der polnische Papst hat das marxistische Konzept der „Entfremdung" in seiner Enzyklika „Redemptor Hominis" gebraucht. So stellt sich bei genauerer Prüfung die einfache Gleichsetzung von polnischem Katholizismus und Konservatismus als oberflächlich heraus.

Für die Zukunft wichtiger ist jedoch die Frage nach der Ideologie der politischen Opposition und darüber hinaus nach der politischen Kultur der neuen polnischen Generationen, denen der *Solidarność* und der Nach-*Solidarność*-Generation. Auch hier ist wieder das Etikett „konservativ" bedenkenlos verteilt worden an solche Oppositionsgruppen wie die KPN (die Konföderation für ein unabhängiges Polen), die besonders in den letzten Monaten der *Solidarność* zu einem gewichtigen Gegenspieler der in dort vorhandenen Anhängern von KOR (des Komitees für soziale Selbstverteidigung) geworden war. Der Unterschied von KPN und KOR ist nur aus der polnischen Geschichte zu verstehen. KPN stand immer fest auf dem Boden der romantischen idealistischen Tradition der nationalen Erhebungen, die sich nur mit der völligen nationalen Selbständigkeit zufrieden geben wollten. (Wie der Historiker Norman Davies treffend bemerkt hat, ist die Weigerung, die politische Lage als real anzusehen, für die Polen immer ein wesentlicher Ansporn des nationalen Bewußtseins gewesen.) Auf diesen Stamm ist dann der weniger sympathische Trieb der Nationaldemokraten aus der Vorkriegszeit aufgepfropft worden, die einen militanten ethnischen Nationalismus predigen, der sich gegen Minderheiten wie die Ukrainer und die Juden richtet. Insoweit diese „nationaldemokratische" Geistesrichtung beispielsweise in der KPN wieder auftaucht, kann man den Ausdruck „rechtsgerichtet" gebrauchen. Doch „konservativ"? Welchen Bestandteil der polnischen Verfassung beabsichtigen sie denn zu bewahren? Keinen. Im Gegenteil, sie wollen nur alles mit Haut und Haaren zerstören.

Die Frage, was es in einem kommunistischen Staat bedeutet, „konservativ" zu sein, hat schon einige der gescheitesten unabhängigen jungen Intellektuellen beschäftigt. Sie haben eine Antwort darauf nicht beim traditionellen angelsächsischen Konservatismus gefunden – der davon ausgeht, daß das Vorhandene vermutlich weniger schlecht ist als das, was sein könnte –, sondern bei Autoren wie Hayek oder Erich Vogelin und manchen der amerikanischen Neokonservativen. Die Anziehung dieser politischen Denker scheint für sie, wenigstens teilweise, darin zu liegen, daß ihre konservative Weltanschauung aus Grundprinzipien abgeleitet ist – ein theoretischer Konservatismus, der von der gegenwärtigen Wirklichkeit unabhängig ist. So trifft man bei der intellektuellen Opposition (und übrigens auch bei den Chartisten in Prag) einen idealistischen Konservatismus an, wie ich ihn nennen möchte. Er läßt sich gut dem materialistischen Konservatismus der Nomenklatura gegenüberstellen.

Letztlich verbergen alle diese Etikettierungen mehr als sie bloßlegen. Denn das Interessanteste an der politischen Kultur von *Solidarność* z.B. ist gerade, daß sie nicht in unsere vorhandenen Kategorien von „links" und „rechts", konservativ, sozialistisch oder liberal hineinpaßt. Man könnte ihr Programm mit Recht als konservativ (oder konservativ-restaurativ) auf den Hauptgebieten der Kultur und der Erziehung bezeichnen. Die wichtigsten politischen Institutionen, die *Solidarność* für eine autonome Republik geplant hat, stammen aus der klassischen westlichen liberalen Demokratie. Doch die Vorrangstellung, die die *Solidarność* der Gleichheit, dem Wohlfahrtsstaat, der Vollbeschäftigung einräumt, stammt aus der sozialistischen Tradition. Mit einem Wort: Es ist ein konservativ-sozialistisch-liberales Programm. So möchte ich diese einigermaßen unzusammenhängenden Bemerkungen mit der außerordentlich tiefsinnigen Äußerung des großen britischen Empirikers Bischof Butler schließen: „Jedes Ding ist, was es ist, und nicht etwas anderes."

Kapitel 3

Problemfelder

Hilde Spiel: **Die Lust der Wahl** / Karl-Alfred Odin: **Wie konservativ ist der Protestantismus?** / Heinz-Joachim Fischer: **Was heißt konservativ in der katholischen Kirche?** / Kurt Reumann: **Luzifer ist eine Intelligenzbestie** / Leszek Kolakowski: **Kann man ein konservativ-liberaler Sozialist sein?**

Hilde Spiel

Die Lust der Wahl

Über das Für und Wider der Frauenemanzipation

Eine einzige Feministin, die der freien Liebe mit Hilfe der Pille abschwört und den Frauen die Rückkehr zur Mutterschaft empfiehlt, und schon zieht eine deutsche Journalistin den Schluß, eine neue Keuschheitswelle habe sich erhoben und treffe demnächst in der Bundesrepublik ein. In Baden-Baden wird erwogen, die Emanzipation könnte in eine Sackgasse geraten sein, und die Mitarbeiterin einer Rundfunkanstalt meint, der Preis für die errungene Gleichberechtigung – Alleinbleiben oder Ehescheidung, keine Kinder oder Kinder im Heim und Internat, die Karriere frustriert durch die Unerreichbarkeit von Spitzenfunktionen – sei vielleicht doch zu hoch gewesen.

Freilich: In deutschen Landen, wo es, mit Goethe oder Wagner, von jeher als erstrebenswert galt, zu den „Müttern" hinabzusteigen, die dem suchenden und forschenden Mann Mut einflößen oder Warnungen zuraunen, um sich dann wieder in den Schoß der Erde zurückzuziehen – in Deutschland hat die Mehrzahl der Menschen der Frauenbewegung stets mißtraut. Zu hoch und hehr oder zu gering und vernunftlos schätzt man hier die Frauen seit dem Mittelalter ein und will noch immer nicht glauben, daß der gleiche Geist in beiden Geschlechtern wohnen kann. Bei aller Achtung vor frühen Pionierinnen wie Hedwig Dohm oder heutigen Feministinnen wie die militante Alice Schwarzer und die besonnene Margarete Mitscherlich: Die Engländerinnen, siehe Mary Wollstonecraft, hatten den Kampf ein Jahrhundert zuvor begonnen und in unseren Tagen am weitesten geführt.

Von Annie Besant, die 1877 nach Geburtenkontrolle rief, bis zu den Friedensfrauen von Greenham Common haben sie eher und extremer als ihre Genossinnen in der übrigen westlichen Welt für ihre Sache plädiert. Viele der Rechte, die ihnen versagt waren – darunter das Recht auf eigenen Besitz nach der Heirat, das Recht, Kontrakte zu unterzeichnen, das Recht auf ihre Kinder, wenn der Ehemann sie verlassen hatte, und Rechtshilfe, wenn er sie notzüchtigte und schlug –, hatten sie noch vor Ende des neunzehnten Jahrhunderts erfochten. Als die Suffragetten um 1903, geführt von Emmeline Pankhurst, die „Soziale und politische Frauenunion" gründeten, ging es nunmehr vor allem um das Grundrecht der Wahl. „Votes for Women" – unter diesem Motto demonstrierten sie, ketteten sich an die Gitterstäbe des Parlaments, verbrachten Jahre im Gefängnis oder starben unter den Hufen eines Pferdes, wie Emily Davison, die Märtyrerin der Emanzipation.

Nach Ende des ersten Krieges, in dem sie jede, auch die schwerste Männerarbeit geleistet hatten, gestand man den englischen Frauen – wie den deutschen auch – endlich ihr Wahlrecht zu. Doch sie mußten bis 1956 auf gleiche Entlohnung für gleiche Arbeitsleistung warten, bis 1968 auf die Legalisierung der Abtreibung, bis 1971 auf eine Reform des Scheidungsrechtes und bis 1978 auf eine Akte, die Gewaltanwendung im häuslichen Bereich strafbar werden ließ. Manches davon mag in anderen Staaten zu früherem Zeitpunkt durchgesetzt worden sein. Immerhin errichteten die Frauenrechtlerinnen in England 1972 die ersten Heime für mißhandelte Ehefrauen, bald danach ein „Krisenzentrum" gegen Vergewaltigung. Im August 1981 marschierten vierzig Einwohnerinnen der walisischen Hauptstadt Cardiff nach Greenham Common in Berkshire, um gegen die angekündigte Installierung von 96 Cruise-Raketen zu protestieren. Seit jenem Monat hält dort eine immer wachsende Anzahl von Frauen pausenlos Wacht.

Man kann über Sinn und Nutzen der „Friedensfrauen" verschiedener Meinung sein. In den Briefspalten des *Guardian,* der täglich eine Frauenseite enthält, wird das Für und Wider dauernd abgehandelt. Manche, auch ihre Geschlechtsgenossinnen, möchten sie lieber heute als morgen verschwinden sehen, allen voran Lady Olga Maitland, die Befürworterin von Nuklearwaffen und

Gründerin der Liga „Frauen für Verteidigung“. Aber auch aus ihren eigenen Reihen werden sie in Frage gestellt. Ein erklärtes Mitglied der Friedensbewegung, Mary Costain, ist der Ansicht, die Greenham-Frauen gefährdeten den Raketenprotest durch ihr engstirnig feminines, naives, exzentrisches Verhalten. Und Mary Mitchley, Philosophieprofessorin in Newcastle upon Tyne, weist darauf hin, daß die richtige Guerillataktik den Rückzug gebietet, sobald man die Aufmerksamkeit des Feindes auf sich gelenkt hat. „Demonstrationen sind Mittel, kein Zweck. Der Zweck ist nicht, Märtyrer zu schaffen, sondern die öffentliche Vorgangsweise zu ändern.“

Die Greenham-Frauen wiederum erklären, wie etwa Rebecca Johnson, mit Geusenstolz: „Eine Konsequenz der Tatsache, daß Lesbierinnen, Punks, Schwarze und andere soziale Peinlichkeiten in Greenham leben, ist unsere Weigerung, die Zusammenhänge der Cruise-Raketen mit der Vergewaltigung der Erde, der Unterdrückung der Dritten Welt, des Rassismus und der männlichen Gewaltanwendung gegenüber Frauen zu übersehen.“ Eine Schreiberin gibt zu, daß manche der Demonstrantinnen von Greenham „aggressiv, schmutzig und sexuell abwegig“ seien, doch zumindest schmutzig und aggressiv seien auch die Frauen der französischen Résistance gewesen, die man jetzt Heroinnen nennt. Und ein Mann, Jeremy Harmer, leugnet die Schädlichkeit ihrer Wirkung auf die Friedensbewegung: „Die Kampagne für Kernabrüstung wird durch ihre Opfer geadelt. Sie sind unser aller Gewissen.“

Das war wohl allzu lapidar gesagt. Doch nicht nur der Extremfall dieser unmittelbaren Nachfolgerinnen der Suffragetten – deren Fahne in den Farben Purpur, Grün und Weiß sie zu der ihren gemacht haben – sind ein Beweis dafür, daß die Emanzipation sich nicht rückgängig machen läßt. Als kürzlich Beatrix Campbell die historische Reise George Orwells in den industriellen Norden Englands nachvollzog und ihre Erfahrungen in einem soeben erschienenen Buch *Wigan Pier Revisited* beschrieb, kam zum ersten Mal die Stimme der Frauen in jenem stets von Armut und Arbeitslosigkeit bedrohten Gebiet zu Gehör. Beatrix Campbell fand, wie manche von Orwells Zeitgenossen, nachdem sein

Buch *The Road to Wigan Pier* herausgekommen war, er sei in Bezug auf die Gruben- und Industriearbeiter sentimental, naiv, immer noch klassenbewußt und vor allem blind gegenüber den Problemen der Arbeiterfrauen gewesen. Mit ihnen beschäftigt sie sich vorwiegend in ihrem Bericht.

Seit längerem sind die Frauen von Wigan, Sheffield, Nottingham, Barnsley und wie die Orte alle heißen, weitgehend „politisiert". Sie schließen sich in Gruppen zusammen, die gegen den Druck ihrer behördlichen Hausherren kämpfen und mehr Kindergärten und Spielplätze verlangen, bessere Krankenvorsorge für Frauen, Mädchenabende in Jugendklubs, kurzum, spezifische Zugeständnisse innerhalb ihres eigenen Bereichs. Sie sehen sich nicht ausdrücklich als Feministinnen an, obwohl sie den männlichen Vorrechten ihre eigenen Ansprüche entgegensetzen. Mehr als im englischen Süden verbringen hier Eheleute gesondert ihre Freizeit, und die Frauen finden sich damit ab, bezeichnen sich als die „Lustigen Mädels", gehen miteinander aus – und wenn sie dieselbe Schenke wie ihre Männer besuchen, bleiben die Geschlechter unter sich. Wollen ihre Ehemänner ihnen aber verbieten, sich selbständig zu organisieren, dann lachen sie ihnen ins Gesicht. Einer von ihnen wollte seine Frau nicht aus dem Haus lassen. Die anderen mischten sich ein: „Wir sagten alle, wir seien mit unserem Leben unzufrieden. Mein Vater gab der ‚Women's Lib' die Schuld, und ich sagte: Schön, aber jetzt haben wir sie, und ihr könnt sie nicht mehr loswerden!"

Wenn sie sich politisieren, dann freilich im Rahmen der Labour-Partei, der auch ihre Männer angehören. Keine andere käme den Arbeiterfrauen in den Sinn. Die überzeugten Feministinnen aber, die „Mannweiber" in der „falschen Hosenrolle" – wie Horkheimer es haben wollte –, sind ungeachtet ihrer oft bürgerlichen Herkunft auch nicht anders orientiert, obgleich die gemäßigte Linke der SDP in England ihrer Sache offenbar verständnisvoller gegenübersteht. Nur von den Konservativen, deren prominentestes Mitglied die viktorianischen Tugenden preist und alle Frauen außer sich selbst lieber am Küchenherd als an einem Arbeitsplatz sehen will, können sie sich wenig erhoffen. Eine Umfrage, die das Magazin *Honey* im Februar 1983 unter

Parlamentsmitgliedern unternahm, legte die Lage bloß. Auf die Forderungen der Frauen hinsichtlich Chancengleichheit, Erziehung, Schutz vor Vergewaltigung, Gütertrennung in der Ehe, Kinderfürsorge und dergleichen mehr reagierten 52 Prozent der SDP-Abgeordneten, 44 Prozent der „Labourites" und nur 24 Prozent der Tory-Parlamentarier positiv.

„Wozu besondere Hilfeleistungen?", hatte ein Konservativer gesagt. „Wer fähig ist, wird sich durchsetzen und Gewinn davon haben." Das entsprach dem erklärten Prinzip der Premierministerin, sie sei für eine Gesellschaft der „Go-getter" – will heißen, jeder soll selber zusehen, daß er's weit genug bringt, und nicht jammern, wenn sein Talent oder seine Intelligenz nicht ausreicht. Dazu muß man freilich, ist man eine Frau, bereits erwachsene Kinder haben oder, wie Lady Olga Maitland, über eine Nanny und weiteres Personal verfügen, wenn man nicht durch häusliche Pflichten in der Karriere empfindlich behindert werden will. Selbst ein Sohn im erwerbsfähigen Alter aber kann einer bedeutenden Frau zuweilen Schwierigkeiten machen. In einer überzeugenden Verteidigung der Rolle Mrs. Thatchers bei der Beschaffung eines Industrieauftrags an Großbritannien in Oman, in der er ihre Mutterliebe rühmt und für entsprechende Nachsicht plädiert, hat der Publizist Peregrine Worsthorne dennoch klargestellt: „Zum ersten Mal, seit sie Premierminister wurde, ist Mrs. Thatchers Weiblichkeit eine echte Belastung geworden." Gleichwohl hat ihr diese verständliche Schwäche mehr Sympathien im englischen Volk eingetragen als die eiserne Entschlossenheit, mit der sie üblicherweise regiert.

Auch Mrs. Thatcher indes verdankt ihren Aufstieg und ihre Stellung als Regierungschefin letzten Endes den Bestrebungen der Suffragetten, die den Frauen den Einzug ins Parlament verschafften, und deren Vorgängerinnen, die ihnen den Weg in die uralten Bildungsstätten des Landes bahnten – etwa Emily Davies, bereits 1867 Gründerin des ersten Frauencollege in Cambridge und erfolgreiche Agitatorin für ihre Erringung akademischer Grade auch in London. Als Mrs. Thatcher an das berühmte Somerville College kam, um ihr Studium in Oxford zu beginnen, waren die Studentinnen dort schon besser versorgt als jene, von deren Benachteiligung in „Oxbridge“ gegenüber ihren männlichen Kollegen Virginia Woolf noch 1928 sprach. Fortschritte werden immer noch erzielt: Vor zehn Jahren fand ein „kleines Erdbeben“ statt, als fünf Männercolleges in Oxford Frauen aufzunehmen beschlossen. Heute sind nur noch vier der 25 Colleges nicht koedukativ.

Ob die Frauen von der Emanzipation profitieren oder unter den Begleitumständen zuweilen leiden – aus der Welt zu schaffen ist sie nicht mehr, wie man zumindest im Kohlenrevier von Barnsley begriffen hat. Wenn nun eine Frau in den Vierzig, die vor mehr als zwanzig Jahren zügellose Promiskuität praktizierte und propagierte, wenn Germaine Greer, deren Buch *The female Eunuch* damals jene sexuelle Revolution einleitete, die ein Teil, obschon keineswegs die Summe der neuen „Women's Lib“ gewesen war, sich auf ihre klösterliche Erziehung in Sydney besinnt und zur Kehrtwendung bläst, müssen ihr die Europäerinnen nicht blindlings folgen. Ohnehin haben sie den ersten Freiheitsrausch hinter sich und vernünftigere Sexpraktiken ergriffen, wie sie Ms. Greer nunmehr in *Sex and Destiny* empfiehlt. Von den Widersprüchen und Unsinnigkeiten dieses Traktats, von dessen zweifellos faszinierender, aber ganz und gar nicht beispielhafter Autorin – die man manchmal, wie Byron seine Frau Annabella, eine „gelehrte Gans“ nennen möchte – soll hier nicht weiter die Rede sein. Es darf bloß zitiert werden, was eine Leserin der vorabgedruckten Auszüge aus *Sex and Destiny* in der *Sunday Times* an diese Zeitung schrieb:
„Die tabufreie Ethik hat uns die Wahl ermöglicht. Wir können wählen, wann und wo und ob wir Kinder haben wollen. Wir können die Ehe wählen, einen Liebhaber als Mitbewohner, sexuelle oder nicht sexuelle Freundschaften mit Männern und Frauen, oder Keuschheit. Wir können eine Karriere wählen, eine Familie, oder beides zugleich.“ Auf diesen schlichten Tatbestand läuft es hinaus. Und daran könnte man sich auch in Deutschland halten, bevor die Kaufhofkette einen plötzlichen Bedarf an Keuschheitsgürteln feststellt und ihm Rechnung zu tragen beginnt.

Karl-Alfred Odin

Wie konservativ ist der Protestantismus?

Christliches Erbe im Widerstreit mit gesellschaftlichen Entwicklungen

Voriges Jahr war in Hannover beim letzten Kirchentag eine der Sorgen, die Parteipolitiker in kirchlichen Schranken zu halten. Denn das Mal zuvor waren sie in Scharen zum Kirchentag in Hamburg eingeflogen, um dort unter der Jugend für ihre politische Haltung Stimmung zu machen, besonders in der Frage, wie der Friede zu sichern sei. Das Hamburger Erlebnis bedeutete eine Umkehr der Erfahrungen: Seit Jahrzehnten war man in der Kirche gewohnt, der Jugend in alle möglichen Ecken nachzulaufen, weil sie überall, nur nicht in der Kirche zu finden war. In Hamburg dagegen, 1981, als die Friedensdiskussion bei der Jugend zu zünden begann, kamen die Sprecher der politischen Parteien zur Kirche, um dort die jungen Leute zu treffen. Was sich in Hamburg zutrug, bot in mehrerer Hinsicht Aufschluß über die Entwicklung im Westen Deutschlands. Bundeskanzler Schmidt, Verteidigungsminister Apel, damals noch für tonangebend in der Politik der Bundesrepublik Deutschland wie in der Sozialdemokratischen Partei gehalten, fanden das Ohr der Jugend nicht. Was sie vortrugen, galt allgemein als die einsichtige, überzeugende, richtige Politik. Aber weder die in der Führungsrolle anerkannten Politiker noch ihre Argumente weckten bei den überwiegend jungen Teilnehmern des Kirchentages Widerhall. Die machten vielmehr den auf Gegenkurs gegangenen Erhard Eppler zu ihrem Sprecher. Sie marschierten mit der gleichen Hingabe, mit der sie sich am Abendmahl und den Begegnungen des Kirchentages beteiligten, bei der außerhalb des Kirchentages gehaltenen Friedensdemonstration mit. Die Hamburger Friedensveranstaltung wurde Auftakt zur großen Bonner Friedenskundgebung, für deren Organisation zwei kirchliche Jugendwerke ihre Erfahrungen zur Verfügung stellten.

Die jungen Leute, die sich nach dem eine Generation fortgehenden Auszug aus der Kirche ihr wieder zuwenden, bringen ihre eigenen Vorstellungen mit. Sie verjüngen und ändern zugleich Erscheinung und Verhalten der Kirche. Das gilt selbst für den Kern des kirchlichen Geschehens. Gemeinden, in denen die Alten nicht mehr unter sich sind, sondern vor den Kirchen Auslagen der evangelischen Jugendaktionen für die Dritte Welt stehen und im Kircheninnern Plakate für Jesus und gegen den Hunger hängen, können nicht im gewohnten Trott laufen. Mit der Jugend sind in viele Kirchen beschwingtes Leben, neue Lieder, Freude an Gemeinschaft, auch Suche nach erlebbarer Frömmigkeit und Bestätigung des Glaubens eingezogen. Mit der Jugend kommen auch deren politische Auffassungen in die Kirche. Die Themen Frieden, Umwelt, Dritte Welt haben in den Gemeinden Heimatrecht erhalten. Von der Kirche aus wirken sie politisch in die Öffentlichkeit hinein.

Die Kirche kann dabei zum Sprachrohr der Sorge um Frieden, die heile Umwelt, die Menschen in den Entwicklungsländern werden, aber auch zum Vehikel des grundsätzlich Alternativen oder zum Sturmbock der Interessen an der Durchsetzung einer anderen Politik. Symbol dafür wurde die Hüttenkirche auf dem Gelände, auf dem die Startbahn West zur Erweiterung des Frankfurter Flughafens angelegt werden sollte. Errichtet wurde die Hüttenkirche von zwei Privatleuten. Gemeinden aus den beiden im Flughafengebiet liegenden evangelischen Dekanaten stellten sie unter ihren Schutz. Ihre Pfarrer predigten dort in regelmäßigem Turnus. Die hessen-nassauische Kirchenleitung sprach zwar, der evangelischen Lehre von der Kirche folgend, der Hütte den Charakter einer Kirche ab. Aber sie bestand nicht kategorisch auf Abriß des Bauwerks und vermied den Konflikt mit den Kirchengemeinden. Die Hüttenkirche wurde später nach Einigung mit der Flughafengesellschaft zerlegt und fortgebracht.

Daß sie so lange wie ein sakraler Protest gegen die Verkehrspolitik des Staates stand, hat gezeigt, wie sich im Bewußtsein eines Teils des deutschen Protestantismus das Verhältnis von Staat und Kirche und die politische Rolle der Kirche geändert haben.

Diese Umbesinnung hat der Kirche Bewegung zugeführt. Sie hat ihr freilich auch neue Gefahren beschert. Einzelne Pfarrer oder Jugendleiter, die mit der hergebrachten Arbeit die Menschen nicht erreichen, stürzen sich auf politische Themen. Sie wenden Politik als Mittel an, das bewirken soll, was sie bloßer Verkündigung des ihnen aufgetragenen Wortes Gottes nicht mehr zutrauen. Pfarrer, die für die Demo, die politische Demonstration die Autorität des Bibelwortes benützen und zu diesem Zweck den Talar anlegen, den manche von ihnen in der Kirche nicht länger tragen, üben Verrat am christlichen Glauben und an der politischen Verantwortung, genau so wie andere Pfarrer, die auf der Kanzel als christliche Verkündigung konservative Werbung treiben. Sich anbiedernde Progressivität weckt in den Gemeinden stärker Empörung, aber erstarrter Konservativismus ist herkömmlich die Gefahr, der man in der evangelischen Kirche leichter erliegt. Bis noch vor kurzem galt im deutschen Protestantismus ziemlich unangefochten, was Bismarck am 21. April 1887 auf Preußen bezogen im Abgeordnetenhaus in Berlin erklärt hatte: „Die evangelische Kirche ist im Preußischen Staat ursprünglich im Gastrecht gewesen, und daraus ist allmählich ein Mitbesitzer des Hauses geworden, aber der ursprüngliche Besitzer ist immer der Preußische Staat gewesen." Der Kampf der Bekennenden Kirche gegen den Nationalsozialismus galt noch lange als Ausnahme, die der Kirche durch Hitlers Extremismus aufgezwungen wurde. Es war nicht nur die Kirche, auch nicht nur der preußische Staat, sondern die allgemeine Meinung, die der evangelischen Kirche den Platz im Gefolge des Staates zugewiesen hat. Die Rolle der Kirche als Bewahrerin beschränkt sich nicht auf die Politik. Die wissenschaftliche Theologie hat im vorigen Jahrhundert die modernsten Methoden aufgegriffen. Im immerwährenden Wettstreit behauptete die Theologie nicht nur den Rang als Wissenschaft gegenüber der aufsteigenden Natur- und Geschichtswissenschaft. Vielmehr bleiben deutsche Theologieprofessoren auf wichtigen Gebieten führend auch heute noch, nach der Herrschaft Hitlers, die andere wissenschaftliche Disziplinen der deutschen Forschung den ersten Platz in der Welt gekostet hat. Wo aber durch unerwartete, bestürzende Ergebnisse theologischen Forschens die Gemeinden getroffen werden, kann sich Verdruß einstellen. Nicht nur in der katholischen, sondern auch in der evangelischen Kirche gibt es den Hang zum Hergebrachten. Viele wünschen von der Theologie die Bewahrung des traditionellen Christentums, nicht aber, daß sich mit dem Wandel des Denkens und Fühlens der Gegenwart auch Kirche und Theologie ändern. Aus Sorge um die so verstandene Bewahrung der Wahrheit und um den Frieden in der Kirche fragte der damalige Bischof Wurm wenige Jahre nach dem letzten Kriege in einem Brief den Schweizer Theologen Karl Barth, ob nicht gegen den Marburger Theologieprofessor Bultmann wegen dessen Auffassungen über das Neue Testament ein Verfahren wegen falscher Lehre nötig sei. Barth gab darauf eine klassische Antwort. Zwar sei, schrieb er dem Bischof, Bultmanns Theologie vom Teufel. Aber gegen den Teufel kämpfe der Christ allein mit dem Wort und nicht mit dem Gesetz. Barth hat damit die evangelische Auffassung vom Kampf um die Wahrheit auf eine Formel gebracht. Sie erlaubt nicht den Rückzug in die Festung eines geschlossenen Systems theologischer Inhalte, sondern zwingt, in jeder Situation neu zu finden, wo die Wahrheit steht und wie sie zu sagen ist. Die nicht endende Suche der Wahrheit gehört zum Wesen des Protestantismus.

Die Zeitzugewandtheit evangelischer Haltung führte dazu, daß sich beim Hamburger Kirchentag anders als in der Maskenwelt der Politik der Lauf der Dinge im Westen Deutschlands zu erkennen gab: Der Verfall der Autorität Schmidts und des zu ihm stehenden Flügels in der Sozialdemokratischen Partei, die Abwendung des öffentlich auftretenden Teils der Jugend von Schmidts Realpolitik, stattdessen die Hoffnung auf Friedenserhaltung durch Absage an Feinddenken und Drohgesten im eigenen Verhalten wie in der Politik, zugleich das auffällige Absehen von der sich als Dauerverhängnis ankündigenden Arbeitslosigkeit. Der Hamburger Kirchentag zeigte aber auch, daß die politische Anteilnahme der christlichen Jugendlichen auf dem Boden der

Beteiligung an der Kirche steht, und daß sich durch das Mitmachen der jungen Leute die Wirkungsweisen der Kirche verändern. 1973, in Düsseldorf war der Kirchentag auf eine winzige Beteiligung zusammengeschrumpft und schien am Ende. Das war die Zeit des Wellenkamms der Kirchenaustritte, des tiefsten Stands des Besuchs der evangelischen Gottesdienste, des Verfalls des Religionsunterrichts und der Konfirmandenstunden. Das Interesse an Kirche war tot. Damals entstand beim Düsseldorfer Kirchentag im kleinen, übersehbaren Kreis der Teilnehmer Unbefangenheit des Beisammenseins, eine Hereinnahme aller Lebensbereiche bis zum Essen, Trinken und Tanzen in die christliche Gemeinschaft, mit dem Höhepunkt in der Liturgischen Nacht, einem von der traditionellen protestantischen Steifheit befreiten Gottesdienst.

Von dem Düsseldorfer Kirchentag an hat dieser Anstoß sich vervielfältigend Schritt für Schritt erst die evangelische Jugend, dann eine ständig wachsende Zahl von Kirchengemeinden mit kirchlicher Bewegung angesteckt. Sie ist zahlenmäßig inzwischen auch bei der Teilnahme an den Sonntagsgottesdiensten erkennbar. Das stellte sich bei einer Umfrage des Instituts für Demoskopie Allensbach vom Januar 1984 heraus. Auf die Frage, ob sie jeden oder fast jeden Sonntag zum Gottesdienst gingen, antworteten Ende 1982 bei den Protestanten Westdeutschlands in der Altersgruppe zwischen 16 und 29 Jahren drei Prozent mit „Ja“, Anfang 1984 aber sechs Prozent. Auch in der Gruppe zwischen 30 und 44 Jahren verdoppelte sich dieser Anteil von vier auf neun Prozent. In absoluten Zahlen ist die Steigerung gering. Aber nach dem unaufhörlichen Rückgang des Gottesdienstbesuchs seit 1963 und nach der Stagnation der letzten Jahre ist schon die bloße Zunahme regelmäßiger Teilnahme aus den zuletzt kaum noch im Gottesdienst vertretenen jüngeren und mittleren Jahrgängen Beweis, daß die evangelische Kirche sich auch in der Gegenwart erneuern kann, und daß das auch geschieht.

Das gilt für die Kirchen in der Bundesrepublik und in der DDR. Denn trotz den Unterschieden der politischen Lage, des öffentlichen Handlungsspielraums, des Reichtums verläuft in beiden protestantischen Kirchen die innere Entwicklung fast gleich.

Beiderseits der Demarkationslinie ist die Belebung der evangelischen Kirche mit den Kirchentagen verbunden und trägt das Kennzeichen des unerwartet wiedergekehrten Interesses der Jugend an der Kirche. Das macht die evangelische Kirche offener, freier, zeitgerechter. Das wirkt von den Kirchentagen und der Jugend in die Sonntagsgottesdienste und die Gemeindekreise hinein. Es läßt sich auch an dem Ausmaß ablesen, mit dem in der evangelischen Kirche alle bewegenden politischen Fragen mitdiskutiert, in der Friedensfrage sogar vorausdiskutiert werden. Das ist stärker als in der evangelischen Kirche in der Bundesrepublik noch in der Kirche in der DDR zu spüren. Denn dort ist freie politische Diskussion nicht in der Öffentlichkeit, sondern nur in dem auch von der SED respektierten, geschlossenen Raum der Kirche möglich. Die Folgen sind: Zum einen treibt der atheistische Staat selber durch die Verweigerung sonstiger ungegängelter Aussprache über Politik den politisch nachdenklichen Teil der Jugend in die Kirche. Zum anderen fühlt sich die Kirche dadurch viel stärker als im Westen in die Auseinandersetzung über den rechten Weg zur Bewahrung des Friedens und zur Wiederherstellung einer lebensfähigen Umwelt hineingezogen und nimmt entschiedener Stellung. Die Synode des evangelischen Kirchenbunds in der DDR in Potsdam-Hermannswerder sprach sich im Herbst letzten Jahres gegen die Nachrüstung auf westdeutschem Boden aus. Zugleich beauftragte sie die Kirchenleitung in Ost-Berlin, bei der Regierung der DDR dafür einzutreten, die Sowjetunion um Abbau der Raketen auf ostdeutschem Boden zu bitten.

Obwohl alle diese Entwicklungen wie ein Hervortreten progressiver Züge in jüngster Zeit in der evangelischen Kirche erscheinen, sind die Kirchen für die Übertragung des Denkschemas konservativ-progressiv nur bedingt geeignet. Das auch in der Kirche gängige Vorurteil heißt, daß im Christentum das Konservative überwiegt. Dafür lassen sich ungezählte Belege anführen, bis hin zur Barmer Theologischen Erklärung. Mit ihr gab vor 50 Jahren, am 31. Mai 1934 die Bekennende Kirche ihre Absage an die nationalsozialistische Fälschung des Evangeliums und an den Totalitätsanspruch des Reiches Hitlers bekannt. Das läßt sich nicht auf die Formel „progressiv" bringen: Beide Flügel der

Bekennenden Kirche, sowohl die als konservativ geltenden Lutheraner als auch die für progressiv gehaltenen Barthianer waren sich bei der Theologischen Erklärung einig in der Verwerfung der letzten zwei Jahrhunderte Geschichte des deutschen Protestantismus und seiner Theologie in der Aufklärung und dem Liberalismus.

Nicht erst seit der Geburt des Protestantismus, sondern von den Anfängen des Christentums an gehört zum christlichen Glauben notwendig beides, das Konservative, Bewahrende, und das Progressive, das in die Zukunft weist. Der Glaube der Christen hängt an der Kreuzigung und Auferstehung Jesu Christi vor zwei Jahrtausenden. Es ist der Glaube, daß sich dieses ein für allemal in der Vergangenheit vollbrachte Geschehen auf jeden Menschen in der Gegenwart bezieht und ihm Heil bringt. Das prägt den Christen eine konservative Grundhaltung auf. Der Glaube nötigt sie, sich ständig neu dessen zu vergewissern, was sich damals vor der Stadtmauer im Norden Jerusalems ereignet hat und was das für die Gegenwart bewirkt. Mit diesem konservativen, die Gegenwart von der Vergangenheit her verstehenden Denken verbindet sich ein progressiver, der Zukunft zugewandter Blick. Ihn leitet die Erwartung, daß Jesus Christus nicht nur der Gekommene und Gegenwärtige, sondern zugleich der Kommende, am Ende der Tage wiederkehrende Richter und Vollender ist, dem jeder Mensch Rechenschaft legen muß, was er den anderen Menschen getan und was er nicht getan hat.

Die traditionelle Vorstellung vom bösen Wesen, das in jedem Menschen steckt und schuld daran ist, daß er sich selber die Beziehung zu Gott versperrt, ist für das Denken der Gegenwart schwer begreifbar. Der ethische Impuls dagegen aus dem Urteil des Gewissens über die Unzulänglichkeit des eigenen Verhaltens leuchtet unmittelbar ein. Er nötigt nicht nur den einzelnen glaubenden Christen zu rechtschaffenem Handeln und zum Prüfen des Gewissens. Die Bindung an Gottes Reich hat vielmehr in allen Epochen, wenn auch mit unterschiedlichem Nachdruck die Christen wie die Kirchen dazu geführt, aus christlichem Glauben die Welt zu verändern. Nicht erst die Wiedertäufer der Reformationszeit verstanden die Apokalypsen der Bibel wortwörtlich und wollten das Himmelreich auf Erden in Münster mit Gewalt aufrichten. Als Antwort stellten die vereinigten Reichsstände der Altgläubigen und der Augsburgischen Konfession mit noch fürchterlicherer Gewalttat die in der Bibel gebotene Ordnung wieder her. Die Bitte im Vaterunser „dein Reich komme" reizt ständig, daß sich Christen fragen, ob sie selber etwas tun können, damit das Reich Gottes kommt: Ob das wirklich ein spiritualisiertes, jenseitiges, unsichtbares Königtum ist, oder doch eine den lebenden Menschen erreichbare Herrschaft der Gerechtigkeit, des Friedens, der geheilten Welt sein könnte. Aus dem vierten Jahrhundert bieten die Mönchsgruppen der Eustathianer in Kleinasien und der Circumcellionen in Nordafrika eines der vielen Beispiele für das, was an sozialem, politischem Enthusiasmus aus der Bibel freigesetzt werden kann: Sie bekämpften aus Glauben die Sklaverei, halfen Sklaven bei der Flucht. Sie stellten sich dadurch aber der großkirchlichen Mission in den Weg, die sie folgerichtig ausstieß. Erst im letzten Jahrhundert erzwang die Verbindung von aufgeklärtem und christlichem Denken das Ende der Sklaverei wenigstens im Herrschaftsbereich der christlichen Mächte und ihrer Kolonien. Das Gegenbeispiel unter Berufung aufs Christentum verweigerter Emanzipation ist im 20. Jahrhundert die biblische Begründung der Apartheid durch protestantische Theologen der Buren.

Zwingli, dessen 500. Geburtstags dieses Jahr gedacht wurde, hat ausgehend von der Gerechtigkeit Gottes die christlichen Lehren in Anweisungen für politisches Handeln umgesetzt. Das ging bis zur Aufforderung an die christlichen Bürger, nicht in Aufruhr, aber in einem geordneten Verfahren die weltliche Obrigkeit abzusetzen, wenn sie beharrlich gegen Gottes Gesetze verstieß. Calvin war in der Minderung der theokratischen Züge in Zwinglis Theologie auch da der Vermittler zu Luther. Die Wittenberger Lehre schied in der Dialektik von Gesetz und Evangelium hart zwischen der Welt des Glaubens, in der allein das Wort und die Liebe ohne alles Gesetz und Gewalt regieren, und der Welt des Unglaubens, in der Friede, Recht und Freiheit mit Gesetz und Schwert erzwungen werden. Beide Welten treffen sich im Herzen jedes Menschen. Er ist Glaubender und Nichtglaubender,

Gerechter und Sünder in einem. Als simul justus et peccator ist er in beide Herrschaftsweisen Gottes einbezogen, steht unter dem Gesetz und dem Evangelium, und beides treibt ihn, sich ständig zu ändern. Wer von den dreien, Luther, Zwingli oder Calvin, konservativer oder progressiver war, ist müßig zu fragen. Zu jedem von ihnen ziehen sich Fäden vom Mittelalter her, und bei jedem von ihnen lassen sich die Entwicklungslinien in die Neuzeit zeigen. Allerdings beruft sich die Vorstellung, daß die Kirche ständig der Veränderung bedürfe, zu Unrecht auf Luther. Der Satz „ecclesia semper reformanda", die Kirche sei immer zu erneuern, entspricht der Auffassung desjenigen Zweiges der Reformation, den Luther am schärfsten bekämpft hat, der Täufer. Luther selbst meinte, daß es möglich sei, die Kirche so zu reformieren, daß sie im Geiste Christi lebe und bleibe und danach nicht neuer Reform bedürfe.

Im Widerspruch zu Luther steht auch die Vorstellung, der Protestantismus habe die äußere Form ändern wollen, um die innere Wahrheit freizulegen. Nicht von innen, von den Herzen der Menschen her erwartete Luther die Wahrheit, sondern von außerhalb der Herzen, von außen, von Gott her. Luther hat das gängige Verhältnis von Innen und Außen umgekehrt. Seit Plato ist gebildete Überzeugung, daß der Mensch der Wahrheit um so näher kommt, je mehr er von außen eingedrungene Verfremdungen durchstößt und zum Innern, der im Herzen steckenden Wahrheit vordringt. Für Luther steckte im Innern des Menschen statt des Guten das Böse. Von ihm befreit den Menschen erst der von außen, von Gott her kommende Glaube. Hier steht man beim Kern der Reformation. Nicht am Handeln der Menschen, seien sie progressiv oder konservativ, hängt der evangelische Glaube, sondern am Handeln Gottes. Aus diesem Glauben allerdings kommt das Handeln, und ohne Handeln ist der Glaube tot. Aber nach dem im Protestantismus bis heute gültigen Ethos Luthers ist das Kriterium für rechtes Handeln nicht, ob es konservativ oder progressiv, sondern ob es den anderen Menschen zu Nutzen ist.

Heinz-Joachim Fischer

Was heißt konservativ in der katholischen Kirche?

Von der Identität des Heute mit dem Gestern

Die Aufregung in der Öffentlichkeit war heftig. Als Papst Paul VI. im Juli 1968 die Enzyklika „Humanae vitae, des menschlichen Lebens" veröffentlichte und darin die Empfängnisverhütung als sittlich unerlaubt verurteilte, reagierten Katholiken und Atheisten, nicht-katholische Christen und Angehörige nicht-christlicher Religionsgemeinschaften mit Betroffenheit und Unverständnis, Kritik und Ablehnung, Empörung und Zorn. Nicht viele gaben damals dem Oberhaupt der katholischen Kirche recht und stimmten seinem Verdikt über die „künstliche" Empfängnisregelung der Einzelnen und die nationalen Programme der Geburtenkontrolle zu. Langsam erfuhr man, der Papst habe sich gegen das Mehrheitsurteil von Fachleuten entschieden, die er selbst als Gremium eingesetzt und um Rat gebeten hatte. Dann hörte man aus dem Vatikan, der entscheidende Anstoß für Paul VI., sich gegen das Gutachten der Spezialisten – Moraltheologen, Psychologen, Mediziner, Soziologen und Bevölkerungspolitiker – zu entscheiden, sei die Besinnung auf die Tradition der Kirche und seine Vorgänger gewesen. Die letzten Päpste vor ihm, so habe Paul VI. überlegt, hätten sich gegen Empfängnisverhütung und Geburtenkontrolle ausgesprochen; da könne er aus dieser Reihe nicht ausbrechen und die Tradition der katholischen Kirche verraten. Also müsse alles beim alten bleiben.

Sind wir hier schon beim Grundzug des Konservativen in der katholischen Kirche, die vom Papst und von der vatikanischen Kurie geleitet wird? So direkt, zentral und absolut wie keine andere christliche oder nicht-christliche Glaubensgemeinschaft, wie auch kaum eine weltliche Institution, so bestimmend, daß mit vollem Recht an der Regierung im Apostolischen Palast zu Rom gezeigt werden kann, was konservativ in der katholischen Kirche bedeutet. Heißt konservativ dann – gemäß der Konvenienz-Argumentation des gewissenhaften Paul VI. –, daß der Glaubensschatz der Kirche wie Gold und Juwelen in einer Truhe nur noch aufbewahrt (konserviert) und weitergegeben (tradiert) werden muß, weil in diesen Kostbarkeiten für das ewige Heil der Gläubigen und für die irdischen Fragen des modernen Menschen alles enthalten ist? Konservativ wäre in diesem Verständnis die Treue zum Überlieferten, das Wachen darüber, daß in den Schatz der Dogmen und Traditionen nichts Unechtes gelangt, daß in der katholischen Kirche nicht Ketzerisches (einem Glaubensdogma Widersprechendes) oder Schismatisches (die Kirchenführung des Papstes Ablehnendes) aufkommt und sich breitmacht. Damit wäre schon kurz – sicher nicht ausreichend – eine Funktion des Konservativen in der Kirche beschrieben, wie sie sich geschichtlich etwa in der Inquisition gezeigt hat oder in dem inzwischen getilgten Index Librorum prohibitorum, dem Index der verbotenen Bücher, die irrige oder für den Glauben gefährliche Ansichten enthalten, oder theologisch-lehramtlich in den Formulierungen der Konzilien und päpstlichen Verlautbarungen des „Anathema“: Aus der Gemeinschaft der Kirche sei ausgeschlossen, wer glaubt oder lehrt, daß ... Kardinal Alfredo Ottaviani kann vielleicht als der – vorerst – letzte Wächter über die reine Lehre der katholischen Kirche gelten, der damalige Präfekt der heutigen Kongregation für die Glaubenslehre, der Nachfolgerin der ehemaligen Inquisitionsbehörde, des Heiligen Offiz, der vor dem und während des Zweiten Vatikanischen Konzils streng prüfte, was an Neuem mit dem seiner Meinung nach fest bestimmten und sicher angebbaren Glaubensgut der Kirche zu vereinbaren sei.

Aber mit dieser Bedeutung des Konservativen kollidiert ein Vorwurf, den besonders protestantische Christen gegen die katholische Kirche erheben. Die römische Kirche würde, so lauten die „evangelischen" Anklagen, zum Evangelium der Bibel, zu der „Sola Scriptura", zu der alleinigen Glaubensquelle der Heiligen Schrift, neue Traditionen und Dogmen hinzufügen. Aus dem 19. und 20. Jahrhundert werden da vorwurfsvoll die römischen Dogmen aufgezählt: das von der „Unbefleckten Empfängnis Mariens" (1854), von der „Unfehlbarkeit des Papstes" (1870) und von der „Aufnahme Mariens in den Himmel" (1950). Also muß nach protestantischer Ansicht der katholischen Kirche auch ein „progressives" oder zumindest nicht-konservatives Element innewohnen, wenn man nicht der Theorie huldigen will, die römisch-katholische Kirche hätte diese Dogmen nur zur Sicherung und Bewahrung der alten aufgestellt. Diese Hypothese der kirchenpolitischen Taktik greift jedoch zu kurz, um alle dogmatischen Phänomene, etwa der Glaubenssätze über Maria, zu erklären. Auf die protestantischen Bezichtigungen, es handle sich um etwas Neues, was sich aus der Schrift nicht ableiten lasse, antworten katholische Theologen: Gewiß stehen die katholischen Dogmen, auch jene der alten, allen christlichen Kirchen gemeinsamen Konzilien, nicht wörtlich in der Heiligen Schrift. Aber es läßt sich in jedem Fall eine Verbindung zur Offenbarung der Schrift ziehen, weil die Kirche in ihrer lebendigen Überlieferung seit dem Tag der Apostel die Offenbarung Gottes in seinem Sohn Jesus Christus weitergegeben hat. Damit wird das konstitutive Prinzip einer kirchenbildenden „Tradition" aufgestellt, das den Rahmen des nur bewahrten (konservativen) und ohne Veränderung weitergegebenen (tradierten) Konservativen sprengt. Katholische „Tradition" ist – nach protestantischem Vorwurf und nach katholischem Verständnis – ein fließender Strom, der seinen Ursprung in der Geschichte hat, der heute nicht mehr der ist, der er gestern war, und dennoch derselbe, der morgen ein anderer sein wird als heute, also doch nicht derselbe. Die katholische Kirchenführung wird deshalb besorgt sein, die Identität des Heute mit dem Gestern zu wahren, und doch wissen, sogar gezwungen sein anzustreben, daß niemals das Morgen mit dem Heute ganz identisch ist. Der katholischen Tradition haftet demnach als Grundprinzip etwas gänzlich Nicht-Konservatives an.

Noch ein zweiter wesentlich nicht-konservativer Grundzug liegt – wie überhaupt im Christlichen – so auch im Katholischen. Die Kirche ist seit ihrer Gründung missionarisch, expanisv. Wie hätte sie sonst von der Urgemeinde in Jerusalem wachsen können in die heutigen Dimensionen. Dieses substantielle Charakteristikum wurde lange Zeit und ist vielfach noch heute dadurch verdeckt, daß die Organisationsstruktur der Kirche scheinbar „mittelalterlich" hierarchisch, unter politischem Aspekt „kolonialistisch", nach dem Prinzip der ruhenden Gemeinde ausgerichtet ist. „Mittelalterlich hierarchisch" – bedeutet Unveränderlichkeit der Pyramide, was auch immer an ihrem Boden dazukommt; „kolonialistisch" – will besagen, daß die Kirche geographisch den ganzen Erdkreis abdeckt, nachdem sie über das Römische Reich und das Heilige Reich deutscher Nation so fest mit Europa verwuchs, daß sich die Kirche zugleich mit den europäischen Mächten über die neu entdeckten Kontinente ausdehnte und in deren Verwaltungsgebieten ihre Distrikte absteckte; das Prinzip der statischen Gemeinde, wie es in Deutschland oder Europa weithin vorherrscht – könnte zu der Vermutung verführen, es komme der Kirche nur noch darauf an, ihre Mitglieder zu halten, da dies ohnehin schwer genug ist.

Die Wirklichkeit der katholischen Kirche entspricht – zumindest von Rom aus gesehen – nicht diesem Bild. Die jüngsten Reisen Johannes Paul II. haben in das allgemeine Bewußtsein gehoben, nicht nur daß zu den „Untertanen" des Papstes auch Christen des „Südens" der Welt, nicht aus Europa und Nordamerika, gehören, sondern daß diese, von ihrer Zahl und von ihrer religiösen Kraft her, dabei sind, das Wesen der Kirche zu verändern. Der Vergleich mit der hierarchischen Pyramide bedarf also der Ergänzung. Um so mehr, da aus der europäisch-nordamerikanisch geprägten Exportkirche eine Weltkirche geworden ist, in der gewiß das abendländische Spektrum noch überwiegt, aber sich gegenwärtig in andere Kulturen hineinverbreitert. Versuche in der Vergangenheit, die Kirche zu ent-europäisieren, wurden von Papst Johannes Paul II. ausdrücklich und mehrfach anerkannt, wie etwa die Akkulturations-Bemühungen des Jesuitenpaters

Matteo Ricci im 17. Jahrhundert in China. Die Kirche hat ihren „kolonialistischen" Schein abgeworfen, wenn der Leiter der vatikanischen Bischofskongregation, der für das Führungs-Personal der Kirche verantwortliche Kurienkardinal, aus Afrika kommt (Bernard Gantin aus Benin), wenn in den Ländern der „Dritten Welt" der einheimische Klerus und Episkopat weit in der Überzahl im Verhältnis zu den europäisch-nordamerikanischen Missionaren ist und keineswegs von Rom aus gegängelt werden kann. Überall in der Welt, in Paris oder München, in Lagos oder Manila, auf dem brasilianischen Land oder in den Suburbs von New York haben die verantwortlichen Kirchenführer erkannt, daß sie mit der etablierten Gemeinde nicht mehr den Auftrag des Kirchengründers erfüllen können – häufig deshalb, weil es keine mehr oder nur noch eine arg geschrumpfte Kirchengemeinde gibt.

Der europäische Beobachter der Vorgänge im katholischen Raum wird versucht sein, seine Einschätzung des Konservativen in der Kirche nach der Morallehre und nach der ausgeprägten Bindung der Kirche an kleinbürgerliche und bäuerliche Schichten vorzunehmen. In der Bundesrepublik mag dieses Urteil bestärkt werden durch eine größere Nähe der katholischen Kirche zur CDU/CSU, zu Parteien mit christlichem Grundsatzprogramm. Da spielen geschichtliche Entwicklungen eine Rolle, die für andere Länder jedoch nicht zutreffen. In den Vereinigten Staaten etwa wird das Etikett „konservativ" für die Kirche, wenn überhaupt etwas verständlich Richtiges, so doch mehr Falsches beinhalten; die hispano-amerikanischen Einwanderer in den Vereinigten Staaten, allesamt katholisch, wüßten damit wenig anzufangen. Ein weiterer Grund, weshalb Katholiken und damit auch die Kirchenführung als „konservativ" gelten, mag darin gesehen werden, daß sie ein bewußteres Verhältnis zur Autorität, auch zur staatlichen, besitzen. Aber dafür sind temporäre Prozesse eher maßgebend. Die Katholiken haben im vorigen Jahrhundert während des „Kulturkampfs" in Preußen nicht wenig, und durchaus im progressiven Sinn, dazu beigetragen, die Allmacht des preußischen Obrigkeitsstaates protestantischen Gepräges aufzulockern. Man wird dabei der Frage nicht ausweichen können, ob die protestantische Betonung des Gehorsams gegenüber der Obrigkeit – für die heute junge Pfarrer eher die Ausnahme von der Regel bestätigen – nicht ein stärkeres konservatives Element in die europäische Geschichte getragen hat als die katholische Kirche, deren Mitglieder es – etwa in den romanischen Ländern oder selbst im Kirchenstaat – nicht so genau mit der Autorität nahmen. Noch 1967 hat Papst Paul VI., der „Reaktionär" der Sexualmoral, dem Tyrannenmord im „Fall der eindeutigen und langdauernden Gewaltherrschaft, die die Grundwerte der Person schwer verletzt und dem Gemeinwohl des Landes gefährlich schadet", für sittlich erlaubt erklärt, in voller Übereinstimmung mit der katholischen Moraltheologie zuvor.

Zur Bewertung des Konservativen in der Kirche muß weiter bedacht werden, daß die Zeitrechnung im Vatikan eine andere ist als die „der Welt". In den Industrienationen und westlichen Demokratien hat sich das Tempo der Veränderungen in den moralischen Werten und allgemeinen Verhaltensmustern, in den politischen Leitskalen und Meinungsmaßstäben während der letzten zwei Jahrhunderte in atemraubender Weise beschleunigt. Was zeitweilig mit den höchsten Orden bürgerlicher Mündigkeit ausgezeichnet wird, wie antiautoritäre Erziehung, Bildungsreform oder Abtreibung, wird einige Jahre später mit Ernüchterung betrachtet. Unabhängig davon, ob man die modernen gesellschaftlichen Errungenschaften für richtig oder falsch hält, wird man kaum erwarten dürfen, daß eine religiöse Institution mit 800 Millionen Mitgliedern und einer zweitausendjährigen Geschichte sich dem Tempo dieser Wechselfälle und Umwälzungen anpassen könnte. Wer sich in der Kirchen- und Theologiegeschichte auch nur der letzten drei Jahrhunderte etwas auskennt, weiß, daß manche Diskussionen, die heute die Öffentlichkeit erregen, schon öfter geführt wurden – etwa über eine gott-lose und kirchen-lose Religion und Moral oder auch über die Ehelosigkeit katholischer Priester. Die Verschiedenheit der Veränderungsgeschwindigkeit in der Kirche und in den einzelnen Gesellschaften führt zu unterschiedlichen Bewertungen – des einen für den anderen.

Diese Divergenz hat das Zweite Vatikanische Konzil von 1962 bis 1965 in augenfälliger Weise gezeigt. Das erklärte, von Papst Johannes XXIII. vorgegebene Ziel dieser Bischofsversammlung war: Aggiornamento, An-den-Tag-Heranführen der katholischen Kirche an die Erfordernisse des heutigen Menschen. Wie ernst es den Bischöfen damit war, hatte jeder Beobachter des Konzils bestätigt. Wie schwierig es zugleich war, die alte Kirche auf die Geschwindigkeit der jungen Zeit zu bringen, wurde bald offensichtlich. Zwei Beispiele, eines aus dem innerkirchlichen Bereich, eines aus der Berührungszone zwischen Kirche und Welt, mögen dies verdeutlichen. Das erste Unternehmen, das die Bischöfe mit Begeisterung in Angriff nahmen und vollendeten, war die Reform der Liturgie, des kirchlichen Gottesdienstes. Das Lateinische als heiliges Idiom wurde zugunsten der Muttersprachen zurückgedrängt. Die traditionelle Meßfeier, die Tridentinische, die im wesentlichen seit dem 16. Jahrhundert bestand, wurde „abgeschafft" zugunsten größerer Freiheit in der Gestaltung des Gottesdienstes. Allgemein wird die Liturgie-Reform als gelungen angesehen, dennoch zeigten Widerstände bis hin zur Gefahr schismatischer Abspaltungen, etwa durch den französischen Erzbischof Lefebvre, und der stillschweigende Auszug mancher unzufriedenen Gläubigen aus den Kirchen, wie mühsam es ist, Veränderungen in der Kirche durchzusetzen, selbst wenn sie einen Bereich betreffen, den die Kirchenführung autonom bestimmen kann.

Ein Lehrbeispiel, wie behutsam die Bestimmung dessen vorgenommen werden muß, was „konservativ" in der katholischen Kirche meint, bietet das Verhalten der Kirche in Lateinamerika, im besonderen ihr Verhältnis in den letzten Jahren zur „Theologie der Befreiung", zu jener Theologie, die mit dem Evangelium die Befreiung von Armut und politischem Zwang, von Unterdrükkung, Hunger und Unwissenheit, von bürgerlichen Benachteiligungen aller Art lehrt. Die Kirche befand sich mit ihrer Botschaft in Lateinamerika nie in einem politisch keimfreien Raum. Vom 16. Jahrhundert an, als Missionare den Konquistadoren auf dem Fuß folgten, bis hin zur Gegenwart, als frommer Segen blutigen Diktatoren Glanz verlieh, hat die Kirche auch Politik betrieben und muß diese Geschichte verantworten, wobei sei nie, wie genauere Geschichtskenntnis dieser Länder aufklärt, nur konservativ, autoritätsgläubig und regimeerhaltend war. Die Spannungen zwischen niederem und höherem Klerus wurden keineswegs immer zugunsten des letzteren zur Bevorzugung der führenden Schichten entschieden. Ebenso wie sich das Verhältnis der Europäer und Nordamerikaner zu den Völkern der ehemaligen Kolonien wandelte, so beschworen die Bischöfe des Zweiten Vatikanischen Konzils – es ist kein Zufall, daß in derselben Periode viele Gebiete der „Dritten Welt" ihre Unabhängigkeit erkämpften – die Rechte der lang Unterdrückten: „Den Völkern der Entwicklungsländer muß sehr daran gelegen sein, als Ziel des Fortschritts ausdrücklich und entschieden die volle menschliche Entfaltung ihrer Bürger zu erstreben. Es ist schwere Verpflichtung der hochentwickelten Länder, den aufstrebenden Völkern bei der Erfüllung dieser Aufgabe zu helfen." Papst Paul VI. ging in seiner Enzyklika „Populorum Progressio, Entwicklung der Völker" 1967 noch weiter: „Frei sein von Elend, Sicherung des Lebensunterhalts, Gesundheit, feste Beschäftigung, größere Anteilnahme an Verantwortung, Schutz vor Situationen, die die Menschenwürde verletzen, bessere Ausbildung, mit einem Wort, mehr handeln, mehr erkennen, mehr Besitz, um mehr zu sein: Das ist die Sehnsucht des Menschen von heute." Paul VI. verstand, was sich in Lateinamerika tat: „Wenn ganze Völker das Notwendigste entbehren und in einer Abhängigkeit leben, die sie an der Initiative und Verantwortung sowie am kulturellen Aufstieg hindert und der Teilnahme am sozialen und politischen Leben beraubt, dann ist die Versuchung groß, solches gegen die menschliche Würde verstoßende Unrecht mit Gewalt zu beseitigen." Der Papst verdammte nicht, sondern warnte: „Jede Revolution zeugt neues Unrecht, bringt neue Störungen des Gleichgewichts mit sich, ruft neue Zerrüttung hervor."

Die Worte des Papstes wurden explosiv, als sich die lateinamerikanischen Bischöfe 1968 im kolumbianischen Medellin auf eine „vorrangige Hinwendung zu den Armen" festlegten, als sie sogar anerkannten, daß jene, „die angesichts der Schwere der Ungerechtigkeit und der unrechtmäßigen Widerstände gegen den Wandel ihre Hoffnung auf die Gewalt setzen", „häufig ihre letzte Motivierung in edlen Beweggründen der Gerechtigkeit und Solidarität" haben. 1984 ist die „Theologie der Be-Freiung" schwächer geworden; kürzlich erst zeigte der deutsche Kardinal Ratzinger als Präfekt der vatikanischen Glaubenskongregation ihre Grenzen auf. Denn im gesamten lateinamerikanischen Episkopat setze eine Besinnung auf die Möglichkeiten der Kirche ein, in die Politik hineinzuwirken. Immer mehr Bischöfen scheint, daß eine bestehende Ordnung das geringere Übel sei, selbst wenn die Regierungen die Befreiung des Volkes von Elend, Unwissenheit und Ausbeutung nicht als vorrangige Aufgabe ansehen und notwendige Reformen verkümmern lassen. Die Gewalt eines Befreiungskampfes – wie sie sich in einigen Staaten Lateinamerikas zeigte – erwies sich für das Volk oft als blutiger und drückender als eine unvollkommene Ordnung des Staates. Die Revolution war nicht der saubere chirurgische Schnitt, mit der einer ungerechten Gesellschaft das böse Haupt der Gewaltherrschaft abgetrennt werden konnte. Die Abneigung des jetzigen Papstes gegen eine von der bischöflichen Hierarchie getrennte „Volkskirche"; sein Verbot für Ordensleute und Priester, politische Aktivisten zu sein, seine Erklärungen gegen die Verkürzung der christlichen Heilsbotschaft zum Wohlfahrtsprogramm, seine Verurteilung von Marxismus und Kommunismus beschnitten der Befreiungstheologie ihre utopischen Flügel. Aber das Eintreten der Kirche für die Armen wird von dem Verdikt über die Theologie der Befreiung als ein politisches Programm nicht berührt. Freiheit und Befreiung bleiben Zentralideen des Christentums der katholischen Kirche auch in Lateinamerika; aber die Kirche soll in erster Linie der Versöhnung, nicht der Rebellion in Lateinamerika dienen. Darin zeigt sich die Spannung, in der die katholische Kirche wirken muß.

Beweist sich dabei die konservative Klugheit der katholischen Kirchenführung, der vatikanischen Diplomatie und des Papstes? Es scheint eher, daß die katholische Kirche bei ihrem Gang durch die Zeiten, deren Stunden nicht nach menschlichem Maß schlagen, weniger die Dialektik von konservativ und progressiv als die Synthese sucht. Die Vorwürfe muß sie sich freilich von beiden Seiten gefallen lassen. Lob und Verständnis sind selten; aber vielleicht bedarf die katholische Kirche dessen nicht sehr.

Kurt Reumann

Luzifer ist eine Intelligenzbestie

oder
Die Fortschrittlichen werden konservativ

Ist Martin Luther fortschrittlich oder konservativ gewesen? In der DDR hat man sich, nicht nur im Lutherjahr, Mühe gegeben, den Augustinermönch als einen Jünger des Fortschritts auszuloben und eine gerade Linie zu ziehen von Wiclif über Hus und Luther bis zur endgültigen Emanzipation der Ratio, der Wissenschaft vom Glauben. Aber wenn es überhaupt erlaubt ist, den Reformator eindimensional zu beurteilen, so wird man ihn als konservativ bezeichnen müssen: als konservativen Revolutionär. Ein Streiflicht auf das Verhältnis von Vernunft und Glauben mag das veranschaulichen.

Der delphische Tempelspruch „Erkenne dich selbst" ist das philosophische Thema der Griechen. Das Thema des Alten Testaments heißt dagegen: „Erkenne Gott." Augustinus, der von 354 bis 430 gelebt hat und bis zur Wende des 12. zum 13. Jahrhundert die einflußreichste Autorität des christlichen Mittelalters war, hat diese beiden Gebote zu versöhnen gesucht. Später hat er geschrieben, viele seien heilig geworden auch ohne Kenntnis der Wissenschaften; umgekehrt gebe es Kundige, die nicht heilig seien. Selbsterkenntnis erfahre der Mensch nur in der Hinwendung zu Gott. Gott sei der ewige Grund aller Formen, Gott sei die höchste Schönheit, die absolute Weisheit, in Gott seien die beständigen Ideen, Gott sei das Sittengesetz. Es ist also der Glaube, der für Augustinus die Wahrheit erschließt. Zur

Dialektik dieser Denkweise gehört, daß Wissen den Glauben stärke: Crede ut intelligas; intellige ut credas: Glaube, um zu erkennen; erkenne, um zu glauben. Philosophie und Theologie haben sich damit so fest miteinander verschränkt, daß sie sich künftig gegenseitig bedingten.

Heute wird es oft so dargestellt, als sei im Mittelalter die Philosophie die Magd der Theologie gewesen, und in der Tat war die Theologie die Leitwissenschaft. Aber es hat immer ein Spannungsverhältnis zwischen beiden gegeben, eine Einheit in Spannung, die es verbietet, von einer knechtischen Abhängigkeit zu sprechen. Die Anstrengung, Vernunft und Glauben in Beziehung zu setzen, beherrscht das ganze Mittelalter. Das eine Extrem bezeichnet Anselm von Canterbury (1033–1109). Zwar hat auch er gesagt: „Ich suche nicht nach Vernunfteinsicht, um zu glauben; sondern ich glaube, um Einsicht zu gewinnen; ja ich glaube auch dies: daß ich niemals zur Einsicht gelangen könnte, wenn ich nicht glaubte." Aber Anselm hat Augustinus doch einseitig als den „Repräsentanten der Ratio" (so Joseph Pieper) gesehen. Er war überzeugt, daß der Mensch mit seinem Verstande die Grundwahrheiten des Christentums beweisen könne. Es bedürfe nicht unbedingt der Heiligen Schrift, um das Wesen Gottes zu offenbaren; vielmehr wolle er, Anselm, nur mit der Vernunft (sola ratione) vorgehen, um es zu ergründen. Im Rückblick wirkt diese Auffassung „fortschrittlich". Sie beseitigt scheinbar die Spannung zwischen Vernunft und Glauben. Vernunfteinsicht und Offenbarung wären danach nur graduell voneinander entfernt, wobei die Vernunfteinsicht sich der Wahrheit Gottes mit der Vermehrung des Wissens näherte.

Wer meint, daß Gott dem wissenschaftlichen Beweis zugänglich und damit der Vernunft ausgeliefert sei, wird sich das höchste Wesen nur als Erfinder des unumstößlichen Gesetzes denken können, nach dem die vernünftig strukturierte Welt notwendigerweise abläuft, aber nicht als Lenker. Gott wäre dann nicht frei, sein Gesetz zu ändern. Dagegen vertrat Okkham (er wurde etwa 1280 geboren) die Lehre von der doppelten Macht Gottes, wonach der Gesetzgeber dem von ihm entworfenen und erlassenen Gesetz nicht selber unterworfen ist; vielmehr kann er es ändern. Die

Anerkennung der Freiheit des allmächtigen Gottes läßt sich aber nicht mit der Überzeugung von der Vernünftigkeit der Glaubenswelt verbinden. Zur Lehre von der doppelten Macht Gottes gesellte Okkham daher die These von der doppelten Wahrheit: In der Natur wollte Okkham nur für wahr anerkennen, was durch Erfahrung bewiesen ist. Aber er hielt die Vernunft nicht für berufen und fähig, die Existenz Gottes oder die Unsterblichkeit der Seele zu beweisen. Auf dem Gebiet des Glaubens erkannte er Gott die „absolute Gewalt" zu. Die Einsicht der Vernunft muß danach die Offenbarung nicht vorbereiten; Vernunft und Offenbarung müssen nicht logisch verknüpft sein. Was durch den Glauben für wahr erkannt sei, könne vielmehr der Vernunft widersprechen – und umgekehrt. Diese Lehre von der doppelten Wahrheit bedeutet in letzter Konsequenz die Trennung von Theologie und Philosophie. Auch das kann als „fortschrittlich" gelten; denn damit muß die Philosophie der Theologie nicht mehr nachgeordnet sein. Vielmehr kann sich die weltliche Wissenschaft verselbständigen.

Es ist hier nicht der Ort, die Lösungsversuche zwischen den Extremen Anselm und Okkham darzustellen. Dabei wäre vor allem an Thomas von Aquin zu denken, der, darin Aristoteles folgend, reinlich zwischen Glauben und Vernunft unterschied, doch mit dem Ziel ihrer Verbindung, weil eins das andere befördere und erst der Zusammenklang die ganze christliche Weisheit schenke. Glauben und Wissen könnten letztlich nicht in Widerspruch geraten; denn beide schenke uns Gott. Was uns hier vornehmlich interessiert, ist, daß dies Luther schon zu weltlich gedacht war. Wo der Augustinermönch auch nur von fern Aristoteles durchschimmern sah, vermutete er ein Blendwerk des Teufels. Seine 97 „Ur-Thesen" von 1517 sind nicht nur ein heftiger Angriff auf Aristoteles, sondern auf die ganze scholastische Theologie und auf die von ihr beherrschten Universitäten. Luthers Reformation war am Anfang nicht mehr und nicht weniger als eine (inhaltliche) Studienreform, eine Vertreibung des Aristoteles und der einseitigen Vernunftgläubigkeit, wenn nicht aus der ganzen Universität, so doch aus der theologischen Fakultät. Für Luther zählte nur der Glaube. „Daß zwei und fünf – sieben sind, kann ich fassen mit der Vernunft; wenn es aber von oben heißt: Nein, es sind acht, so soll ich's glauben, wider meine Vernunft und Fühlen. Dahin geht der Teufel allein um, daß die römischen Pfaffen Gottes Werk messen mit der Vernunft", warnte Luther. Scheint da nicht der alte Okkham durch, über den Luther an der Universität Erfurt gründlich unterrichtet worden war?

Luther ging es freilich nicht primär um die Spannung zwischen Glauben und Erkennen, sondern um den Gegensatz zwischen Gnade und Verdammnis. Niemand hat so radikal wie der Reformator gelehrt, daß der Mensch allein durch den Glauben gerecht werde und nicht etwa durch gute Werke oder gar durch Erkenntnis. Dennoch hat er – wider Willen – dazu beigetragen, daß sich die Vernunft zum Meister über die Glaubenswahrheit aufgeschwungen hat. Nachdem er, wenigstens für die Protestanten, die Autorität der römischen Kirche abgeschafft hatte, mußte er sich fragen, welche geistliche Autorität es überhaupt geben solle: Wer darf die Bibel auslegen? Der Reformator hat das Recht, das Wort Gottes zu interpretieren, „demokratisiert", indem er es der Gemeinde übertrug. Die Zwickauer Propheten, die Schwärmer und Wiedertäufer haben das allgemeine Priestertum, das Recht des Laien, Gottes Willen auf Grundlage des Glaubens und der eigenen Einsicht (Eingebung) zu erkennen, radikal individualisiert. Die damit verbundene Gefahr der subjektiven Willkür sah Luther wohl. Um so nachdrücklicher verlangte er, daß man sich streng an das Wort der heiligen Schrift zu halten habe. Voraussetzung dafür war die Kenntnis der Bibelsprachen Hebräisch und Griechisch. So hat denn die Reformation die Autorität der Universitätstheologie, die sie ursprünglich gebrochen hatte, schließlich in verstärktem Maße wiederhergestellt. Die These ist wohl nicht zu kühn, daß die Reformation entsprechend für die Wissenschaften überhaupt das allgemeine Priestertum in säkularisierter Form vorbereitet habe. Der Professor als Bekenner und Verteidiger der Wahrheit, später gar als Entdecker der Wahrheit: Diese Überlieferung hat ihre Wurzel in der Aufgabe und in der Freiheit des evangelischen Theologen, die Bibel nach Maßgabe seines Gewissens auszulegen. Verweltlicht bedeutet das die Freiheit der Lehre.

Es wird oft übersehen, daß auch die moderne Universitätsideologie, unsere ganze Bildungsideologie der Ausfluß einer quasireligiösen Ekstase ist. Ist nicht Fichte, um es polemisch zu formulieren, ein Schwärmer gewesen – mit dem Unterschied, daß seine Erleuchtung nicht vom personalen Gott der Bibel kommt, sondern von einem abstrakten Gott, den Fichte „Ich" nennt? Fichte habe den Subjektivismus in einer Art auf die Spitze getrieben, die schon an Wahnsinn grenze, hat Bertrand Russell geurteilt. Finden nicht auch wir die Einheit des Wissens nur noch im Wahnsinn der Subjektivität, und ist die moderne deutsche Universität, Wilhelm von Humboldts Universität, nicht aus diesem Wahnsinn geboren?

Fichte möchte alles Wissen auf ein einziges, höchstes, durch sich selbst begründetes Prinzip zurückführen. In der zweiten Einleitung zu seiner Programmschrift „Über den Begriff der Wissenschaftslehre" schrieb er, es sei schon immer seine Absicht gewesen, die gesamte Philosophie auf ein höchstes Prinzip, nämlich das „reine Ich", abzustellen. Ludwig Siep hat überzeugend dargestellt, daß Fichte dieses Ich, mit dessen „Sich-Setzen" die Wissenschaftslehre beginnt, nicht als Bewußtsein seiner selbst, sondern als ein transzendentales Prinzip verstanden habe, als Bedingung dafür, daß es ein Denken, Sprechen, Wissen von der Welt und ein zweckgerichtetes Handeln überhaupt geben könne. (Klassiker der Philosophie, Bd. 2, S. 47) Die freie Selbsttätigkeit der Vernunft be-gründet das Sein. Auch der junge Schelling („Spinoza war die Welt Alles, mit ist es das Ich") hat das so gesehen. Unter Fichtes Einfluß hat er 1795 den Aufsatz „Vom Ich als Prinzip der Philosophie oder über das Unbedingte im menschlichen Wissen" geschrieben. Im absoluten Wissen fallen für Fichte nicht nur Denken und Sein, sondern auch Sein und Sollen zusammen. Es war nur zu verführerisch, das reine Ich mit dem empirischen Ich des Philosophen zu verwechseln. Entspringt es nicht diesem Wahnsinn des Subjektivismus, daß Fichte in Preußen am liebsten nur eine Universität gehabt hätte und an ihr nur einen Philosophen – sich selbst? Freilich charakterisiert gerade seine Beschreibung der Universität das Eine auch als Transzendenz der Gegenwart.

Es ist oft darauf aufmerksam gemacht worden, daß Fichtes „Deduzierter Plan einer zu Berlin zu errichtenden höhern Lehranstalt, die in gehöriger Verbindung mit einer Akademie der Wissenschaften stehe“ (1807) auf diesem Begriff von Philosophie beruhe. (Siehe René König: Vom Wesen der deutschen Universität. Darmstadt 1970, Nachdruck der Erstausgabe von 1935, S. 65ff., und Michael Zöller: Die Unfähigkeit zur Politik. Opladen 1975, S. 56ff.) Aber selten wird auf die Rede hingewiesen, die Fichte bei seinem Antritt als erster Rektor der Berliner Universität 1811 gehalten hat. Großartiger sei nie von der Universität gesprochen worden, urteilt Wilhelm Weischedel, der diese Rede in der Gedenkschrift der Freien Universität Berlin zur 150. Wiederkehr des Gründungsjahres der Friedrich-Wilhelms-Universität Unter den Linden abdruckte. (Idee und Wirklichkeit einer Universität. Berlin 1960, S. 231ff.) Fichte beginnt damit, „daß auf keiner Universität in der Welt diese akademische Freiheit mehr gesichert und fester begründet sein könne, als gerade hier, auf dieser unserer Universität“. (Das ist in der Tat Fichte und nicht Kohl.) Dann beschreibt Fichte das Wesen der Universität:

„Die ganze Welt ist lediglich dazu da, damit in ihr dargestellt werde das Überweltliche, die Gottheit; und zwar, damit es dargestellt werde vermittelst besonnener Freiheit. Dieses Überweltliche zwar offenbaret sich selbst durch sich selbst, und stellt sich dar, wie es ist, dem Vermögen der Freiheit, dem menschlichen Verstande; aber so wie dieser Verstand in sich selbst zu immer höherer Klarheit sich ausbildet, erscheint in ihm fortdauernd jenes Bild des Göttlichen gleichfalls in höherer Klarheit und Reinheit. Der ununterbrochene und stetige Fortschritt der Verstandesbildung unseres Geschlechtes ist darum die ausschließliche Bedingung, unter welcher das Überweltliche, als Muster der Weltbildung, immerfort in neuer und frischer Verklärung heraustreten kann in der Menschheit, und von dieser dargestellt werden kann in der Außenwelt; diese Fortbildung des Verstandes ist das Einzige, durch welches das Menschengeschlecht seine Bestimmung erfüllt und wodurch jedes Zeitalter seinen Platz verdient in

der Reihe der Zeitalter. Die Universität aber ist die ausdrücklich für Sicherung der Ununterbrochenheit und Stetigkeit dieses Fortganges getroffene Anstalt, indem sie derjenige Punkt ist, in welchem, mit Besonnenheit und nach einer Regel, jedes Zeitalter seine höchste Verstandesbildung übergibt dem folgenden Zeitalter, damit auch dieses dieselbe vermehre, und in dieser Vermehrung sie übergebe seinem folgenden ... Ist nun die Universität dies, so ist klar, daß sie die wichtigste Anstalt und das Heiligste ist, was das Menschengeschlecht besitzt. Indem die Mitteilung auf derselben alles, was jemals Göttliches in der Menschheit herausbrach, wenigstens in seinen letzten Folgesätzen aufbehält und weiter gibt, lebt in ihr das eigentliche Wesen der Menschheit sein ununterbrochenes, über alle Vergänglichkeit hinweg gesetztes Leben, und die Universität ist die sichtbare Darstellung der Unsterblichkeit unseres Geschlechtes, indem sie nichts wahrhaft Seiendes ersterben läßt: indem über diese Mitteilung hinaus, und in dem zum Inhalte derselben neu hinzutretenden, die Gottheit immerfort sich entwickelt zu einem neuen und frischen Leben, ist in der Universität alle Trennung zwischen dem Überweltlichen und Weltlichen aufgehoben, und sie ist die sichtbare Darstellung der Einheit der Welt, als der Erscheinung Gottes, und Gottes selbst." (a. a. O., S. 231f.; zitiert auch bei René König: a. a. O., S. 96f.)

Die Universität als Ersatz-Gott. Diese religiöse Überhöhung der Universität findet sich am Anfang des 19. Jahrhunderts in allen wichtigen Denkschriften und Abhandlungen über die neue Universität – von Schellings „Vorlesungen über die Methode des akademischen Studiums" (1802–1803), über Fichtes „Deducierten Plan" (1807) bis hin zu Humboldts freilich relativ nüchterner Denkschrift „Über die innere und äußere Organisation der höheren wissenschaftlichen Anstalten in Berlin" (1810). Die Philosophie ist für sie alle die Fackelträgerin, die Wissenschaft der Wissenschaft, die alles in seiner Totalität ergreift und auf das Eine zurückführt. Bei Schelling hört sich das mittelalterlich konservativ und subjektivistisch fortschrittlich zugleich an, wenn er von der „Idee des an sich selbst unbedingten Wissens" spricht, „welches schlechthin nur Eines und in dem auch alles Wissen nur Eines ist, desjenigen Urwissens, welches, nur auf verschiedenen Stufen der erscheinenden idealen Welt sich in Zweige zerspaltend, in den ganzen unermeßlichen Baum der Erkenntnis sich ausbreitet".

Fortschrittlich ist ein schillernder Begriff. Hier soll alles als fortschrittlich bezeichnet werden, was dem Bildungsbegriff der Universitätsreformer Anfang des 19. Jahrhunderts entspricht. Danach ist Bildung, um es überspitzt zu sagen, Schöpfung und Erlösung: Das Individuum versucht, sich die Totalität der Welt zu erschließen, dabei aus sich heraus setzend, „was zur Totalität der Offenbarung Gottes fehlt" (Schelling). Und es erlöst sich selbst durch Bildung: „Die Wissenschaft richtet gleich unmittelbar den Sinn auf diejenige Anschauung, die, eine dauernde Selbstgestaltung, unmittelbar zu der Identität mit sich und dadurch zu einem wahrhaft seligen Leben führt" (Schelling). Insofern sind Bildung, Forschung und Schöpfung identisch: als unendlicher Prozeß der Annäherung an die Wahrheit (Humboldt).

Darf, wer das so sieht, noch behaupten, daß man Mensch sein, Mensch werden könne ohne ein Höchstmaß an Bildung? Darf er noch mit Augustinus sagen, man könne „heilig" werden auch ohne Kenntnis der Wissenschaften? Muß man dann nicht den Gedanken verwerfen, daß es Kundige gebe, die nicht „heilig", nicht selig seien? Aus der Bildungsideologie, der unser Gymnasium und unsere Universität ihre Entstehung verdanken, folgt: nicht der Glaube und nicht gute Werke machen den Menschen zum Menschen, sondern Erkenntnis vervollkommnet den Menschen, erhebt ihn, schon bevor Gott für tot erklärt wird, selbst zum Gott. Wer aber glaubt, daß der Mensch sich durch Bildung selbst schafft und selbst erlöst, muß, zumal in der Demokratie, jedem Menschen, allen Menschen die Möglichkeit zu einem Höchstmaß an Bildung geben. Die höhere Schulbildung und das Studium für jeden wäre demnach das Grundgesetz des Fortschritts.

Man müßte schon ein konservativer Revolutionär wie Luther sein, wollte man dagegen halten, daß der Mensch allein durch den Glauben an Gott gerecht werde. Das verwaschene Etikett „konservativ" ist zwar nicht identisch mit dem Begriff „gläubig". Aber konservatives Denken setzt Gott voraus oder tut doch so, als ob es einen Gott gäbe. Die Einheit aller Dinge ruht in Gott. Der Fortschrittsgläubige sucht dagegen die Einheit im Menschen. Er hat daher eine radikalere, weil intellektuell-stringente Ideologie.

Nach diesen Vorüberlegungen müßte man erwarten, daß in „konservativen" Ländern die Zahl der Studenten kleiner wäre. Aber weit gefehlt. 1900 gab es in „Little Europe", in Klein-Europa, wie Edwards (Higher Education for Everyone, Nottingham 1982, S. 27) die Länder England, Frankreich, Deutschland, Italien, Belgien und Holland nennt, an allen Universitäten und vergleichbaren Institutionen 163000 Studenten. 1960 waren es mehr als eine Million: 1021000 – und 1970 gar 2445000, also etwa fünfzehnmal so viel wie am Anfang des Jahrhunderts. Von allen Menschen, die jemals in der Geschichte der Welt eine Hochschulbildung genossen haben, lebten heute 80 Prozent, hat Edwards errechnet, und damit hat er sicherlich nicht übertrieben. Edwards geniert sich durchaus nicht, die Zahlen aller europäischen Länder zu addieren, ist doch die Entwicklung überall ähnlich verlaufen: Die Zahl der Studenten hat sich seit der Mitte des 19. bis zur Mitte unseres Jahrhunderts kontinuierlich erhöht (im Durchschnitt um drei Prozent im Jahr). In der relativ kurzen Periode zwischen ungefähr 1955 und 1970 stieg die Zuwachsrate explosionsartig um etwa zehn Prozent im Jahr. Der Rückgang der Studentenzahl in Deutschland während der Herrschaft der Nationalsozialisten mag darüber belehren, daß die Studentenzahl nicht unabhängig ist von politischen Vorgaben. Aber in demokratisch verfaßten Ländern ist die Entwicklung annähernd gleich verlaufen, ob sie nun von „Konservativen" oder von „Fortschrittlichen" regiert worden sind. Dies wird beim theoretischen Streit zwischen Konservativen und Progressiven geflissentlich übersehen.

Fragt man sich, warum die Unterschiede trotz der unterschiedlichen Schul- und Hochschulsysteme nicht deutlicher ausgefallen sind, so wird man feststellen, daß höchst unterschiedliche Argumente sich in derselben Stoßrichtung verbanden: Für die Steigerung der Zahl der höheren Schüler und der Studenten wurden wirtschaftliche Gründe des Bedarfs vorgetragen: Zu Beginn dieses Jahrhunderts seien von hundert Beschäftigten etwa achtzig manuell tätig gewesen; dagegen würden von 1975 an etwa 80 von

100 für ihre Erwerbstätigkeit nur noch den Kopf gebrauchen, wurde Anfang der sechziger Jahre vorausgesagt. Die Nation, die im Wettbewerb nicht unterliegen wolle, müsse für eine kräftige Steigerung der Studentenzahl sorgen. Das Bedarfsargument, das bei uns zum Beispiel von Georg Picht strapaziert wurde, hat zwar bei weitem nicht so viel zur Erhöhung der Bildungsbereitschaft beigetragen, wie immer behauptet wird. Aber es war wichtig dafür, daß die Regierungen die finanziellen Mittel für den Ausbau der Hochschulen bereitgestellt haben.

Zur Stärkung der Bildungsbereitschaft trugen vor allem das staatsbürgerliche Argument (Ralf Dahrendorf: „Bildung ist Bürgerrecht“, 1965) und das soziale Argument der Chancengleichheit durch Gleichheit der Bildungschancen bei. Das fortschrittlich-ethische Argument, daß der Mensch durch Bildung zu seiner Menschwerdung beizutragen habe, war darin versteckt; aber nackt trat es kaum auf. Bildung als Selbstzweck erschien nämlich den einen als Luxus, weil sie dem Bedarfsargument widerstreitet, und den anderen, weil sie nicht unmittelbaren Nutzen verspricht. Das Bedarfsargument und das Argument der Chancengleichheit (eine bessere Stellung im Berufsleben durch höhere Bildung) zielen beide ausschließlich auf den Nutzen. Es gibt daher immer wieder nur scheinbar erstaunliche Koalitionen zwischen Linken und Rechten, die Bildung stärker zur Ausbildung machen, die sie auf die „Praxis“, auf den Beruf, auf den unmittelbaren Nutzen ausrichten wollen. Solche Bündnisse zwischen rechts und links bilden sich vor allem in vielen Studienreform-Kommissionen. Das fortschrittlich-ethische Argument, Bildung diene am besten der Menschwerdung, wenn sie Selbstzweck bleibe, wurde dagegen immer öfter von Konservativen ins Feld geführt. Das macht deutlich, daß die Begriffe links und fortschrittlich sowie rechts und konservativ in der Bildungspolitik nicht identisch sind, obwohl sie gerade hier immer wieder polemisch verwechselt werden.

Bildung als Selbstzweck hat für viele Linke den Geruch des Elitären, und in der Tat konnten sich früher nur die Reichen diesen scheinbaren Luxus leisten. Die Konservativen haben weniger Berührungsangst vor elitärer Bildung, zumal weil sie das Privileg, sich zu bilden, nicht mehr an Geburtsrecht und Reichtum, sondern an Begabung und Leistung knüpfen. Entsprechend hatten es die Konservativen leichter, auf Qualität zu achten. Wer dagegen Bildung ausschließlich zum Vehikel machte, um für alle gleiche Lebenschancen durchzusetzen, durfte nicht zu stark auf Leistung und Qualität, ja nicht einmal auf die Inhalte sehen. Er formalisierte den Bildungsprozeß und pervertierte ihn damit. Kam es früher auf den Umfang und die Tiefe der Bildung an, so legen vor allem unsere Linken heute vorrangig auf die Äußerlichkeit der Bildungsdauer Wert; denn je länger man sich, an welchen Themen auch immer, „gebildet" hat, desto wertvoller ist das Zeugnis, das man dafür erhält – und nicht Bildung, sondern Zeugnisse öffnen das Tor zum höheren Dienst. Formale Angleichung durch Aufhebung oder doch Verringerung der organisatorischen und inhaltlichen Differenzierung ist daher das wichtigste Prinzip in der Bildungspolitik der Linken. Ihr Erfolg fiel unterschiedlich groß aus: Das (staatliche) Schulwesen in der Bundesrepublik ist differenzierter als das vergleichbarer Länder, das (staatliche) Hochschulwesen undifferenzierter. Freilich scheinen die Konservativen mit dem Gymnasium zu vollbringen, was die Fortschrittlichen mit der Gesamtschule nicht geschafft haben: Sie lassen es zur Einheitsschule ausufern. In manchen Städten besuchen schon 40 Prozent eines Altersjahrgangs Gymnasien. Das hätten die Linken nicht gedacht: Heute will jeder elitär sein, und daher schickt jeder seine Kinder aufs Gymnasium. Die Egalität ist nicht mehr ärmlich, sondern vergoldet. Wenn das Gymnasium dadurch nicht ganz ungymnasial würde, wäre das der überraschende Sieg des Fortschritts in der Bildungspolitik.

Sind die Konservativen heute nicht nur ungewollt, sondern auch bewußt die eigentlich Fortschrittlichen? Schon hört man sie das sagen. Früher haben sie reagiert – oder nicht einmal das –; heute werden sie aktiv. Sie können aktiv sein, weil sie Perspektiven haben: Da ist die Perspektive zurück, in die Geschichte. Sie ist sogar wichtiger als früher, weil sich um so weniger Werte setzen können, je schneller die Zeit fließt, und weil man um so mehr auf die Schätze der Vergangenheit angewiesen ist, je weniger neue Werte sich setzen. (Daher ist für die Konservativen auch das Schulfach Geschichte so wichtig.) Mit diesem Fundus wagen die

Konservativen es eher, in die Zukunft zu schauen. Dagegen hatten die Linken der Geschichte abgeschworen. Sie bekämpfen das Schulfach Geschichte. Zunehmend verschließt ihnen die Angst auch den Blick in die Zukunft. Wer die Vergangenheit nicht bewahrt, hat auch keine Zukunft.

Wie um das Verwirrspiel der Begriffe auf die Spitze zu treiben, werden die Linken neuerdings zunehmend zu Bewahrern: Bewahren der Natur und am liebsten auch der Natürlichkeit. Das hängt mit einem dramatischen Wandel in der Einschätzung der Wissenschaft und der Technik zusammen. Schon die Rolle der Wissenschaften und der Wissenschaftler im Unrechtsstaat der Nationalsozialisten hätte die Fortschrittsapostel skeptisch machen können. Aber sie interpretierten diesen Sündenfall als Mißbrauch, der nur durch das politische Unrechtssystem ermöglicht worden sei. Fortschritt der Wissenschaft, Fortschritt der Technik und Fortschritt der Freiheit stand für sie bis in die siebziger Jahre unauflöslich im Zusammenhang. Erst 1973 fragte Erhard Eppler: „Überleben wir den technischen Fortschritt?" Zehn Jahre später ist dies die Schicksalsfrage der Linken geworden. Zwar sind die meisten Linken immer noch überzeugt davon, daß der Segen oder der Unsegen der Technik von der Beschaffenheit des Staats und der Gesellschaft abhingen. Aber meinten sie früher, damit entscheide sich, zu wessen Nutzen die Technik eingesetzt werde, so glauben sie heute, davon hänge ab, ob sie überhaupt angewandt werde. Denn Technik ist in ihren Augen nicht mehr grundsätzlich „gut". Vielmehr sehen immer mehr Linke technischen „Fortschritt" als unverträglich nicht nur für die Natur, sondern auch für die Gesellschaft an. Es herrscht eine geradezu apokalyptische Stimmung unter den Linken, und manche stellen sich Luzifer (wie im Mittelalter) als Intelligenzbestie oder (modern) als Wissenschaftler vor. Dagegen wirken Konservative als naiv technikgläubig. Wie sich die Vorzeichen verkehren! War das Attribut der Linken noch vor wenigen Jahren das Buch, so sind heute die Stricknadeln sein Wahrzeichen. Trug der Konservative früher die Bibel unterm Arm, so sitzt er heute – ohne Bibel? – vor dem Computer.

Man braucht die Technikfeindlichkeit vieler Linker nicht einmal an ihrer Einstellung zur unheimlichen Atomtechnik zu illustrieren. Auch die Informationstechnologie ist den Linken nicht geheuer. Sie befürchten, daß sie die Arbeitsqualität (Verlust des Arbeitsverständnisses, Zunahme der Monotomie), die Formen der Organisation der Arbeit (Zentralisierung) und der Kontrolle der Arbeitenden (Stabilisierung betrieblicher „Herrschaftsverhältnisse“) sowie die gesellschaftliche Qualität (soziale Isolierung) verändern werde. An diesem Beispiel wird deutlich, daß mögliche negative Auswirkungen pessimistisch vergröbernd vorausgesehen, positive Möglichkeiten weitgehend ausgeblendet werden. Entsprechend tritt ein ansehnlicher Teil der Linken aus der Aktion in die Reaktion; diese Pessimisten denken weniger an Erfindungen als an Sabotage: Sabotage der Computer, ja sogar Sabotage der Grundlagenforschung, weil man ja nie wissen könne, ob Forschungsergebnisse einem guten oder einem schlechten Zweck dienen werden. Darüber gibt vor allem die Diskussion an der Technischen Universität Berlin Aufschluß. (Siehe zum Beispiel Detlef Hase: Technischer Fortschritt und Staat. In: Journal der T. U. Berlin, Heft 3/4, 1984)

Daß Sabotage kein Erziehungsprogramm ist, dürfte allen klar sein. Noch kann man nur ahnen, daß der Einstellungswandel gegenüber der Technik langfristig auch eine Umstellung in der Erziehung bewirken wird. Schon wird die „Verkopfung“ der Schule auch von Linken als einseitig angeprangert. Die fortschrittliche Linke, der früher keine Schule groß genug sein konnte, entdeckt eine Vorliebe für die kleine, überschaubare Schule, und niemand dürfte sich wundern, wenn die Grünen für die noch vor kurzem von links verteufelte Zwergschule Geld sammeln würden. Auch Bezugspersonen zum Angewöhnen und Liebgewinnen erhalten für linke Bildungspolitiker einen höheren Stellenwert. Konsequent wäre es, wenn die liberale Linke sich von ihrem Lebensideal der ungehemmten Bedürfnisbefriedigung und antiautoritären Selbstentfaltung verabschiedete. Will sie nämlich verhindern, daß alle technischen Möglichkeiten ohne Rücksicht auf ihre Verträglichkeit genutzt werden, wird sie die konservativen Tugenden der Selbstdisziplin, der Selbstbescheidung und des Maßhaltens predigen müssen. Diese Wende dürfte begünstigt werden von den Erfahrungen, die viele Eltern der Apo-Generation mit ihren eigenen Kindern machen. Sie, die ihren Kindern Autorität vorenthielten, erleben relativ oft, daß ihre Kinder als Ersatz hohle Autoritäten anbeten. Der Schock ist am größten, wenn manche Linksradikalen und Linksliberalen feststellen, daß ihre antiautoritär erzogenen Kinder sogar anfällig sind für Rechtsradikalismus. Dieser Schock wird hoffentlich eine neue Diskussion über den Sinn und Unsinn von Autorität und Vorbildern auslösen.

Aber niemand braucht zu befürchten, daß Frieden an- und Langeweile ausbricht, wenn die Konservativen fortschrittlich und die Fortschrittlichen konservativ werden. Stoff zum Streiten gibt es noch genug. Der Streit wird sogar immer unzivilisierter, wie die ungenierten Versuche zur Politisierung und Vereinseitigung der Schule beweisen: 1983 durch die „Friedensbewegung", 1984 durch die Gewerkschaften bei der Auseinandersetzung um die 35-Stunden-Woche. Konservativer im Stil des Streitens – das wäre zu wünschen.

Leszek Kolakowski

Kann man ein konservativ-liberaler Sozialist sein?

Nachdruck aus „Der Monat“ Nr. 272

„Bitte vorwärts zurücktreten!“ (Ich habe diesen Ausruf von einem Schaffner in einer Warschauer Straßenbahn gehört; ich schlage ihn als Hauptlosung für eine große und mächtige Internationale vor, die nie existieren wird.)

Man denkt konservativ, wenn man glaubt:
Daß es nie solche Verbesserungen und Erleichterungen des menschlichen Lebens gab oder je geben wird, die nicht mit Verschlimmerungen in anderer Hinsicht bezahlt werden müßten, und daß bei allen Reform-Vorschlägen die Frage nach ihrem „Preis“ zu stellen ist. Dasselbe läßt sich auch anders sagen: Es gibt unzählige Übel, die wir in vollem Ausmaß gleichzeitig erleiden können. Andererseits gibt es mehrere Güter, die sich gegenseitig entweder ausschließen oder begrenzen und die wir niemals gleichzeitig in vollem Umfang genießen können. Eine Gesellschaft, in der es überhaupt keine Gleichheit und überhaupt keine Freiheit gibt, ist durchaus möglich. Unmöglich hingegen ist eine Gesellschaft, in der gleichzeitig totale Gleichheit und völlige Freiheit herrschen. Dasselbe gilt für die Vereinbarkeit von Planung mit dem Prinzip der Autonomie sowie für die Beziehung zwischen Sicherheit und technischem Fortschritt. Noch anders ausgedrückt: Ein Happy-End der menschlichen Geschichte gibt es nicht.

Daß wir das Ausmaß nicht kennen, in welchem verschiedene, aus der Tradition übernommene Lebensformen – Familie, Nation, religiöse Gemeinschaft, Rituale – für die Dauer (und die Beschaffenheit der Dauer) von Gesellschaften wichtig und unentbehrlich sind. Keine Gründe liegen vor, die zur Annahme berechtigen, man könne zur Vermehrung der Lebenszufriedenheit, des Friedens, der Freiheit oder der Sicherheit irgendetwas beitragen, indem man jene Lebensformen als „irrational" brandmarkt oder gar vernichtet. Im Gegenteil. Wir wissen nicht, was geschehen würde, falls – beispielsweise – die monogamische Familie abgeschafft oder die herkömmliche Sitte, die Verstorbenen zu begraben, durch die rationelle Verwertung der Leichen für industrielle Zwecke ersetzt würden. In Wirklichkeit stünde das Schlimmste zu erwarten.

Daß es eine Behauptung der Aufklärung gibt, die nicht nur höchst unwahrscheinlich und erfahrungswidrig, sondern auch verhängnisvoll im Sozialdenken ist. Es ist die Annahme, derzufolge der Neid, die Eitelkeit, die Habsucht und die Aggressivität lediglich durch fehlerhaft soziale Einrichtungen verursacht worden seien. Man müsse nur die Einrichtungen reparieren. (Doch wie, zum Henker, sind alle diese Einrichtungen entstanden, wenn sie der echten, wahren menschlichen Natur so sehr widersprechen?) Die Wahrheit ist: Wer hofft, daß man Brüderschaft, Liebe und Uneigennützigkeit institutionalisieren könne, befindet sich unversehens schon im Besitz eines zuverlässigen Rezeptes für den Despotismus.

Man denkt liberal, wenn man glaubt:

Daß die alte Idee, nach der es die Aufgabe des Staates sei, sich um die Sicherheit zu kümmern, gültig bleibt. Sie bleibt auch dann gültig, wenn man den Begriff „Sicherheit" dergestalt erweitert, daß er nicht nur den polizeilichen Schutz der Personen und des Eigentums umfaßt, sondern auch verschiedene soziale Versicherungen: Daß die Menschen nicht aufgrund von Arbeitslosigkeit verhungern müssen; daß sie nicht wegen Geldmangels an heilbaren Krankheiten sterben dürfen; daß sie einen kostenlosen Schulunterricht in ihrer Kindheit erhalten – all' das wird im Begriff von

„Sicherheit" aufgenommen. Auf keinen Fall aber soll man „Sicherheit" mit „Freiheit" verwechseln. Der Staat gewährleistet Freiheit nicht dadurch, daß er etwas tut und reguliert, sondern vielmehr dadurch, daß er nichts tut und verschiedene Lebensbereiche ohne Regulierung läßt. Tatsächlich läßt sich Sicherheit nur um den Preis der Freiheit vergrößern. Auch ist es auf keinen Fall eine Aufgabe des Staates, die Menschen glücklich zu machen.

Daß menschliche Gemeinschaften nicht nur mit Stagnation, sondern mit Degradierung und endlich mit dem Tod bedroht sind, wenn sie so organisiert werden, daß die Initiative und die Erfindungsgaben der Einzelnen keinen Platz mehr haben. Ein Selbstmord der Menschheit ist vorstellbar, aber eine dauerhafte menschliche Ameisengesellschaft ist es nicht, und zwar aus dem einfachen Grunde, weil wir keine Ameisen sind.

Daß es höchst unwahrscheinlich ist, daß in einer Gesellschaft, in der alle Formen von Konkurrenz abgeschafft sind, die notwendigen Antriebe für Schöpfung und Fortschritt gleichzeitig fortwirken. „Mehr Gleichheit" ist kein Wert an sich, nur ein Mittel. Mit anderen Worten: Es lohnt sich überhaupt nicht, nach mehr Gleichheit zu streben, wenn dadurch nur die Wohlhabenden herabgezogen, nicht aber die Benachteiligten wirklich unterstützt werden. Die vollkommene Gleichheit ist übrigens ein selbstzerstörerisches Ideal.

Man denkt sozialistisch, wenn man glaubt:

Daß, wenn Profitstreben der einzige Regulator der Produktion ist, die gegenwärtigen Gesellschaften mit größeren – wenn auch anderen – Katastrophen bedroht werden als Produktionssysteme, in denen Profitstreben völlig eliminiert ist. Es existieren auch vernünftige Gründe, die Freiheit der ökonomischen Handlungen im Namen der Sicherheit der Mehrheit zu begrenzen. Allerdings sollte die Begrenzung der Freiheit „Begrenzung der Freiheit" genannt werden; eine besondere Freiheitsform ist sie jedenfalls nicht.

Daß es vernunftwidrig und scheinheilig ist, aus der Unmöglichkeit einer vollkommenen, konfliktlosen Gesellschaft zu schließen, jede existierende Form der Ungleichheit sei unvermeidlich und jede Form des Profits gerechtfertigt. Der konservative, anthropologische Pessimismus, aus dem merkwürdigerweise folgt, daß die progressive Besteuerung ein Skandal sei, ist ebenso verdächtig wie geschichtsspekulativer Optimismus, auf dem der Archipel Gulag gebaut wird.

Daß die Tendenz zur sozialen Kontrolle der Wirtschaft gefördert werden soll, auch wenn das notwendigerweise das Wachstum der Bürokratie stimuliert. Ohne repräsentative Demokratie wird es jedoch jene Kontrolle niemals geben; auch gilt es rechtzeitig dafür zu sorgen, den Kontrollinstanzen institutionelle Riegel dort vorzuschieben, wo ihr eigenes Wachstum die Freiheit bedroht.

Soweit ich sehen kann, ist diese Sammlung der regulativen Ideen widerspruchsfrei. Falls dem so ist, wäre es möglich, ein konservativ-liberaler Sozialist zu sein. Das bedeutet freilich andererseits, daß diese drei Worte keine einzelnen, lebensfähigen Optionen mehr symbolisieren. Warum die anfangs erwähnte, große und mächtige Internationale nie entstehen wird, ist so zu erklären: Diese Internationale wird nicht imstande sein, den Menschen zu versprechen, daß sie glücklich sein werden.

Jürg Altwegg ist ständiger Mitarbeiter der *Frankfurter Allgemeinen* (früher der *Zeit*) und verschiedener Zeitschriften. Lebt in Genf. Verfasser der Bücher *Tod eines Philosophen* (über Sartre) und *Leben und Schreiben im Welschland.*

Timothy Garton Ash ist der Verfasser von *The Polish Revolution: Solidarity* (1983 bei Cape, London, 1984 bei Scribner's, New York) und von *Und willst Du nicht mein Bruder sein ... / Die DDR heute* (1981 bei Rowohlt). Er schreibt regelmäßig über mittel- und osteuropäische Themen im *Spectator* (London) und in der *New Republic* (Washington).
Übersetzt von Hellmut Jaesrich

Robert Elegant hat den größten Teil der Nachkriegszeit als amerikanischer Auslandskorrespondent in Asien verbracht. China hat er häufig aufgesucht und mehrere Arbeiten über Maos Revolution geschrieben. Zu seinen neuesten Veröffentlichungen gehören zwei Romane mit chinesischem Hintergrund: *Die Dynastie* (dt. 1979) und *Mandschu* (dt. 1982).
Übersetzung: Hellmut Jaesrich

Heinz-Joachim Fischer studierte Geschichte und Theologie an der päpstlichen Universität Gregoriana in Rom und später in München Publizistik und Politische Wissenschaften. Er promovierte über ein Thema im Bereich der Religionsphilosophie und ist seit 1974 Mitglied der politischen Redaktion der *Frankfurter Allgemeinen*; seit 1978 ist er Italien- und seit 1980 auch Vatikan-Korrespondent.

Paul Johnson war lange Jahre Herausgeber der linken englischen Wochenzeitschrift *New Statesman.* Er ist jetzt ein unabhängiger konservativer Journalist. Unter seinen Büchern befindet sich eines über die Geschichte des Christentums und eine Studie der Politik des 20. Jahrhunderts.
Übersetzt von Holger Fliessbach

Leszek Kolakowski, polnischer Philosoph, lehrt in Oxford am All Souls College. Noch in Warschau schrieb er sein großes Werk über die christlichen Ketzereien im Spätmittelalter. Vielzitiertes Hauptwerk: *Hauptströmungen des Marxismus.* Kolakowksi ist Friedenspreisträger des Deutschen Buchhandels.

Daniel Koerfer, Historiker am Friedrich Meinecke-Institut der Freien Universität Berlin, veröffentlichte u.a. *Die F.D.P. in der Identitätskrise. Die Jahre 1966 bis 1969 im Spiegel der Zeitschrift ‚liberal'* (Stuttgart 1981).

Robert Nisbet ist einer der führenden amerikanischen Soziologen. Er hat an der University of California gelehrt und hatte an der Columbia University den